전면
개정판

사람의 역사, 경제의 역사

경제교육연구회 공저

Σ 시그마프레스

사람의 역사, 경제의 역사 전면개정판

발행일 | 2018년 2월 28일 1쇄 발행

저 자 | 경제교육연구회
발행인 | 강학경
발행처 | ㈜ 시그마프레스
디자인 | 강경희
편 집 | 김성남

등록번호 | 제10-2642호
주소 | 서울시 영등포구 양평로 22길 21 선유도코오롱디지털타워 A401~403호
전자우편 | sigma@spress.co.kr
홈페이지 | http://www.sigmapress.co.kr
전화 | (02)323-4845, (02)2062-5184~8
팩스 | (02)323-4197

ISBN | 979-11-6226-052-4

* 이 도서의 국립중앙도서관 출판예정도서목록(CIP)은 서지정보유통지원시스템
  홈페이지(http://seoji.nl.go.kr)와 국가자료공동목록시스템(http://www.nl.go.
  kr/kolisnet)에서 이용하실 수 있습니다. (CIP제어번호 : CIP2018005037)

사람의 역사, 경제의 역사 초판이 출판된 지 어느덧 햇수로 10년이 되었다. 다행스럽게도 많은 독자들이 읽어 주시고 여러 대학에서 강의교재로 사용해 주신 덕분에 그동안 몇 번의 중쇄를 발행하였고, 그 덕분에 잘못된 표현이나 어색한 문장과 오탈자들을 바로잡을 수 있었다. 하지만 그런 소소한 수정을 넘어 책의 내용을 전면적으로 다시 쓰고 싶은 마음이 컸는데 그동안 적당한 기회를 갖지 못하였다. 수만 년에 걸친 사람의 역사를 이야기하면서 겨우 10여 년의 시간에 무엇이 달라졌다고 그러느냐 할 수도 있겠다. 그러나 역사는 과거의 사실 그대로가 아니라 그 사실들에 대한 관심과 해석의 문제라고 생각하면, 지난 10년 동안 강의실과 연구실에서 학생들과 대화하고 공저자들끼리 토론하면서 책의 내용을 이러저러하게 쇄신하고 개선하여야 할 필요를 느끼지 않을 수 없었다. 그러던 차에 출판사 대표님 이하 편집부와 전정판의 필요에 공감하면서 드디어 새 책을 내게 되었다.

이번 전면개정판을 내면서 새로운 공저자들이 참여하였다. 여러 대학에서 경제사를 강의하는 젊은 교수님들과 연구자들이 참여한 것은 책의 내용을 쇄신하는 데 큰 도움이 되었다. 전면개정판은 모든 장과 절의 내용을 수정하였지만 특히 서장은 초판에 없던 내용으로, 본문에 앞서 경제사의 방법론에 대한 간략한 정리가 필요하다는 생각에서 새로 추가하였다. 본문의 서술 내용뿐 아니라 편집 구성도 많이 달라졌다. 초판에서는 독자들의 이해를 돕기 위해 지나치게 많다 싶을 정도의 사진과 참고사항들을 삽입했는데, 오히려 읽기에 불편하다는 의견들이 많아서 이번 전정판에서는 분량을 대폭 줄였다. 현대 자본주의에 관한 내용은 상당 부분을 줄였는데, 이는 경제교육연구회에서 펴낸 다른 책 역사와 쟁점으로 읽는 자본주의와 겹치는 내용이 적지 않기 때문이다. 이 주제에 관심 있는 독자라면 역사와 쟁점으로 읽는 자본주의를 따로 읽어 보면 좋을 것이라고 생각된다. 아무쪼록 경제의 역사에 관심 있는 독자들, 대학에서 경제사를 강의하는 교수님들과 학생들에게 이 사람의 역사, 경제의 역사 전정판이 작으나마 도움이 되기를 바라는 마음이다. 책이 나오기까지 고생하신 ㈜시그마프레스 편집부 여러분에게 감사드린다.

2018년 새 봄
공저자들 드림

역사란 무엇인가? 흔히 떠오르는 대답이 카E. H. Carr의 "역사란 과거와 현재의 대화"라는 유명한 문구이다. 그런데 도대체 과거와 현재의 대화라는 것은 또 무슨 의미일까? 위대한 선학의 깊은 뜻을 함부로 짐작한다는 것은 송구스러운 일이지만, 역사란 결국 현재의 관점에서 해석된 과거라는 의미가 아닐까? 즉 이때의 역사는 해석으로서의 역사, 연구되고 서술된 역사를 의미하는 것이다.

그러나 "역사란 무엇인가?"라는 질문은 연구된 역사가 아니라 연구 대상으로서의 역사란 무엇인가 하고 물은 것이다. 흔히 역사란 과거의 사실과 사건의 총체라고 이야기한다. 그러나 과거의 수많은 사실과 사건이 모두 역사 연구의 대상이 되는 것은 아니다. 그렇다면 "어떤 사실과 사건이 역사 연구의 대상이 되는가?" 바로 현재를 형성하는 데 더 중요한 역할을 한 사실과 사건이 바로 역사 연구의 대상이 되는 것이다. 그러나 도대체 어떤 사실과 사건이 현재를 형성하는 데 더 중요한 역할을 했으며 또는 덜 중요한 역할을 했는가에 대해서는 어떻게 평가하고 판단하느냐는 문제는 여전히 남는다. 결국 역사를 연구한다는 것은 이미 연구의 대상을 선택하는 데서부터 연구자, 즉 역사가의 해석과 관점이 개입되지 않을 수 없는 것이다.

그렇다면 경제사가 다른 분야의 역사 연구, 가령 정치사나 문화사와 다른 점은 무엇일까? 경제사와 정치사와 문화사 등이 연구하는 제재로서의 역사는 하나밖에 없다. 총체로서의 역사가 바로 그것이다. 말하자면 경제사와 정치사, 문화사 등의 차이는 연구 대상이 아니라 어떤 관점으로 역사를 연구하고 해석하느냐에 있는 것이다. 역사와 현실은 총체적인 것이어서 그 속에서 인간은 다양한 욕구와 동기와 갈등을 가지고 있게 마련이다. 경제사는 그러한 다양한 계기들 가운데서 경제적 계기가 가장 기본적이고 규정적이라고 생각하는 반면 정치사는 정치적 계기가, 문화사는 문화적 계기가 가장 규정적인 것이라고 파악하는 것이다. 이것은 단지 역사를 연구하고 해석하는 관점이나 방법의 차이만을 이야기하는 것이 아니라 더 나아가서는 역사 그 자체를 보는 관점, 즉 현재가 어떠한 힘에 의해 형성되어 왔으며 결국 역사란 어떠한 힘에 의해 전개되느냐에 대한 관점의 차이를 의미한다.

모든 인간 활동의 전제는 바로 인간 그 자신의 존재이다. 즉 인간이 다양한 활동을 할 수 있다는 것은 먼저 인간이, 개인이든 사회든 인류 전체든 존재하고 있다는 것을 전제한다는 것이다. 그렇다면 인간 존재의 기본 조건은 무엇인가? 그것은 바로 인간이 자신의 생명을 유지하는 일이다. 인간의 모든 육체적 활동은 물론이거니와 정신적 활동 역시 살아 있는 인간이 아니면 할 수 없다. 인간이 자신의 생명을, 즉 자신의 존재를 물질적으로 혹은 경제적으로 재생산한다는 것이야말로 모든 인간 활동의 출발점인 것이다. 이것은 단지 한 개인에게만 그런 것이 아니라 모든 사회가 자기를 재생산하고 발전시키고자 할 때도 그러하고, 나아가서는 인류 전체에 대해서도 역시 변함없는 진리인 것이다. 경제사학이, 그리고 이 책을 통해 공저자들이 주목하고자 하는 것 또한 바로 이러한 사실이다. 아무쪼록 부족한 이 책에 대해 진지한 탐구심을 가진 독자들께 좋은 만남이 되었기를 바랄 뿐이다.

2008년 3월
공저자

진보를 위한
역사

역사란 무엇인가?

경제사란 무엇인가? 그런데 이렇게 묻기 전에 먼저 역사란 무엇인가 하고 물어보아야 옳을 것이다. 역사란 무엇인가 하면 누구에게나 금방 떠오르는 대답이 E. H. 카의 "역사란 과거와 현재의 대화"라는 유명한 문구이다. 그런데 도대체 과거와 현재의 대화라는 것은 또 무슨 의미일까? 위대한 선학의 깊은 뜻을 함부로 짐작한다는 것은 송구스러운 일이지만, 아마 역사란 결국 현재의 관점에서 해석된 과거라는 의미가 아닐까 싶다. 다시 말해 이때의 역사는 사실로서의 역사, 소재로서의 역사가 아니라 해석으로서의 역사, 연구되고 서술된 역사를 의미한다. 흔히 역사란 과거의 사실과 사건의 총체라고 이야기한다. 그러나 과거의 수많은 사실과 사건이 모두 역사 연구의 대상이 되는 것은 아니다. 그렇다면 어떤 사실과 사건이 역사 연구의 대상이 되는가?

잠시 말머리를 돌려 보면 역사라고 하면 반드시 오래된 일만을 가리키는 것처럼 생각하기 쉽다. 그러나 조선 시대, 고려 시대, 로마 시대, 나폴레옹 시대가 역사인 것과 마찬가지로 어제 그제 일어난 일도 역사일 수 있다. 왜냐하면 현재가 형성되어 온 과

에드워드 카(Edward Hallett Carr, 1892-1982)
영국의 진보적 역사학자. 옥스퍼드대학을 졸업하고 웨일스대학 국제정치학 교수를 지냈다. 제2차 세계대전 중에는 정보국 외교부장, 《타임스》 논설위원 등을 역임하였다. 『새로운 사회』(1951)에서 소비에트 모델과는 다른, 자유와 평등을 기조로 하는 사회주의의 실현을 시사하는 한편, 아시아의 민주주의운동을 유럽인들도 이해하여야 한다고 역설하였다. 『역사란 무엇인가』(1961)를 비롯하여 『카를 마르크스』(1934), 『위기의 20년, 1919~1939』(1939), 『서유럽세계에서 소비에트의 충격』(1946), 『볼셰비키혁명』(1958) 등 많은 저작이 있다.

정이 바로 역사이기 때문이다. 그렇다면 어떤 사실과 사건이 역사 연구의 대상이 되는가 하는 질문에 대해서도 답이 가능할 듯싶다. 바로 현재를 형성하는 데 더 중요한 의미를 가지는 사실과 사건이 역사 연구의 대상이 된다. 그러나 도대체 어떤 사실과 사건이 현재를 형성하는 데 더 중요한 역할을 했고 덜 중요한 역할을 했는가에 대한 평가와 판단의 문제는 여전히 남는다. 결국 역사를 연구한다는 것은 이미 연구 대상을 선택하는 데서부터 연구자, 즉 역사가의 해석과 관점이 개입되지 않을 수 없다.

이제 다시 경제사란 무엇인가 하는 문제로 돌아가 보자. 흔히 경제사니 정치사니 문화사니 하는 구분을 마치 한국사니 미국사니 중국사니 하는 구분과 동일하게 생각하기도 한다. 확실히 한국사와 미국사는 연구의 소재부터 다르다. 한국사를 연구하면서 미국의 독립전쟁 당시 조지 워싱턴의 활동을 이야기하거나, 미국사를 연구하면서 중국의 주나라와 한나라의 제도적 차이를 이야기하는 역사가는 없다. 그러나 경제사니 정치사니 하는 것은 다른 문제이다. 흔히 경제사란 경제의 역사를 연구하고 정치사는 정치의 역사를 연구한다고 생각하기 쉽지만, 지금 우리가 살고 있는 현실에서 경제와 정치를 분리할 수 없듯이 인류가 지금까지 이룩해 온 문명과 역사에서 경제와 정치와 사회와 문화를 분리하는 일은 가능하지 않다.

경제사와 정치사와 문화사 등이 연구하는 소재로서의 역사, 즉 사실史實은 하나밖에 없다. 총체로서의 역사가 바로 그것이다. 경제사와 정치사, 문화사 등의 차이는 연구 대상이 아니라 어떤 관점으로 역사를 연구하고 해석하느냐에 있다. 역사와 현실은 총체적인 것이어서 그 속에서 인간들은 다양한 욕구와 동기와 갈등을 가지고 있게 마련이다. 경제사는 그러한 다양한 계기 가운데서 경제적 계기가 가장 기본적이고 규정적이라고 생각하는 반면 정치사는 정치적 계기가, 문화사는 문화적 계기가 가장 규정적인 것이라고 파악하는 것이다. 이는 단지 역사를 연구하고 해석하는 관점이나 방법의 차이만을 이야기하는 데서 더 나아가 역사 그 자체를 보는 관점, 즉 현재가 어떠한 힘에 의해 형성되어 왔으며 결국 역사란 어떠한 힘에 의해 전개되느냐에 대한 관점의 차이를 의미한다. 경제사와 정치사의 차이는 바로 여기에 있다.

그렇다면 경제사에서는 왜 경제적 계기, 경제적 욕구와 동기와 이해관계와 갈등이 역사를 전개시키는 기본적인 계기라고 생각하는가? 사실 역사를 움직이는 힘, 또는 역사의 진보를 가능하게 하는 힘이 무엇인가 하고 물으면 다양한 대답이 가능할 것이다. 현실과 역사가 총체적이라는 말은 이미 인간의 활동이 매우 다양한 영역에서 이루어진다는 것을 의미한다. 그런데 왜 하필 그 가운데서 경제적 계기가 가장 기본적이고 규정적이라는 것인가? 모든 인간 활동의 전제는 바로 인간 그 자신의 존재이다. 인간이 다양한 활동을 할 수 있다는 것은 먼저 인간이, 개인이든 사회든 인류 전체든 존재하고 있다는 것을 전제한다. 그렇다면 인간 존재의 기본조건은 무엇인가? 그것은 바로 인간이 자신의 생명을 유지하는 일이다. 인간의 모든 육체적 활동은 물론이거니와 정신적 활동 역시 살아 있는 인간이 아니면 할 수 없다. 인간이 자신의 생명을, 다시 말해 자신의 존재를 물질적으로 또는 경제적으로 재생산하는 일이야말로 모든 인간 활동의 출발점인 것이다. 이것은 단지 한 개인에게만 그런 것이 아니라 모든 사회가 자기를 재생산하고 발전시키고자 할 때도 그러하고, 나아가서는 인류 전체에 대해서도 역시 변함없는 진리인 것이다.

　물론 경제사에서도 모든 인간 활동을 경제적 활동으로 축소시키거나 그 배후에 놓인 동기들을 모두 경제적 동기로 환원시키고자 하지는 않는다. 인간은 경제적 동기를 넘어서 정치적·사회적·문화적 동기에 따라 행동하기도 한다. 또한 인류가 쌓아온 위대한 업적 가운데 많은 부분은 경제적 활동이 아닌 다른 영역에서 이루어진 것도 사실이다. 그러나 이러한 사실이 인간이 경제적 필요 그 자체를 초월할 수 있다는 의미는 아니다. 설령 어떤 개인이나 특정한 시기의 어떤 사회가 경제적 동기를 넘어 보다 정치적이고 정신적인 영역에서 활동할 때에도 그들은 결코 경제적 영역에서의 활동을 중단한 적이 없다. 결국 보편적으로 이야기할 때 인간의 모든 활동, 모든 욕구, 모든 갈등의 가장 기본적이고 규정적인 힘은 바로 경제적 계기에 있다는 점을 인정하지 않을 수 없다. 경제사가 정치사나 문화사와 구별되는 것은 바로 역사를 바라보는 이러한 관점의 차이이다.

역사발전단계설

경제학의 역사가 그렇듯이 학문으로서 경제사에 대한 관심은 그다지 오래되지 않았다. 물론 역사학 자체는 매우 오랜 그 자신의 역사를 가지고 있지만, 역사학의 한 분야로서건 경제학의 한 분야로서건 경제사가 독립적인 학문분야로서의 자리를 가지게된 것은 근대 이후의 일이다. 인류의 역사를 경제적 동기와 활동을 중심으로 파악하고자 한 시도는 근대 초기의 사상가들에게서 단편적으로 나타난다. 가령 영국의 자연법 사상가이자 계몽주의자였던 로크는 인류의 역사를 노동의 개념 변화를 중심으로 수렵 중심의 채취경제사회, 토지점유 이후의 농경사회, 그리고 교환이 일반화된 상업사회로 구분하였다.

일반적으로 자연법에 관한 당시의 사상과 이론들은 『성경』 속의 자연상태를 그 출발점으로 삼고 있었다. 그러나 로크는 『성경』이 아니라 아메리칸 인디언의 사회를 인류 최초의 역사로 보고 이것을 정치사회의 기원으로 삼았다. 특히 로크는 아메리카의 인디언사회와 당시의 유럽을 비교함으로써 상업사회로서 시민사회의 성립 근거를 단계적으로 밝히고자 했다. 당시의 신대륙은 유럽인들에 의한 수탈과 착취의 대상이기도 했지만, 다른 한편에서 보면 근대 초기의 유럽 지식인들에게 새로운 지적 지평을 열어 준 계기이기도 했다. 로크 역시 식민지에서 상업활동에 직접 참여한 적

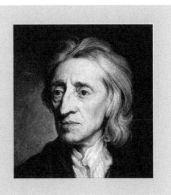

존 로크(John Locke, 1632-1704)
영국의 철학자이자 사회사상가. 근대 민주주의 사상과 이론의 아버지로 불린다. 특히 자연법 사상에 근거하여 시민혁명의 논리적 근거를 제시하였다.

튀르고(Anne Robert Jacques Turgot, 1727-1781)
프랑스혁명의 전야에 루이 16세의 재무장관으로서, 당시 프랑스의 정치경제적 문제들을 해결하고자 했던 실천적 사상가. 인류의 문명사를 진보사로 이해한 최초의 사상가들 가운데 한 사람이다.

이 있으며, 다른 사람들의 항해기 등을 통해 얻은 신대륙의 사회와 지리에 관한 지식을 자국의 현실에 대한 인식과 비판의 근거로 삼았다.

프랑스의 중농주의 경제학자였던 튀르고는 이론가일 뿐만 아니라 루이 16세(1754-1793, 재위 1774-92)의 재무장관으로서 절대주의 시대 프랑스 사회의 모순을 개혁하고 자신의 사상과 정책을 직접 실현하고자 했던 실천적 사상가였다. 사회경제사상사에서 차지하는 튀르고의 지위는 그가 인류의 문명사를 진보사로 이해한 최초의 인물들 가운데 한 사람이었다는 데 있다. 튀르고에 의하면 인류는 농업단계에 이르러 비로소 잉여생산물을 산출하였고, 여기서 생긴 여가를 이용할 수 있게 됨으로써 인간 정신의 진보를 가져올 수 있게 되었다. 이들은 생활필수품의 수요를 초과하여 기호품을 만들어 냄으로써 분업과 상업을 발전시키고 도시의 형성을 촉진시켰으며, 세련된 예술 작품을 창조하고 철학을 완성시켜 나갔다.

그런데 이러한 과정은 인간들 사이의 불평등을 확대시키는 과정이기도 하였다. 토지의 경작은 필연적으로 토지의 사적 소유를 가져오고 여기에서 지주와 직접생산자의 계급대립이 발생하였다. 그러나 이러한 불평등이 없이는 인간정신의 진보가 실현될 수 없었다. 왜냐하면 불평등이 없으면 여가를 가진 인간이 존재하지 않기 때문이다. 이처럼 튀르고는 인간의 역사를 먼저 인간정신의 진보의 역사로서 파악하고, 그러한 진보의 원인을 경제적 발전 속에서 찾았다. 그리고 이와 같은 경제적 진보의 조건을 찾아냄으로써 그는 기존의 사상가들이 가지고 있던 한계를 뛰어넘을 수 있었다.

경제사에 대한 본격적인 관심은 19세기 중·후반 독일을 중심으로 활동한, 역사학파라고 불리는 일단의 경제학자들에게서 시작되었다. 영국이 가장 발전한 자본주의 국가로서 또 세계의 공장으로서 세계시장을 지배하고 있던 19세기 전반의 독일은 정치적으로는 여러 공국과 도시로 분할되어 있었고, 경제적으로도 농업국가의 지위를 벗어나지 못하고 있었다. 역사학파는 당시 독일 사회의 이러한 역사적 조건과 국민적 특수성에 근거하여 형성되었다. 역사학파는 경제사회의 변화가 진화론에 입각하여 진행된다고 보고, 사회과학의 연구에서도 진화론적인 방법을 사용할 것을 주장하였다.

이들에 의하면 사회조직은 영구불변한 것이 아니라 자연처럼 생성·발전·소멸의 과정을 겪는 것이므로, 일정한 시점에서 한 국가에 적합한 경제이론도 다른 시점이나 다른 국가에 대해서는 타당하지 않게 된다. 따라서 고전학파의 접근방법은 영국에는 적합할지라도 독일에서는 적합하지 않다는 것이다. 역사학파는 이름 그대로 역사적 연구의 중요성을 강조하였다. 이들은 역사란 현실의 과거이기 때문에 역사를 연구함으로써 현실을 보다 정확하게 분석할 수 있다고 생각하였다. 그러나 당시 선진국이던 영국을 중심으로 발전한 고전학파 경제학자들은 이론의 절대주의에 입각하여 경제상태의 차이와 경제발전단계를 고려하지 않고, 이론의 타당성이 역사의 제약을 받는다는 점을 무시하였다. 이처럼 고전학파의 방법론은 추상적이고 연역적이며 정태적인 것이었기 때문에 비현실적이고 비역사적인 이론이 될 수밖에 없었다. 이에 반해 역사학파는 역사적인 방법을 통해 경제행위의 논리에만 한정되지 않고 경제현상의 모든 여건과 경제행위의 모든 측면을 연구하고자 했다.

역사학파의 경제사에 대한 관심은 역사발전단계설로 구체화되어 나타났다. 역사학파를 연 리스트는 국민경제의 발전단계를 주요 산업의 발달 정도에 따라 야만상태, 유목상태, 농업상태, 농공업상태, 농공상업상태로 구분하였다. 같은 역사학파의 힐데브란트Bruno Hildebrand, 1812-1878는 교환의 측면에서 경제발전의 역사를 자연경제, 화폐경제, 신용경제의 세 단계로 구분하였다. 또 슈몰러Gustav von Schmoller, 1838-1917는 경제활동의 범위를 모든 단계의 경제발전을 결정하는 요인으로 보고 촌락경제, 도시경

프리드리히 리스트(Friedrich List, 1789-1846)
독일의 정치가이자 경제학자. 역사학파의 창시자이며 국민경제
학을 개척한 인물이기도 하다. 모든 국민경제는 발전단계가 다
르므로 경제이론과 정책도 그 민족과 국가의 특성에 맞게 제시
되어야 한다고 주장하였다.

제, 영역경제, 국민경제의 네 단계로 구분한 다음 여기에 미래의 발전단계로 세계경
제를 추가하였다.

　이처럼 역사학파에 의해 시도된 역사발전단계설은 경제발전의 전체 상을 몇 단계
로 나누어 분석함으로써 인류의 경제가 발전해 온 과정과 현 단계를 간명하게 이해
할 수 있도록 해 주었다는 점에서 큰 의의를 가진다. 그러나 역사학파는 인류의 경
제발전과정을 단계별로 구분하고 한 단계에서 다른 단계로 이행하는 계기를 정의하
고자 하였으나, 그러한 계기들이 앞의 단계에서 어떻게 발생하고 성장하여 소멸하는
가 하는 발전의 인과관계를 설명하는 데에는 불충분하였다. 이러한 역사학파의 한계
를 극복하고 새로운 역사발전단계설을 확립한 것은 바로 카를 마르크스의 유물사관
이다.

제 3 절

역사적 유물론

마르크스의 역사적 유물론은 그의 철학, 역사학, 경제학이 종합된 결정체라 할 수 있
다. 그러나 역설적이지만 마르크스 자신이 특별히 유물사관에 대해 체계적으로 쓴

마르크스와 부인 예니

카를 마르크스(Karl Heinrich Marx, 1818-1883)는 독일의 철학자이자 혁명가이며, 과학적 사회주의의 창시자로 불린다. 아마 세계사에서 가장 지적이면서 가장 많은 논란을 일으킨 인물일 것이다. 독일 남서부 라인란트의 도시 트리어에서 상층 중류계급의 유대인 가정에서 태어났다. 베를린 유학 시절 당시 독일에서 가장 앞선 지식인 집단을 대표하던 청년헤겔주의자들과 교류하게 되었다. 프로이센 정부가 반동화하면서 사상적 통제가 강화되고 자신이 편집장으로 있던 《라인신문》에 발행금지 조치가 내려지자 마르크스는 아내 예니 폰 베스트팔렌(Jenny von Westphalen, 1814-1881)과 함께 파리로 이주하였다. 파리에서 비로소 사회주의와 공산주의 사상가들의 이론과 철학을 본격적으로 접하게 된다. 특히 파리 시절에 일생 동안의 친구이자 협력자인 프리드리히 엥겔스와 공동작업을 시작한다. 1847년 공산주의자동맹 제2차 대회가 열리자 선언문의 기초를 작성하도록 위임받고 엥겔스와 함께 『공산당선언』을 발표하였다. 헤겔(Georg Wilhelm Friedrich Hegel, 1770-1831)의 변증법적 논리학과 포이어바흐(Ludwig Andreas Feuerbach, 1804-1872)의 유물론 철학을 결합하여 변증법적 유물론을 만들었으며, 이를 역사발전에 적용시킨 역사적 유물론을 창안함으로써 역사 인식의 새로운 방법을 창시하였다. 또한 자본주의 경제를 역사적 관점에서 냉정히 파악하고, 그것의 역사적 생성과 발전 그리고 그 내부모순과 필연적인 도달점을 이해함으로써 노동자계급의 역할과 투쟁방법을 제시하였다.

저작물은 없었다. 그럼에도 역사적 유물론은 그의 모든 저작을 통하여 일관되고 철저하게 적용되었다. 특히 그의 주요 저서인 『자본』(1867) 전체를 통해 유물사관은 자본주의 사회의 운동법칙을 해명하는 데 결정적인 기반이 되었다. 마르크스는 초기 저작인 『헤겔 법철학비판』(1843)과 『유대인문제에 대하여』(1843)를 거쳐, 헤겔 좌파의 경향에서 변증법적 유물론자로 전환하면서 『신성가족』(1845)에서 처음으로 유물사관의 정식화를 시도하였다. 이어서 『철학의 빈곤』(1847)에서는 이미 유물사관의 핵심적인 내용들이 완성되어 있었다. 그러나 유물사관이 무엇인가를 가장 간략하고 포괄적으로 이론화한 글은 역시 『정치경제학비판』(1859)의 서문이다. 여기서 마르크스는 인간은 그 생활의 사회적 생산에서 그들의 특정한 필연적인 의지로부터 독립한 여러 관계인 생산관계를 맺게 되는데, 이 관계는 그들의 물질적 생산력의 일정한 발전단계에 조응하는 것이라고 서술하였다. 방적기와 역직기의 발명이 재래의 수공업자와 농가의 자녀들을 임금노동자로 전환시킨 것처럼 일정한 생산력 수준은 그에 대응하는 생산관계를 갖게 된다.

간단히 정의하면 생산력이란 인간의 생산활동, 노동활동에서 주체인 인간과 노동대상, 즉 자연 사이의 관계이다. 인간의 생산활동이 자연이라는 기반을 떠나서는 이루어질 수 없다는 사실은 인간 존재의 본질이 자연임을, 그리고 인간의 역사가 하나의 자연사적 과정임을 보여 주는 가장 유력한 증거이다. 그런데 인간은 자연과 더불어 생산활동을 영위함과 동시에 인간 생활이 시작된 첫 단계에서부터 집단으로서 생활하고 노동해 왔다. 집단은 그 자체로서 생산력의 한 부분이었다. 이러한 집단노동 속에서 형성된 인간과 인간 사이의 관계가 바로 생산관계이다.

역사의 일정한 발전단계에서 생산력과 생산관계는 하나의 통일체로서 그 발전단계에 고유한 하나의 생산 양식을 이룬다. 이것이 하부구조로서 사회의 실질적인 토대가 되고, 이에 대응하여 법률적·정치적 상부구조가 구축되며, 다시 이에 대응하여 일정한 사회적 의식 형태들이 나타난다. 이것이 경제적 사회구성체이다. 토대와 상부구조의 이러한 관계는 "인간의 의식이 그들의 존재를 결정하는 것이 아니라 오히려 반대로 그들의 사회적 존재가 그들의 의식을 결정한다."는 말로 요약된다. 마르크스의 견해에 따르면 정치나 법률은 일정한 생산관계에 의해 만들어지며, 그 생산관계를 유지하기 위해 정치기구가 있고 지배계급의 체제를 유지하기 위해 법률체계가 필요하다는 것이다.

정치적·법률적 상부구조의 이러한 성격은 정신문화에 대해서도 똑같이 적용된다. 물론 기본적으로는 토대가 상부구조를 규정하지만, 일단 만들어진 상부구조는 그 하부구조인 여러 가지 생산관계와 계급관계에 영향을 주게 된다. 도덕, 종교, 예술과 같은 정신문화도 일단 사회적인 관점에서 성립되자마자 역으로 그 토양이 되는 물적 생산관계에 반작용하여 상대적으로 독립된 규정자로서 그 기반에 작용하는 것이다. 하나의 사회구성체에서 다른 사회구성체로의 이행과정은 다음과 같이 전개된다.

먼저 사회의 물질적 생산력이 기존의 생산관계 속에서 발전하여 일정한 단계에 이르게 되면, 그때까지 내부에서 운동해 온 기존의 생산관계 또는 그것의 법적 표현에 불과한 소유관계와 모순에 빠진다. 이들 생산관계는 이제 생산력의 발전에 질곡으로 변하게 된다. 하나의 사회구성체는 그것이 포용할 수 있는 생산력이 모두 발전되어 마침내 생산관계가 질곡으로 작용하기 전에는 결코 몰락하지 않으며, 더욱 고도의 새로운 생산관계는 그 물질적 전제조건이 낡은 사회 자체의 모태 내에서 부화가 끝날 때까지는 결코 낡은 것을 대신할 수가 없다. 여기에서 분명히 나타나는 것은 인간의 사회생활은 결코 고정불변의 것이 아니며 역사적으로 생성·발전하거나 종말에 이르기도 하고 몰락하기도 한다는 마르크스의 역사관이다. 결국 마르크스는 인간의 사회생활을 생산력과 생산관계의 모순과 통일이라는 변증법으로 파악하였던 것이다.

마르크스는 역사의 객관적·법칙적 파악에 노력했으나 그렇다고 살아 있는 인간을 무시한 것은 결코 아니었다. 그는 의욕적이고 행동하는 인간 속에 역사를 직접적으로 움직이는 힘이 있음을 인정하였다. 어디까지나 의식을 부여받고 있으면서, 사고와 정념에 의해 행동하고, 일정한 목적을 지향하여 노력하는 인간이야말로 역사를 형성하는 직접적인 주체라고 보았다. 사회의 역사와 자연의 역사의 본질적인 차이점을 그는 여기서 찾았다. 자연의 경우와는 달리 사회의 역사는 의식적인 추구와 의도적인 목표가 없이는 아무것도 발생하지 않는다. 따라서 마르크스는 모든 관념적·의식적 동기를 배제하고 역사를 설명하려는 것은 근본적인 오류라고 강조하였다. 그럼에도 불구하고 그는 이러한 주관적 요인을 역사발전의 가장 근본적인 원동력으로 보지는 않았다. 왜냐하면 사회를 구성하고 있는 다수 개인의 의지는 때로는 중첩되고 때로는 교착되고 또 때로는 대립하는 과정을 통해 공통의 합성력을 만들어 냄으로써 각자가 의도한 것과는 다른 결과를 낳기 때문이다. 그렇다면 역사발전의 궁극적인 원동력, 역사를 형성하는 주관적 동인의 배후에 있는 궁극적인 힘은 무엇인가? 마르크스는 모든 역사의 일차적 전제인 역사를 창조하기 위해서는 인간이 생존할 수 있어야 한다는 전제부터 확인해 나가지 않으면 안 된다고 지적하였다. 마르크스에게는 경제의 문제가 역사와 사회의 기초를 이루는 것이고, 따라서 경제학은 역사적·사회적 인간을 규정하는 물질적 관계를 지배하는 법칙성을 찾아내는 과학이다. 이것이 역사적 유물론의 기본사상이다.

제 **4** 절

역사는 진보하는가

마르크스의 역사적 유물론이 그 이전까지의 경제사 연구들, 가령 역사학파의 발전 단계설보다 한 단계 진전된 방법론을 이룩한 것은 단순히 인류의 경제발전과정을 몇 단계로 구분하고 그 이행의 계기를 정의하는 데 그친 것이 아니라 그러한 계기들이 어떻게 발생·성장·소멸하는가 하는 발전의 인과관계를 명확히 설명하였다는 데 있다. 역사학파의 단계 구분은 경험적 사실을 정리하여 유형화한 것으로서의 인류의 역사 전체를 일관하는 분석적·논리적 기초 위에서 이루어진 것이라고 하기는 어렵다. 결국 역사학파의 발전단계설은 마르크스의 역사적 유물론에 의해서 비로소 완성되었다고 해도 틀리지 않는다. 이렇게 본다면 역사적 유물론은 명백히 역사발전단계설의 연장선상에 있다. 양자에게 공통된 방법론적인 출발점은 역사가 일정한 보편법칙에 의해 또는 일정한 보편적 경로를 따라 발전한다는 생각이다.

역사가 일정한 경로를 좇아 발전한다는 사고에 대해서는 비판적인 주장도 많다. 이러한 비판의 가장 핵심적인 내용은 두 가지로 요약된다. 첫째는 보편법칙 그 자체의 타당성 여부이다. 역사학파나 마르크스의 역사발전단계설은 역사발전의 구체적 총체성을 단계론이라는 도식 속에 집어넣어 용해시켜 버림으로써 역사적 사실들의 구체성을 사상시켜 버렸다는 것이다. 사실 인간 활동의 총체로서의 사회현상이나 그 축적으로서의 역사는 매우 복잡하고 때로는 상호모순적으로 보이는 현상들이 혼재해 있어서 특정 단계의 모든 사건과 현상이 하나의 개념과 완전히 일치하는 경우는 거의 없다. 그렇다면 과연 역사발전단계설은 어느 범위까지만 타당할 수 있느냐 하는 것이다. 둘째는 역사발전법칙의 적용 가능성 여부이다. 수많은 민족의 역사발전과정은 그 민족만의 특수한 조건과 경로를 따르게 마련이다. 그렇다면 역사발전의 시간적·공간적 상대성을 부정하고 다양한 발전상을 하나의 보편법칙으로 일반화시키는 것이 과연 가능한가? 더 나아가서 모든 민족에게는 그들만의 특수한 발전법칙이 존재한다고 간주하는 편이 오히려 더 타당하지 않느냐는 것이다.

이러한 문제제기를 둘러싼 논쟁들은 매우 복잡하고 많은 토론을 필요로 하므로 여기서 일일이 이야기하기에는 적당치 않다. 다만 여기서 생각해 보아야 할 가장 근본적인 문제는, 그렇다면 역사를 연구하고 역사를 이해한다는 것은 도대체 무엇인가 하는 것이다. 인류의 역사발전에 어떤 보편성이 존재하지 않는다면 그때 역사를 연구한다는 것은 무엇을 의미하며, 나아가서 그것이 어떤 의미를 가질 수 있는가? 그 개념과 정의 하나하나의 타당성 여부는 잠시 두고 역사발전단계설의 근본적인 문제의식, 그들이 출발하고 있는 철학적 기초, 그들의 사상과 주장을 관통하고 있는 역사관의 핵심은 바로 역사는 진보한다는 믿음이다. 말하자면 역사는 진보한다는 믿음이 없다면 역사발전단계설은 무의미한 것이고, 그런 믿음을 부정하는 이들에게는 역사발전단계설이 무의미한 것일 수밖에 없다. 오늘 우리가 인류의 경제사를 연구하면서 역사발전단계설을 다시 돌아보는 것으로부터 시작하는 이유도 바로 여기에 있다.

그렇다면 과연 역사는 진보하는 것인가? 아니면 역사란 진보나 발전이라는 개념과는 무관하게 단순히 변화하고 진행되고 때로는 반복되거나 순환하는 것인가? 이러한 의문에 대답하기 전에 먼저 분명히 해 두어야 할 것은 지금 우리가 이야기하고 있는 것은 어느 개인의 일기가 아니라 인류의 역사에 대한 것이라는 사실이다. 가령 어느 개인이 하늘을 땅이라 부르고 땅을 바다라 부른다고 해서 문제 될 것은 없다. 하지만 그는 그러한 개념들을 가지고 다른 사람과 소통할 수는 없을 것이다. 마찬가지로 역사를 이야기하면서 우리가 경계해야 할 첫 번째 오류는 역사에 대한 주관적·자의적 접근을 배제하지 않으면 안 된다는 것이다. 가령 역사는 진보하는 것인가 아니면 단순히 변화하는 것인가 혹은 퇴보하는 것인가 하는 질문에 대답하기 위해서는 먼저 진보의 개념, 즉 무엇이 진보인가 하는 기준이 제시되지 않으면 안 된다.

역사를 주관적, 자의적으로 접근하고자 하는 사람들에게서 공통적으로 보이는 오류는 바로 여기에 있다. 그들은 역사에 있어서 진보의 기준을 인류의 정신적 고귀함이나 인간성이나 민족성과 같은 얼마든지 자의적으로 해석 가능한 추상적인 개념들로 제시하고자 한다. 인간의 본질이 불변이므로 역사는 진보할 수 없다거나, 사라져 버린 저 먼 고대의 대륙 아틀란티스나 황금 도시에 살았던 인류의 선조들은 지금의 인류보다 더 고귀한 정신세계를 가지고 있었으므로 지금까지 인류의 역사는 퇴보한 것이라는 주장들이 바로 그것이다.

물론 역사가 진보한다는 믿음 또한 하나의 가치관이며 주관적, 상대적인 것이다. 그러나 이 믿음의 근거는 객관적이고 절대적인 것이다. 역사에 있어서 진보의 기준은 다음의 세 가지로 요약된다. 첫째는 이미 마르크스가 말한 바와 같이 생산력의 발전이다. 모든 역사의 제1차적 전제인 역사를 창조하기 위해서는 인간이 생존할 수 있어야 한다. 인간의 생존은 자신을 물질적으로 재생산함으로써만 가능하다. 즉 인간의 생산활동과 노동활동이 모든 역사의 전제이고, 그것을 가능하게 하는 인간의 능력이 증대한다는 것은 명백히 역사의 진보인 것이다. 어떤 이들은 물질적 풍요가 반드시 정신적 풍요를 의미하는가 하고 반문하지만 경제사학은 똑같은 방식으로 그들에게 반문한다. 물질적 풍요가 반드시 정신적 빈곤을 의미하는가 하고. 인간의 물질적 생산능력의 증대가 역사발전의 모든 조건을 충족시켜 주는 것은 분명 아니다. 그러나 생산능력의 확대가 인간의 모든 정신활동을 가능하게 하는 전제조건임에는 의심의 여지가 없다.

둘째는 개인의 자유와 권리의 증대이다. 모든 인간이 자유롭고 천부의 권리를 부여받았다는 말은 그들이 어떤 집단이나 특수한 조건에서가 아니라 그 자신으로서, 즉 개인으로서 자유롭고 권리를 누린다는 의미이다. 그러나 인류는 처음부터 집단생활을 영위하면서 오직 집단 속에 속함으로써만 자신을 유지할 수 있었다. 따라서 역사의 초기에는 개인보다 집단, 공동체든 종족이든 민족이든 간에 집단의 권리가 더 우선되었다. 집단으로부터 그 성원들의 자유와 권리가 인식되기 시작한 것은 확실히 역사에서의 진보를 의미한다. 물론 처음에는 이 자유와 권리마저도 모든 인간이 그 자신으로서, 즉 개인으로서가 아니라 혈통이나 신분에 의해서 부여되었다. 여전히 개인은 덜 자유롭게 더 작은 권리만을 부여받았다. 근대는 바로 이 개인의 자유와 권리를 인류가 명확히 인식하기 시작한 결정적인 계기였다.

마지막으로 인간 이성의 확대이다. 막스 베버Max Weber, 1864-1920가 근대의 의미를 "미신으로부터 과학으로"라고 말했을 때 그는 분명히 인간의 이성이 진보한다는 것을 의미하였다. 마르크스가 "필연의 왕국으로부터 자유의 왕국으로"라고 한 의미 역시 마찬가지다. 역사를 통해서 인류의 물질적 활동만이 아니라 그의 정신적 활동

능력이 확대되어 올 수 있었던 것은 모두 인간이 자신을 둘러싼 세계를 보다 더 이성적으로 인식하고 사유할 수 있게 된 데서 가능하였다. 그러나 인간 이성의 확대가 단지 그를 둘러싼 세계에 대한 인식의 심화만을 의미하는 것은 아니다. 그보다 더 중요하게 인간은 자기 자신과 타인에 대해서, 즉 인간에 대해서 더 많이 이해하고 더 이성적으로 사유할 수 있게 됨으로써 우리가 문명적, 인간적이라고 부르는 모든 업적을 이룰 수 있었다. 그것이 다른 인간이든 자연이든 사회적 관계이든 간에 자신과 타자를 구분하고, 다시 보다 큰 보편성 아래에 그러한 구분을 통합시켜 인식하고 사유하는 능력이 바로 인간의 이성이며, 이러한 인간 이성의 확대는 역사에 있어서 진보의 근거이다. 솔직히 말하면 "역사는 진보하는가, 아닌가"라는 질문에는 답이 있을 수 없는 것인지도 모르겠다. 자연이 진화한다는 것은 사실일 수 있지만 역사가 진보한다는 것은 사실이 아니라 신념이기 때문이다.

01
Chapter

원시사회의
경제생활

아담과 이브

『성경』에 의하면 인류의 조상은 아담과 이브이며, 죄를 짓고 쫓겨나기 전까지 그들은 에덴동산에서 살았다고 한다. 이제 『성경』을 잠시 덮고 고고학자들의 이야기를 들어 보자. 고고학자들은 인류가 기원전 300만 년경에 처음 이 지구 상에 나타났다고 한다. 그것도 하나님의 역사役事에 의해서가 아니라 원숭이로부터 진화해서 말이다.

그렇다면 도대체 인류가 처음 이 지구 상에 등장한 것은 과연 언제일까? 과거 어느 성직자는 『성경』의 기록을 근거로 하나님이 이 세상을 창조한 것은 기원전 600년경이라고 주장한 바 있다. 그러나 고고학자들에 의하면 흔히 고생인류라고 부르는 최초의 인간들이 지구 상에 나타난 것은 기원전 300만 년 전후라고 한다. 이 최초의 인류는 **오스트랄로피테쿠스**라고 불린다. 오스트랄로피테쿠스는 주변의 식물을 채집하거나 육식동물이 먹다 남긴 찌꺼기를 먹으면서 작은 무리를 이루어 생활하였다는 설이 정설로 되어 있다. 이들은 유인원에서는 찾아볼 수 없는 인간다운 특징을 지니고 있다. 생활 근거지 확보, 성性에 따른 노동 분담, 의사소통 수단, 친족관계 등의 문화적 요소를 지니고 생활하였으며, 도구를 만들어 사용했다. 이들의 석기는 자갈돌 끝을 간단히 가공한 석기가 주종을 이루고 있다. 기능적으로 전문화된 도구의 제작은 아직 뚜렷하지 않고 석기는 필요에 따라 그때그때 만들어진 것으로 짐작된다.

본격적으로 도구를 사용한 최초의 인간은 약 150만 년 전에 나타난 **호모 하빌리스**, 즉 '손재주 있는 사람'이다. 이름 그대로 이들은 상당히 정교한 도구를 사용한 것으로 보인다. 한편 비슷한 시기에 **호모 에렉투스**, 즉 '곧선 사람'들이 출현하는데 이 이름은 말 그대로 직립하는 인간이라는 의미이다. 인간이 어떻게 해서 직립을 하게 되었는가는 확실히 알 수

오스트랄로피테쿠스(Australopithecus) 플라이오세(世)에서 플라이스토세 초기에 걸쳐 존재하였던 최초의 화석인류. 오스트랄로피테쿠스가 현생인류의 조상임에는 많은 학자들이 동의하고 있으나, 구체적인 진화과정에 대하여는 아직 논란의 여지가 있다.

호모 하빌리스(Homo Habilis) 화석인류의 하나. 원인 화석 가운데 비교적 진보된 단계의 인류여서 이들을 '손재주 있는 사람'을 의미하는 호모 하빌리스라고 명명하였다. 1962~64년에 탄자니아 협곡에서 처음 발견되었다.

최초의 인류로 불리는 루시의 복원도
루시(Lucy)는 에티오피아에서 발견된 여성 화석으로 몸 전체의 40%가 나왔다. 오스트랄로피테쿠스의 아종인 오스트랄로피테쿠스 아파렌시스(Australopithecus afarensis)에 속한다. 탄자니아에서 발견된 가장 오래된 발자국 화석의 주인공이었을 것으로 여겨진다.

없다. 그러나 직립보행이 그 이전 인류의 먼 조상들이 원숭이들이 나무 위에서 생활했다는 사실과 관련된 것만은 분명하다. 먹을 것을 찾아 지상으로 내려온 인류의 조상들이 직립보행을 했다는 것은 이미 그들이 나무 위에서부터 손을 발과는 다른 용도로 사용했으며, 두 발로 설 수 있는 형태의 척추를 가지고 있었다는 것을 의미한다. 이것은 그들이 수십만년 혹은 수백만 년 동안 나뭇가지에 매달려 생활해 왔기 때문이 아닐까? 아무튼 지상에 내려오자마자 인간은 두 발로 걸어다녔고 자유로워진 두 손 덕분에 다른 물건들을 도구로 사용할 수 있게 되었다. 여기서부터 인간은 다른 동물들과 구분되기 시작한 것이다.

인류의 진화에 관한 기존의 정설은 호모 하빌리스에서 호모 에렉투스로, 그리고 다시 호모 사피엔스로 진화했다는 것이다. 그러나 최근의 연구에 의하면 호모 하빌리스와 호모 에렉투스가 동시대에 그리고 가까운 지역에 공존했을 가능성이 있다고 한다. 케냐 북부의 초원에서 발견된 호모 하빌리스의 위쪽 턱뼈는 144만 년 전의 것이고, 역시 같은 지역에서 발견된 호모 에렉투스의 두개골 화석은 155만 년 전의 것이다. 이번에 발견된 화석을 근거로 분석했을 때, 두 원인은 50만 년가량 공존했으며 서식지역도 걸어서 2~3분 거리로 가까웠다. 그러나 호모 에렉투스는 육식을 했고 호모 하빌리스는 채식을 하며 경쟁 없이 존재했다는 것이

호모 에렉투스(Homo Erectus) 화석 인류의 하나로 흔히 자바원인(Java 原人) 또는 피테칸트로푸스 에렉투스(Pithecanthropus erectus)로 불린다. 그리스어 '피테코스'는 원숭이, '안트로포스'는 사람을 가리키므로 합하여 '원인(猿人)'으로 번역된다. 1891~92년 자바섬에서 1개의 두개골과 대퇴골이 발굴되어 피테칸트로푸스 에렉투스, 즉 직립원인(直立猿人)이라고 명명하였다. 자바원인의 두개골은 원숭이의 것과 비슷하나 대퇴골은 분명히 직립보행에 적합한 형태를 갖추고 있었다. 그러나 두개골의 윗부분만 발견되었으므로 이것을 사람의 것으로 인정할 것인가에 대하여 논쟁이 끊이지 않다가, 그 후 중국 저우커우뎬의 동굴에서 베이징원인의 뼈가 다수 발견되고, 이것들이 피테칸트로푸스와 동류임이 밝혀짐으로써 화석인류로서의 지위가 확립되었다.

과학자들의 설명이다. 기존 학설은 호모 하빌리스와 호모 에렉투스를 부자 혹은 모자 관계로 설명하고 있으나, 실은 둘이 남매 혹은 자매 관계이며 동일한 부모를 갖고 있다고 봐야 한다는 것이다.

호모 에렉투스의 고고학적 유물 가운데 가장 유명한 것은 베이징원인이다. 1929년 베이징에서 50km쯤 떨어진 작은 촌락 저우커우뎬에서 발견된 베이징원인은 기원전 50~60만 년경에 이미 이 지역에 인간이라고 부를 만한 존재가 거주하였다는 것을 보여 준다. 특히 이 시기에 이미 인류는 불을 사용할 줄 알았던 것으로 보인다. 불의 용도는 주로 짐승의 고기를 익혀 먹기 위한 것이었는데, 다만 이때의 불은 자연에서 얻은 불을 보관하기만 한 것이었을 뿐 스스로 불을 피울 줄은 몰랐던 것으로 짐작된다. 베이징원인의 유골에서 가장 특이한 사실은 그들의 손과 발은 지금의 인류와 그다지 차이가 없을 정도로 진화되어 있는데, 그들의 두뇌는 거의 진화의 전 단계인 침팬지 수준에 불과하다는 것이다. 이것은 인간이 균형적으로 진화해 온 것이 아니라 손과 발이 먼저 진화한 이후에 두뇌가 진화해 왔음을 의미한다. 다시 말해서 인간을 다른 동물과 구분되게 한 것은 그들의 두뇌가 아니라 그들의 손과 발이었다는 것이다. 인간의 지능이나 인식능력이 동물들의 그것과 명확하게 차이를 나타내게 되는 것은 매우 뒤의 일이다.

인류의 진화단계를 원인猿人, 원인原人, 구인舊人, 신인新人으로 구분할 때 현생인류와 동류인 신인의 첫 출현은 4만~5만 년 전에 나타난 호모 사피엔스, 즉 '슬기사람'이다. 그리고 기원전 4만 년경에는 호모 사피엔스의 한 갈래인 호모 사피엔스 사피엔스, 즉 '슬기슬기사람'들이 출현하는데 이들이 바로 우리의 직계조상들이다. 오스트랄로피테쿠스의 출현이 300만 년 전까지 거슬러 가는 것을 생각해 보면, 진화의 긴 역사에서 현생인류의 출현은 매우 짧다. 그러나 이 4만 년 동안 인류는 오스트랄로피테쿠스 이후 인간이 진화해 온 300만

베이징원인 1929년 중국 베이징 교외 저우커우뎬의 석회암지대에서 처음 1개의 구치(臼齒)가 발견된 이후 석회동굴 속의 퇴적물에서 같은 종류의 많은 뼈가 발견되어 자바원인과 함께 원인의 가장 중요한 표본이 되었다. 베이징원인 쪽이 약간 새로운 시대에 속하는 것으로 뇌 용적도 크다. 베이징원인의 실물표본은 제2차 세계대전 때 행방불명되었다. 종전 후 저우커우뎬 동굴의 발굴이 재개되었으나 약간의 인골편(人骨片)을 얻는 데 그쳤다.

호모 사피엔스(Homo Sapiens) 지혜 있는 인간이라는 뜻. 일반적으로 4만~5만 년 전부터 지구 상에 널리 분포되어, 후기 석기문화를 가지며 농경과 목축이라는 혁명적 생산 수단을 발명하여 마침내 문명의 꽃을 피웠다. 네안데르탈인(Homo Neanderthalensis)이 대표적인 아종이다.

호모 사피엔스 사피엔스(Homo Sapiens Sapiens) 현생인류의 조상으로 약 4만 년 전(후기 구석기시대)부터 시작되었다. 이전의 다른 종과는 달리 정교한 석기와 골각기를 만들어 내고 벽화 등 예술작품을 제작하는 등 문화를 발전시켜 후기 구석기문화를 창조하였다. 대표적인 아종으로는 크로마뇽인(Cromagnon man)이 있다.

년의 역사와 비교할 수 없는 거대한 문명의 진보를 이룩하였다. 이러한 진보가 가능했던 것은 인간에게 생각할 수 있는 능력이 있었기 때문이다.

고고학자들은 인류가 한 조상으로부터 분화되고 진화해 왔다고 생각한다. 이전의 호모 하빌리스나 호모 에렉투스와 달리 호모 사피엔스 사피엔스의 유적이 전 세계적으로 분포되어 있다는 사실은 이들이 매우 장기간에 걸쳐 이동생활을 했다는 것을 의미한다. 또 이동생활을 했다는 사실로부터 수렵과 채집 등의 경제활동을 했다는 것을 추측할 수 있다. 처음 아프리카에서 살았던 인류의 조상이 흑인종과 백인종, 백인종과 황인종으로 분화한 것 역시 이러한 이동생활의 결과이다. 다시 말해 인류는 약 20만 년 전에 아프리카 동부, 지금의 에티오피아 지역에 살았던 '아프리카의 이브'라고 불리는 여성의 후손이라는 것이다. 이러한 주장은 모계로 이어지는 미토콘드리아 DNA 분석의 결과이다.

그런데 더 재미있는 사실은 최근 고고학자들이 이브에 이어 최초의 남자인 아담을 찾아냈다는 것이다. 아담은 지금도 아프리카 서북부를 포함하는 광대한 땅에서 살아가고 있는 부시먼Bushman의 직계조상이며 6만 년 전 아프리카를 떠나 유라시아와 호주로 이동해 갔다고 한다. 이 연구는 남성에게만 존재하는 Y염색체의 분석을 통한 것이다. 아담이든 이브든 인류의 조상이 하나라는 사실은, 그리고 흑인종이든 백인종이든 황인종이든 모든 인류의 조상이 하나라는 사실은 편협한 인종우월주의나 국수주의 따위가 얼마나 무의미한가를 말해 준다.

당시의 서유럽인 대부분이 아담과 이브가 살았던 장소는 당연히 유럽이나 근동 지역일 것이라고 믿었다. 그러나 진화론의 아버지 찰스 다윈은 『종의 기원』에 뒤이은 저서 『인간의 유래와 성性 선택』(1871)에서 인류가 아프리카에서 기원했을 것이라고 추측했다. 이 견해는 인류의 조상이 당연히 백인이어야 한다거나, 신이 인간을 그 필요에 따라 백인은 주인으로 흑인은 노예로 창조했다고 믿은 대부분의 서유럽인들에게 받아들여지지 못했다. 이러한 시대적·사상적 배경에서 희대의 고고학적 사기 사건이 일어나게 되는데, 1912년 영국의 필트다운인piltdown man 유골사건이 그것이다. 1908년에서 1912년까지 필트다운에서 발굴조사를 하던 영국의 고고학자 찰스 도슨Charles Dawson은 대략 50만 년쯤 된 것으로 추정된 유골을 발견했다고 발표했다. 이 유

찰스 다윈(Charles Robert Darwin, 1809-1882)

『종의 기원』으로 유명한 영국의 생물학자. 다윈은 미국의 링컨 대통령과 같은 날에 켄터키의 통나무집이 아닌 영국의 부유한 의사 집안에 태어났다. 에든버러에서 의학을 공부하다가 그만두고 뒤에는 케임브리지대학에서 신학을 공부했으나 신학보다는 곤충채집이나 박물학에 더 흥미를 느끼고 1831년 영국해군성의 측량선인 비글호에 무보수 박물학자로 승선하여 5년 동안 남아메리카, 오스트레일리아, 남아프리카를 답사하면서 미지의 자연을 접하고 많은 사실을 관찰하였다. 항해 중 다윈은 당시 지질학자 라이엘(Charles Lyell, 1797-1875)이 새로 출간한 『지질학 원리』를 읽고 크게 감명을 받았다. 라이엘에 따르면 지구의 역사는 당시 지식층의 생각과는 달리 아주 긴 것이며 그동안 여러 번의 지질시대가 바뀌어 갔고 그 시대마다 다른 생물이 생겨났다가 없어졌다는 것이다. 비글호의 항해를 통해 그는 생물의 여러 종은 원래 신이 창조한 그대로 있는 것이 아니라 여건에 따라 변화하여 새로운 종이 생기고 또 없어지기도 한다는 진화설을 확고하게 믿게 되었다. 특히 갈라파고스섬에서의 경험이 그에게 결정적인 증거를 제공해 준 것 같다. 적도 근처의 이 섬들은 육지로부터 멀리 떨어져 있으며 섬들 사이의 거리는 아주 가까운데도 불구하고, 이 섬들에는 같은 종의 동물이 조금씩 서로 다른 모습을 가진 여러 변종으로 존재하고 있었다. 다윈은 현재 '다윈 핀치'라고 불리는 새의 부리가 뭉툭한 것에서부터 아주 날카로운 것까지 네 가지를 그림으로 그려 놓고 뭉툭한 부리를 가진 핀치는 주로 큰 낟알을 주식으로 하고 제일 날카로운 부리의 핀치는 작은 벌레를 주식으로 먹고산다는 사실을 밝혀냈다. 이 네 가지 핀치류가 원래는 한 가지 핀치로부터 바뀌어 생겨난 것임을 그는 의심하지 않았다. 귀국한 이후 다윈은 경제학자 맬서스의 『인구론』을 읽고 자연계의 생존경쟁에 착안하였으며, 그로부터 적자생존이나 자연선택의 원리를 결론으로 얻었다. 즉 생물은 주어진 환경 속에서 생존경쟁을 벌이게 마련이고, 이 경쟁에서 적당한 자는 살아남고 그렇지 못한 종류는 도태하고 만다는 것이다. 1859년 다윈은 드디어 『종의 기원』을 출판하였는데, 초판은 그날 매진되었다고 한다. 이러한 성공의 원인은 그의 학설이 구체적인 실례와 직접적인 관찰에서 얻은 성과에 토대를 두었기 때문이다. 다윈의 저서로 인하여 격렬한 대논쟁이 벌어지기도 했지만, 진화론은 엄청난 종교적·사상적·정치적 영향을 전 세계에 미쳤으며, 그 영향은 오늘날까지 지속되고 있다.

골은 두개골은 사람의 것인데, 턱뼈는 원숭이의 것이었다. 필트다운 조사단은 고고학계가 오랫동안 찾고 있었던 원숭이와 사람 사이의 '잃어버린 고리'를 발견했다고 발표하였다. 필트다운인의 발견은 즉각 전 세계적으로 전해졌으며, 1925년 진화론을 가르쳤다는 이유로 재판에 회부된 미국 테네시주 데이턴의 한 고등학교 교사를 변호하는 핵심적인 증거의 하나로 제시되기까지 했다. 이 발견은 당시까지 찾아낸 가장 중요한 인간의 유골화석으로 인정받았으며, 그 후 약 40년 동안 인간의 기원을 이해하는 데 가장 중요한 증거가 되었다. 하지만 1950년까지 필트다운인과 조금이라도 비슷한 다른 화석이 나타나지 않자 자연사박물관은 필트다운인에 대해 의심하기 시작했다. 그러던 중 1953년 그 유골을 재검사한 결과 어이없는 사실이 밝혀졌는데, 과

학적 조사결과 두개골과 턱뼈 모두 50만 년은커녕 600년도 안 되는 것들임이 드러
난 것이다. 엄밀한 조사결과 실은 인간의 두개골과 오랑우탄의 턱뼈를 조립하여 마
치 오래된 것처럼 보이도록 색칠한 다음 선사시대 동물뼈 등 다른 유물과 함께 고고
학 발굴현장의 자갈층 속에 교묘히 묻어 두었다는 사실이 밝혀졌다. 그러나 40년이
지나서야 진실이 밝혀진 탓에 도대체 누가 범인이었는지는 도저히 밝혀낼 수가 없었
다. 문제는 이토록 어처구니없는 사기 행위가 어떻게 수십 년 동안이나 의심을 받지
않았을까 하는 점이다. 인종에 대한 차별의식, 자기 인종에 대한 우월감, 전문가와
대중 모두를 지배했던 이러한 편견들이 과학적 진실을 가렸던 것이다.

제 2 절

사람과 원숭이는 무엇이 다른가?

언제 이 지구 상에 인간이 출현했는가 하는 질문으로 다시 돌아가 보자. 그런데 여기
에 대답하기 위해서는 먼저 인간이란 무엇인가 하는 정의를 전제하지 않으면 안 된
다. 인간이란 무엇인가? 인간과 원숭이가 다른 점은 무엇인가? 여기에는 다양한 대
답이 가능할 것이다. 직립보행을 하는 것, 손을 사용하고 도구를 사용하는 것, 불을
이용할 줄 아는 것, 생각하는 능력, 분절 언어, 지식의 기록과 전승, 종교 등등 무수
히 많다. 그러나 처음 지상에 내려왔을 때에는 아직 인간의 능력이 원숭이들의 그것
보다 별로 나았을 것으로 생각하기 어렵다. 인간과 원숭이의 차이가 처음부터 정해
져 있었던 것이 아니라 인류 진화의 긴 과정을 통해 만들어져 왔다는 것이다.

　아무래도 인간이라고 하면 도구와 불의 사용을 떠올리게 된다. 도구의 사용이 직립
보행과 매우 밀접하게 관련되어 있다는 것은 분명하다. 인간은 두 발로 걷게 됨으로
써 두 손이 자유로워졌고, 따라서 도구를 사용할 수 있게 되었다. 물론 두 손이 자유
롭다는 것은 단지 도구 사용의 가능성이 시작되었다는 것을 의미할 뿐, 그 자체로서
도구의 사용을 의미하는 것은 아니다. 인간이 도구를 사용했다는 사실의 진정한 의

미는 바로 인간이 노동을 통하여 원숭이로부터 자신을 분리시켰다는 데 있다. 수십만 년에 걸친 노동 활동을 통하여 인간은 자신의 육체적 능력은 물론 오늘날에 이르는 정신적 진보를 동시에 이룩한 것이다. 인간은 노동과정에서 단지 자신의 육체적 능력만이 아니라 정신적 능력을 동시에 지출한다. 뿐만 아니라 인간은 노동과정에서 자신의 육체적·정신적 능력을 지출함으로써 그러한 능력을 계발하고 발전시켰다.

생존을 위해 필요한 물자를 조달한다는 점에서 인간의 노동은 동물의 행위와 별로 다르지 않을지도 모른다. 그러나 사자의 사냥과 인간의 노동 간에는 절대로 넘을 수 없는 본질적인 차이가 있다. 동물과 달리 인간은 의식적으로 노동을 한다는 점이다. 과학적 사회주의 창시자 마르크스는 그것을 '선취先取'라는 개념으로 표현하였다. 벌은 매우 정교한 솜씨로 집을 짓지만 자기가 짓는 벌집이 어떤 모양인지를 미리 생각하지도 않고 알지도 못하는 반면, 인간은 아무리 서툰 목수라 할지라도 어떤 집을 지을 것인지 미리 생각하고 짓는다는 것이다. 즉 인간의 노동은 그 결과를 현실적으로 취득하기 전에 먼저 관념 속에서 그것을 선취한다는 것이다. 동물들에게는 단지 본능이 있을 뿐 이러한 행위의 목적의식은 없다. 여기서 우리는 현생인류의 조상, 즉 '생각하는 사람'이 어떻게 출현했는가를 이해할 수 있게 된다.

언어의 발달 역시 인간 노동의 목적의식성과 무관하지 않다. 인간은 최초의 진화단계에서부터 이미 집단생활과 집단노동을 영위했던 것으로 보인다. 인간의 언어능력은 처음부터 부여된 것이 아니라 집단으로 생활하고 노동하는 과정에서 계발되고 증대되어 왔다. 아마 최초의 인간들은 아주 간단한 몇 가지 소리만으로도 충분히 서로의 의사를 교환할 수 있었을 것이다. 그러나 집단생활이 점점 복잡해지고 더 많은 의사를 교환해야 할 필요가 생기면서 인류는 점점 언어능력을 발전시켜 온 것이다. 물론 자연에서 집단생활을 하는 것이 인간만은 아니다. 그러나 사자는 목적의식적으로 노동하는 것이 아니라 본능에 따라서 사냥하므로, 으르렁거리는 몇 가지 소리만으로도 자신의 의사를 표현하고 교환할 수 있다. 그러나 인간의 노동은 그보다 훨씬 복잡하고 정교한 생각들을 표현하고 교환하지 않으면 안 되었다. 이러한 특징은 무엇보다도 인간의 노동이 목적의식적이라는 데서부터 비롯된다.

불의 사용은 다른 동물과 구분되는 인간적 특징의 다양한 측면을 모두 보여 준다.

인류의 문명 가운데 많은 부분이 불의 사용으로 인해 가능했다. 가령 원시인류는 불을 이용해 맹수로부터 자신을 보호했고 날고기를 익혀 먹음으로써 더 많은 식섭을 가능하게 했다. 인간이 사용해 온 대부분의 금속도구들은 불이 없었다면 절대 만들지 못했을 것이다. 더 놀라운 일은 오직 자연에서 인간만이 불을 사용한다는 사실이다. 불은 하나의 도구이다. 이 점에서 불의 사용은 인간이 도구를 사용한다는 사실의 연장선상에 있다. 그러나 불의 사용은 도구의 사용 이상의 그 무엇이다. 모든 동물은 불을 두려워한다. 그렇기 때문에 인간은 불을 이용해 맹수의 위협으로부터 자신을 지킬 수 있었던 것이다. 그렇다면 원시시대의 인간은 과연 불을 두려워하지 않았을까?

　모든 동물 가운데서 어떻게 인간만이 불을 이용할 수 있었을까 하는 질문에는 마르크스의 사상적 동지이자 절친한 친구였던 엥겔스가 중요한 실마리를 준다. 엥겔스는 인간만이 특정한 발정기를 가지지 않고 수시로 성욕을 느낀다는 점에서 인류 문명의 진보를 설명한 적이 있다. 동물들은 발정기가 되면 다른 모든 가치를 무시하고 오직 암컷을 차지하기 위한 투쟁을 벌이게 되는데, 이 과정에서 그때까지 축적되어 온 질서가 모두 파괴되어 문명의 진보를 이룰 수 없다는 것이다. 설령 사자들이 발정기를

프리드리히 엥겔스(Friedrich Engels, 1820-1895)
마르크스와 함께 과학적 사회주의를 창시한 사상가, 혁명가, 공공주의운동과 국제노동운동의 지도자. 1842년 군 제대 후 아버지가 관계하던 공장에 입사하기 위하여 맨체스터로 가던 도중 퀼른의《라인신문》편집실에서 처음으로 마르크스와 만난 이후, 영국에 체재하는 동안 사업에 종사하면서 자본주의 분석에 관심을 가지게 되었다. 1844년 마르크스와 루게가 발간하던《독불연보》에〈국민경제학비판대강〉을 기고하여, 과학적 사회주의의 초기 해석과 자유주의 경제이론의 모순점을 제시하여 마르크스로부터 인정을 받았다. 1847년 공산주의자 동맹을 창설. 제2차 공산주의자 대회의 위촉을 받고, 1848년 2월 마르크스와 공동으로 『공산당 선언』을 발표하였다. 1849년 혁명이 실패로 돌아가자 런던으로 망명하였다가, 맨체스터에서 다시 사업에 종사하여 마르크스의 활동을 경제적으로 지원하였다. 1869년 사업을 청산하고 다음 해 런던으로 이주, 제1인터내셔널의 총무위원이 되어 국제노동운동의 발전에 진력하고 마르크스주의의 보급에 힘썼다. 1883년 마르크스가 사망하자 그의 유고 정리에 몰두하여 『자본』 제2권과 제3권을 편집하는 한편 제2인터내셔널의 지도자로서 노동운동과 국제공산주의운동의 발전에 많은 영향을 끼쳤다.

가지지 않거나 암컷을 차지하기 위해 투쟁하지 않는다고 해서 과연 인간과 같은 문명의 진보를 이룩했을지는 의문스럽지만 아무튼 우리는 여기에서 인간적인 특성의 다른 한 면을 이해할 수 있다. 수시로 성욕을 느끼는 인간은 항상 투쟁하고 파괴해야 할 것 같지만 실제로는 그렇지 않다. 그렇지 않은 것은 인간만이 수시로 성욕을 느끼는 다른 한편 인간만이 그러한 욕구를 자제할 줄 알기 때문이다. 발정기의 사자는 성욕을 자제할 줄 모르지만 인간은 자신의 성욕을 억제하고 조절할 줄 안다는 것이다.

성욕만이 아니라 다른 모든 원초적인 욕구들이 그렇다. 겨울잠을 자는 동물들은 먹을 것을 비축해 놓기도 하지만 일반적으로 동물들에게는 지금의 배고픔을 참고 더 배고플 때를 대비하여 축적한다는 생각이 없다. 그러나 인간은 미래의 위험을 대비하여 축적한다. 이 때문에 동물들은 배고픔을 느낄 때에만 먹이를 구하지만 인간은 미래를 대비하여 배고프지 않을 때에도 식물食物을 구하는 것이다. 주변 환경의 곤란과 장애를 극복하는 것도 일종의 자제라고 할 수 있다. 자제라는 말을 단지 곤란을 참는다는 수동적인 의미로만 이해할 경우에는 선뜻 동의하기 어려울지 모르지만, 보다 넓은 의미에서 인간의 자제력은 그러한 곤란을 극복하려는 의지를 의미한다. 다른 동물들은 환경의 곤란을 회피할 뿐이지만 인간은 그 곤란을 극복하고자 노력한다

인간에게 불을 준 죄로 제우스가 보낸 독수리에게 영원히 간을 쪼이는 형벌을 받은 프로메테우스는 서유럽의 많은 문학작품이나 미술작품에서 인류의 진보정신, 운명을 개척해 나가고자 하는 인간 의지의 상징으로 묘사되었다. 그림은 네덜란드 화가 요르단스(Jacob Jordaens, 1593-1678)의 〈사슬에 묶인 프로메테우스(Der gefesselte Prometheus)〉로 독일 쾰른 발라프 리하르츠 미술관에 소장되어 있다.

는 점에서 구분된다.

사실 인간도 어떤 곤란에 부딪혔을 때에는 그것을 회피하고자 하는 마음이 먼저 들게 마련이다. 그러한 두려움을 극복할 줄 아는 데 또 하나의 인간적 본질이 있다. 인간이 자연에서 가장 약한 존재 가운데 하나라는 것은 분명하다. 그러나 인간은 그러한 조건에 굴복하거나 그것을 회피하기보다는 극복하려고 했다는 점이 다르다. 이제 불 이야기로 돌아가 보자. 오늘날의 우리도 그렇듯이, 아니 당연한 일이지만 우리보다 더욱 먼 옛날의 인간들은 불이라는 신비한 존재를 매우 두려워했을 것이다. 인간의 본질은 여기에 있다. 오직 인간만이 그 두려움을 극복하고 자신을 위해 불을 이용할 줄 알았던 것이다. 두려움을 극복한다는 것, 욕구를 극복한다는 것, 환경의 곤란과 장애를 극복한다는 것 여기에 인간의 본질이 있다.

제 **3** 절

원시공동체사회

매우 부적절한 표현이기는 하지만, 인류가 막 원숭이로부터 진화해 온 원시사회에서 인간의 경제생활은 아직 자연을 인간의 목적에 맞게 변형시키지는 못하고 자연 그대로의 형태로 이용하는 수준이었다. 채집, 수렵, 어로 등이 이 시대의 주요한 경제활동이었다. 수렵과 함께 원시적인 형태의 목축도 나타났으나 보편적인 일은 아니었다. 그러나 이미 이야기했듯이 이 시기에 이미 인간은 자연 소재들을 가공하여 도구를 제작하였다. 인간과 유사한 영장류의 원숭이들 가운데서도 도구를 이용하는 경우가 없지 않으나 동물들은 단지 자연 그대로를 이용할 뿐이지만 인간은 자연을 가공하여 도구로 이용했다는 점에서 큰 차이를 가진다. 이처럼 도구를 제작·사용함으로써 인간의 체계적인 노동이 시작되었다. 뿐만 아니라 도구를 제작하고 이용하는 노동과정에서 인간은 손의 발달, 사지의 분화, 두뇌의 발달을 촉진할 수 있었다. 인간이 도구를 만든 다른 한편 도구의 사용이 인간을 발전시키기도 했다. 물론 이 시기의 도구는 아직 매우 유치한 수준이어서 비교적 단단한 종류의 돌을 깨뜨리거나 깎아 뾰쪽하게 만드는 정도였다.

　도구의 사용과 함께 이 시기에 이미 인간은 집단생활을 영위한 것으로 보인다. 자연으로부터 식물을 획득할 가능성이 매우 낮았기 때문에 집단을 이루지 않고서는 자연 속에서 생존을 유지하기 어려웠을 것이다. 그러나 이러한 집단의 규모는 매우 작았는데, 아직 인간의 생산력이 자연적 조건에 전적으로 의존하는 조건에서는 대규모의 집단을 부양한다는 것이 불가능했기 때문이다. 이때의 집단은 대부분 자연발생적인 것으로서 아직은 뚜렷한 내부조직을 갖춘 사회는 아니었다. 그러나 이 최초의 인간집단 내부에서도 점차 분업이 나타나기 시작했는데, 최초의 분업은 남성과 여성 사이의 분업이었다. 처음에는 대개 남성들은 수렵과 어로에 종사한 반면 여성들은 채집에 종사했을 것이다.

　농경이 채집활동으로부터 발달해 왔으리라는 것은 명백하다. 최초의 농민은 남성이 아니라 여성이었다는 것이다. 수없이 되풀이되는 야생식물의 생장을 보면서 어떤 법칙성을 발견하게 됨으로써 원시시대의 인간들은 비로소 식물을 재배하기 시작하였다. 그러나 최초의 농업은 주거지에 가까운 작은 규모의 토지에서 한두 종류의 작물을 재배하는 데 지나지 않았을 터이다. 물론 비록 그 수확량이 얼마 되지 않더라도 농경의 시작은 인간의 경제생활에서 매우 중대한 의의를 가진다. 이제부터 인간은 자신의 생존을 전적으로 자연의 우연에 맡기는 대신 의식적, 계획적으로 경제생활을 운영할 수 있게 되었기 때문이다. 비로소 인간은 자연의 소극적 존재에서 적극적 존재로 변신하게 된 것이다. 농경은 비교적 장기간에 걸쳐 생산과 분배 및 기타 경제활동을 계획하고 실천해야 했기 때문에 농경과 함께 인간은 정주定住생활을 시작하게 되었다. 농경과 더불어 인간이 정주생활을 함으로써 그때까지는 부분적으로만 나타났던 목축도 일반화되었다.

　농경과 정주생활은 인간집단을 보다 복잡하게 만들었다. 이전까지 인간의 집단은 자연발생적인 공동생활에 불과했지만 정주생활과 함께 비로소 인간은 사회조직을 발달시키기 시작했다. 이렇게 해서 출현한 최초의 사회조직은 씨족공동체사회였다. 이것은 말 그대로 씨氏, 즉 혈연에 기초한 공동체를 의미한다. 그런데 이때의 혈연은 오늘날과 같이 부계 중심이 아니라 모계 중심으로 전승되었다. 그 이유에 대해서는 몇 가지 사실을 지적할 수 있다. 가령 이 때까지 인류는 아직 전적으로 농경에 의존하기보다 수렵과 어로를 농경과 병행하고 있었기 때문에 경제생활에서 남성보다 여성의 중요성이 훨씬 컸다는 것이다. 그러나 보다 중요한 사실은 여성이 가장 중요한 공동체적 노동인 임신과 출산을 담당하였기 때문에 여성 중심의 혈연 관념은 매우 자연스러운 현상이었으리라는 점이다. 오늘날 우리가 자연스럽게 받아들이는 부계사회가 인위적·역사적인 현상이지 오히려 모계사회의 형성은 매우 자연스러운 현상이었으리라는 것이다.

많은 역사학자들은 모계사회라고 해서 반드시 모권사회를 의미하는 것은 아니었다고 주장한다. 원시사회의 존재 형태는 지역과 인종마다 다양해서 일률적으로 말할 수는 없지만 혈통은 모계중심으로 전승되지만, 공동체 내부의 권력은 남성이 장악하고 있는 경우도 많았던 것으로 보인다. 물론 이때의 권력자로서의 남성은 아버지보다는 외삼촌이었을 것이다.

원시공동체사회의 가장 중요한 특징은 생산수단과 노동생산물 양쪽 모두가 공동으로 소유되었다는 사실이다. 즉 생산물은 공동으로 생산될 뿐만 아니라 공동으로 소비되었다. 그러나 이러한 공동소유는 자기 목적으로서 사회화된 현상이 아니라 생산력이 지극히 낮았기 때문에 나타날 수밖에 없는 인간 생존의 조건이었다. 이 시기의 낮은 생산력에서는 잉여생산물이 존재하지 않았기 때문에 공동체 내의 일부 성원에 의한 생산물의 전유는 다른 공동체 성원의 생존 기회를 박탈하는 것을 의미했다. 따라서 이 시기에는 생산물의 전유도, 그것에 기초한 계급의 분화도, 사적 소유도 아직 출현할 수 없었던 것이다. 계급사회가 출현하는 것은 아직 먼 미래의 사건이었다. 이 시기를 원시공산주의사회라고 부르는 것도 이 때문이다.

그러나 원시공산주의라는 명칭은 가끔 이 시기의 인간 생활에 대한 그릇된 인상과 오해를 부르기도 한다. 즉 이 시기의 공동체가 마치 에덴동산과 같은 낙원이었고, 이 낙원에서 인간은 지극히 평화롭고 평등하게 살았으리라는 오해가 바로 그것이다. 이 시기의 인간사회에 제도적 불평등이 존재하지 않았던 것은 분명하다. 그러나 정치적·경제적·사회적 권력은 아직 나타나지 않았지만 물리적 힘의 차이는 당연히 공동체 내의 불평등을 낳았고 대개는 폭력적 수단이 동원되었다. 더군다나 원시시대의 인간의 삶은 평화나 인류애라는 관념과는 전혀 거리가 먼 것이었다. 동물적 욕구에 기초한 폭력과 약탈, 학살 등은 이 시대의 기본적인 질서였다. 그것은 공동체 내부에서도 수시로 자행되었지만 특히 다른 공동체들 간의 만남은 우연적인 것이었든 식물

과거의 고고학자들은 현 인류의 직접적인 조상인 크로마뇽인이 호모 사피엔스의 한 갈래인 네안데르탈인으로부터 진화해 왔다고 생각해 왔다. 그러나 최근의 고고학적 연구는 네안데르탈인과 크로마뇽인이 직접적인 진화의 관계가 아니라 비슷한 시기, 비슷한 지역에 공존했던 것으로 생각하고 있다. 나아가서 크로마뇽인들은 네안데르탈인들을 공격하고 때로는 그들을 잡아먹기도 했다고 한다.

을 약탈하기 위한 의도적인 것이었든 간에 한 공동체의, 경우에 따라서는 두 공동체 모두의 성원들이 완전히 살해되는 결과로 끝맺는 것이 일반적이었다.

요컨대 인간의 본성이라는 관념으로부터 원시사회를 설명하고자 하는 시도는 잘못된 것이다. 인간의 본성은 그가 처한 존재의 조건에 의해 결정되는 것이다. 인간의 본성이라는 것을 관념적으로 전제해 놓고서 그런 관념에 원시사회를 끼워 넣으려는 시도도 무의미한 것이지만, 그렇다고 해서 인간의 본성이 폭력적이거나 잔혹한 것이라고 한탄하는 것 역시 무의미한 일이다. 인간이 제도나 법 대신에 폭력에 의존하는 것 역시 그 존재의 객관적 조건에서 기인하는 현상일 뿐이기 때문이다. 물론 제도나 법에 의존하는 사회 역시 폭력적이기는 마찬가지지만 말이다.

제 **4** 절

가족, 사유재산, 국가의 기원

인류의 경제사에서 가장 중요한 사건은 아마 농경農耕의 시작일 것이다. 여전히 그 생산력은 매우 낮은 수준이었고 아직도 자연적 조건에 지배당하고 있었지만, 그럼에도 불구하고 농경의 시작은 인류가 재생산을 더 이상 우연에만 의존하지 않고 목적의식적으로 운영할 수 있게 하였기 때문이다. 농경을 시작하면서 또한 인류는 비로소 정주생활을 시작하게 되었다. 인류가 처음 정주생활을 시작한 곳은 이집트(나일 문명), 바빌로니아(메소포타미아 문명), 중국(황허 문명) 등이었으며 그 시기는 대략 기원전 수천 년이었다. 다른 지역에서는 인류의 정주가 이보다 늦어, 그리스에서는 기원전 1000년경, 로마에서는 기원전 750년경, 켈트족은 기원전 500년경 그리고 게르만족은 기원 전후의 시기에야 비로소 정주생활에 들어간 것으로 알려져 있다.

아라비아의 역사가인 이븐 할둔Ibn Khaldun, 1332-1406은 1375~78년 알제리 오랑 지방의 콸라트 이븐 살라마 마을에 칩거하면서 아랍족·페르시아인·베르베르족 등 시대의 개시와 경과의 실례와 기록인 『이바르의 책Kitab al-'Ibar』이라는 제목의 세계사를 완성하였다. 특히 이 책의 서문은 『역사서설』로 통칭되는데, 여기서 그는 사회의 형성과 변화의 사정과 법칙을 고찰하고, 문화사의 근본적인 여러 문제에 해답을 부여하고자 하였다. 저명한 역사가 토인비는 이 책을 "인류역사에서 가장 중요한 책"이라고 평했다. 할둔의 역사인식은 특히 세계사를 "정착민과 유목민의 투쟁의 역사"로 파악한 것으로 유명하다. 확실히 세계사에서 정주민족과 유목민족은 서로 다른 역할을 담당하였다. 그러나 세계사는 양자 간의 투쟁의 역사라기보다는 교류의 역사라고 해야 더 옳을 것이다.

정주생활은 인간의 지식과 경험이 축적되고 전승되기 위한 전제조건이다. 농경이 시작됨으로써 인류에게는 비로소 문명의 건설과 발전이 가능해진다. 농경의 시작이야말로 인류문명의 출발점이었다고 해도 과언이 아니다. 물론 본격적인 문명의 시대가 도래하기까지는 아직도 수천 년의 시간이 더 필요하였다. 인류가 농경을 시작하기는 했지만 최초의 농업은 자연 조건 그대로를 이용하는 습지농업이 일반적이어서 인간의 경제생활은 여전히 자연 조건에 거의 전적으로 의존해야만 했다. 따라서 인간의 노동은 단지 씨를 뿌리고 수확하기만 할 뿐 그 이상으로 자연을 자기 목적에 맞게 변경시키지는 못하였다.

사회적 생산력에 획기적인 진보를 가져온 것은 금속기, 즉 청동기와 철기의 사용이었다. 처음에 금속기는 농기구보다는 무기로서 더 중요하게 사용되었다. 그러나 일단 금속기가 농경에 사용되자마자 농업생산력은 그 이전까지 상상할 수 없을 만큼 급속히 증대되었다. 금속기 특히 철기의 사용으로 삼림지대의 개간이 가능하게 되었고 광활한 토지의 경작도 가능하게 되었다. 금속기의 사용으로 비로소 농업이 기본적인 경제활동으로 확립되게 된 것이다.

농경과 정주생활이 시작되면서 공동체의 성격도 변화해 갔다. 씨족공동체는 기본적으로 혈연관계에 기초한 사회였다. 이 시기에는 혈연적 관계와 지연적 관계가 일치하였다. 그러나 농업이 취락생활에서 중요성을 더해 감에 따라 혈연보다는 가장 중요한 생산수단인 토지를 통한 관계, 즉 지연관계가 더 중시되기 시작했다. 한곳에 정착하고 있다는 사실 때문에 혈연적 관계와 지연적 관계에 차이가 생기기 시작하고 점차 지연적 결합의 중요성이 커졌다. 이처럼 씨족공동체 내부에서 혈연적 연계가 점차 희박해짐에 따라 촌락공동체 또는 농업공동체라고 불리는 새로운 사회조직이 출현하게 되었다. 토지와의 관계가 보다 밀접해짐에 따라 동일한 지역과 촌락에서 생활한다는 사실이 공동의 이해와 이를 위한 일정한 조직을 갖춘 집단을 낳게 한 것이다.

농업의 중요성이 커지면서 농업의 담당자도 여성에서 남성으로 변화하게 되었다. 농업에 더 많은 노동력이 필요해진 반면 농경과 목축으로 인해 과거에 중시되었던 수렵이나 어로 활동이 일상적인 경제활동에서 제외되었다. 이에 따라 체력이 강한 남성들이 농업을 담당하게 되고 여성들은 특수한 생활영역으로서 가사노동에 더 많이 종사하게 되었다. 이러한 변화는 모계사회에서 부계사회로 이행하는 데 중요한 계기가 되었다. 이른바 가부장제의 출현이 그것이다. 가부장제가 출현함으로써 씨족을 단위로 한 단일 공동체는 각각의 가부장이 통솔하는 여러 대가족들로 분할되기 시작하였다. 인류가 초기에 공동집단을 형성하여 생활을 했던 것은 낮은 생산력을 극복하기 위해서였다. 즉 집단 자체가 생산력의 표현이었던 것이다. 도구의 발달과 생산력의 성장은 낮은 생산력의 극복을 위해 필요했던 집단성을 약화시켰다. 무엇보다 생산력의 발전은 씨족 성원 전체에 의한 공동노동의 필요성을 감소시켰고, 점차 가족노동이 그것을 대체하게 되었다. 생산력의 발달에 따라 노동단위의 분할과 축소를 가져왔고, 그 결과 가족이라는 새로운 생산 및 생활 단위가 출현하게 되었다.

가족의 출현에는 사적 소유의 발생도 중요한 요인 중 하나였다. 가부장제가 확립된 이후에도 원칙적으로는 생산수단의 공유, 공동노동, 생산물의 평등분배라는 기본질서가 유지되었다. 기본 생산수단인 토지(경지, 땔감, 방목지 등)와 삼림, 호수 등은 공동지로서 여전히 공동체 소유였다. 그러나 공동소유의 원칙은 점차 토지의 소유 및 그 이용에만 국한되게 되었다. 처음에는 노동 도구나 가축 등이 먼저 사유화되기 시작했고 가옥과 택지, 택지에 딸린 텃밭 등이 점차 사유화되었다. 이러한 토지를 헤레디움이라고 부른다. 경지는 공동체의 규제 아래 일정 기간 가족단위의 분배가 이루어졌고, 수확물은 개별 가족에 속하게 되었다. 그러나 생산력 수준이 낮은 단계에 있었던 만큼 공동체의 규제가 필요했고, 원시적 평등성의 유지를 위해 파종과 수확 시기에 대한 통제가 가해졌으며, 토지는 정기적으로 재배분되었다. 이처럼 이 시기의 경제활동은 당시의 소유관계를 기초로 삼았고, 개별 가족 단위로 촌락공동체의 규제 아래 이루어졌다.

헤레디움(Heredium) 경지나 삼림, 방목지 등 공동으로 사용된 토지와 달리 개별적으로 사용된 택지, 채원 등의 토지. 경지가 구성원들에게 분할·배분된 후 일정 기간이 지나면 교환된 반면 택지와 텃밭, 가축, 생산 용구 및 농작물 등은 개별 가족에게 귀속되었고 이로부터 사유재산이 출현한 것으로 생각된다.

관념적 측면에서나 현실적 측면에서나 사적 소유를 확대시킨 것은 무엇보다도 생산력의 증대에 따른 잉여의 창출이었다. 물론 처음부터 잉여생산물이 공동체 내부에서 사유화된 것은 아니었다. 잉여생산물은 다른 공동체와 교환되는 것이 일반적이었다. 따라서 소유라는 관념은 처음에는 우리 공동체의 소유와 다른 공동체의 소유를 구분하는 정도에 불과하였다. 그러나 공동체 내부에서 잉여생산물의 관리와 교환을 담당하는 수장층이 출현하게 되고, 생산력 증대에 따른 사적 소유의 진전은 점차 이러한 지배층에 부를 축적시키게 되었다. 아직 맹아적인 형태이기는 하지만 공동체 내부에서 계급적 불평등이 나타나기 시작한 것이다.

생산력의 증대로 보다 많은 인구를 부양할 수 있게 되면서부터 촌락공동체의 규모도 점차 확대되어 갔다. 서로 다른 혈연을 가진 구성원들이 하나의 공동체로 조직됨에 따라 자연히 구성원들 간의 갈등과 이해의 대립도 빈번하고 복잡해져 갈 수밖에 없었다. 이를 해결하기 위해서는 씨족공동체와는 다른 조직원리와 규율이 필요하게 되었다. 법이나 제도가 나타나고 이를 담당하기 위한 별도의 기구와 관리자들이 출현하게 된 것이다. 본격적인 고대국가가 출현하는 것은 아직 먼 후일의 일이지만 인류사회는 서서히 그러한 조직들을 만들어 나갔다.

사유재산과 계급적 불평등의 출현은 인류의 역사를 해석하는 데 매우 중요한 쟁점이 인류의 원시상태를 이상적인 자연상태로 생각했던 계몽주의자들에게 사유재산의 출현은 모든 죄악의 시발점으로 간주되었다. 프랑스 계몽주의의 대표적 사상가인 장 자크 루소^{Jean Jacques Rousseau, 1712-1778}도 그 가운데 한 사람이었다. 그러나 같은 시대의 볼테르는 문명의 출현이 어째서 인류를 타락시키는가 하고 반박하였다. 볼테르^{Voltaire, 1694-1778}가 루소의 사상을 '룸펜의 철학'이라고 비난했던 것은 단순히 그가 사유재산제도의 영원불멸함에 대한 맹신에 사로잡혀 있기 때문이었을까?

02
Chapter

고대사회의
경제생활

문명의 어머니, 대하

인류 최초의 문명이 출현한 것은 대체로 기원전 3000~2300년 사이이다. 메소포타미아와 나일강 유역, 황허 및 인더스강 유역 등에서는 이미 청동기시대에 고대문명과 전제국가가 출현하였다. 인류 최초의 문명이 발상한 곳은 이처럼 대하大河를 이웃한 지역이었다. 큰 강 유역에서는 토지가 비옥하기 때문에 일찍부터 습지농업이 발달하였고, 높은 생산성과 사회적 잉여를 바탕으로 문명이 출현할 수 있었던 것이다.

　메소포타미아와 나일강 유역, 황허, 인더스강 유역 등 동양의 고대문화는 대하문명大河文明으로 출발하였다. 대하 유역에서는 무엇보다도 토지가 비옥하기 때문에 일찍이 습지에서 농업이 발달하고, 높은 생산성과 사회적 잉여를 기초로 문명이 등장하였다. 이들 지역에서는 하천이 주기적으로 범람하면서 풍부한 유기물질을 침전시켜 농경민족이 정착할 수 있는 자연환경이 조성되었고, 농업의 발전으로 잉여노동이 생기게 되어 사회적 분업이 진전되었다. 이에 따라 여러 가지 물자의 생산기술, 즉 수공업이 발달하였을 뿐만 아니라 교환경제가 발전하고 거래의 중심지로서 도시가 성립하였다.

최근 양쯔강 유역에서도 황허 문명과 비슷한 규모의 고대문명의 유적이 발견되었다는 언론 보도가 있기도 하였다. 그러나 이에 대해서는 유적 발굴과 학문적 연구조사가 좀 더 진행되어야 할 것이다.

　　　　　　물론 큰 강이 있다고 해서 반드시 그곳에서 고대문명이 발생하는 것은 아니며, 또 고대문명이 발상한 곳이라고 해서 그 조건이 모두 같았던 것도 아니다. 가령 황허 유역에서는 고대문명이 발달하였으나 양쯔강 유역에서는 그렇지 못하였다. 그 이유로는 양쯔강 유역이 심한 경사를 가진 협곡이어서 농업과 생활에 부적당하였기 때문이라는 설명도 있다. 그러나 이러한 설명은 아메리카와 아프리카 대륙의 훨씬 비옥한 지역들에서도 역시 문명은 발달하지 못하였다는 사실을 고려해 보면 충분한 설득력을 가지지 못한다. 더 비옥한 지역이 아니라 덜 비옥한 지역에서 문명이 출현한 이유는 대체로 두 가지로 추측된다. 하나는 이러한 지역들은 보다 고온다습했기 때문에 초목이 지나치게 무성했을 것이고 따라서 철기가 도입되기 이전에는 인간의 노동력으로 개간하기 어려웠으리라는 것이다. 다른 하나는 보다 비옥한 자연환경으로 인해 이 지역에 처음 정착한 인간들은 주변 조건의 곤란을 극복하고자 하는 동기를 크게 느끼지 못했으리라는 것이다. 이는 고대문명이 출현하고 발전한 지역들이 우리의 통념과는 달리 대부분 건조지역이거나 여름의 홍수와 겨울의 추위 등으로 인해 실은 그다지 인간의 정착에 유리한 조건이 못 되었다는 사실에서 짐작해 볼 수 있다.

문명의 발생을 설명하는 요소로는 국가의 성립, 문자의 사용, 야금술冶金術, 기념건조물의 발달 등을 들 수 있다. 인류 최초의 문명을 건설한 것은 기원전 3000년경 티그리스와 유프라테스강 사이에 위치한 메소포타미아 — '두 개의 강 사이의 땅'이라는 의미 — 의 '비옥한 초승달 지대'에서 처음 농경을 시작한 수메르인들이었다. 세계에서 가장 오래된 문명이 **오리엔트** 지방에서 일어난 이유는, 인류 역사의 대부분을 차지하는 자연의존적인 수렵과 채집경제로부터 가장 먼저 벗어나서 농경과 목축이라는 생산경제로 전환한 데 있다. 그 결과 생활에 여유가 생기면서 분업이 일어나고, 도자기 제조 등의 각종 기술이 발달함에 따라 오늘날의 이집트·시리아·팔레스타인 지방에서 메소포타미아에 걸친 '비옥한 초승달 지대'가 고대 오리엔트 문명의 모태가 되었다.

수메르인들은 기원전 3000년에서 2700년 사이에 메소포타미아 남부지역 여러 곳에 도시국가를 건설했는데, 그곳에서는 자급자족과 성벽 안에서의 자치가 이루어졌다. 물론 아직 도시국가들의 영향권은 기껏해야 그 도시 사람들이 소유하고 있거나 경작하던 주변 농지와, 도시에 의존해서 살아가던 주변 마을까지밖에 미치지 못하였다. 군주의 통치는 보통 그가 언덕에서 바라볼 수 있는 지역의 범위를 넘어서지 못했다. 수메르 문명에서 가장 중요한 것은 인류 최초의 문자인 쐐기문자를 사용해 언어를 기록하였고, 군주의 지시가 문서로 전달되고 국민들의 납세현황이 기록되는 등 상당히 발

오리엔트(Orient)라는 말은 로마인이 태양이 솟아오르는 동방을 '오리엔스(Oriens)'라고 부른 데서 유래하며, 이집트와 서아시아 일대를 총칭한다. 이 지방의 중심지는 티그리스·유프라테스강 유역인 메소포타미아와 나일강 유역인 이집트로서, 두 지방 모두 기원전 3000년 전후에 국가가 형성되고 문명이 시작되었다. 그러나 문명의 중심이 지중해 연안으로 옮겨 감에 따라서 고대 오리엔트 문명은 사람들의 기억 속에서 사라져 갔다. 18세기 후반부터 오리엔트 각지에 남아 있는 유적들이 서양인들의 주목을 받아 그곳에서 발굴된 조각품이나 점토판 문서 등에 대한 연구가 일어났다. 1822년 프랑스의 이집트어학자 상폴리옹(Jean François Champollion, 1790-1832)이 이집트의 신성문자를 해독하고, 1847년 영국의 군인이자 동양학자였던 롤린슨(Henry Creswicke Rawlinson, 1810-1895)이 수메르의 쐐기문자를 해독함으로써 고대 오리엔트에 관한 연구가 본격화되었다. 19세기 중엽 이후 수천 년간 묻혀 있던 고대도시와 신전, 궁전, 분묘 등의 발굴이 이루어졌고, 이후 문헌학과 고고학 연구에 의해 고대 오리엔트 문명의 해명은 크게 진전되었다.

달한 고대국가로서의 체계를 갖추고 있었다는 점이다. 함무라비Hammurabi, ?-BC 1750왕은 317개 조(그중 판독 가능한 것은 282개)에 달하는 「함무라비 법전」을 제정하여 씨족 사회의 전통에 의해 시행되어 오던 관습들 대신 법에 의해 개인 간, 집단 간의 분쟁을 해결하도록 하였다. 이러한 법률체제의 정비는 고대국가의 체계가 거의 완성되었음을 의미한다. 특히 「함무라비 법전」은 상거래에 관한 조항이나 노예에 관련된 분쟁에 대한 조항을 매우 상세히 규정하고 있어 이 시기에 이미 다양한 경제활동이 전개되었으며 노예제도도 상당히 성숙되어 있었음을 보여 준다.

이집트에서는 메소포타미아보다 조금 늦은 기원전 6000년경에 농경이 시작되었다. 기원전 3400~3300년경 나일강 유역에서는 상부이집트에 22개, 하부이집트에 20개의 노모스라고 불리는 소공동체들이 형성되었다. 그리스어로 주州, 행정구역을 의미하는 노모스의 기원은 선사시대 말기(기원전 3700년 무렵)의 소왕국들에서 유래한다. 노모스는 각각 지도자를 가진 독립적인 부족으로 이루어졌으며, 노모스마다 고유의 신을 숭배하였다. 경제economy라는 말의 어원도 실은 집을 의미하는 'oikos'와 다스리다, 관리하다의 의미의 'nomos'가 결합하여 나온 것이다.

그러나 주기적으로 일어나는 나일강의 범람으로 안정적인 농경을 위해서는 공동의 관개 및 치수 작업이 필요하였고 이를 위해서 공동체의 통합이 요구되었다. 기원전 3100년경 상하 이집트는 나르메르 또는 메네스로 불리는 왕에 의해 하나의 왕국으로

나르메르(Narmer, 기원전 3100-?)
이집트의 파라오. 상부이집트의 왕이었으나 나일강 상류의 델타 지방을 정복함으로써 이집트를 통일하였다. 신화적인 메네스왕의 모델로 알려져 있다. 히에라콘 폴리스신전 터에서 발견된 〈나르메르의 팔레트(化粧板)〉는 왕의 하부이집트 정복을 그리고 있다.

통일되었다. 통일왕국의 지배자는 파라오로 불렸으며, 통일
과정에서 각 노모스는 지방행정구역으로 재편되었고 노모스
의 왕들은 지방장관으로 임명되었다. 이 지방장관들의 주요
임무는 중앙정부에 대한 공납과 부역의 징발이었다. 물론 이
러한 예는 이집트에서만 나타나는 것은 아니며, 고대 아시아
의 전제국가에서는 이와 유사한 형태의 공납제가 일반적이
었다. 가령 인도의 고대사회에서도 촌락의 장로는 애초에 촌
락구성원의 이해를 대변하는 지도자의 성격을 가지고 있었
지만 국왕이 모든 수조권을 장악하게 되자 촌락민을 다스리
는 지방관료로 변질하였을 뿐 아니라 조세의 징수업무까지
위임받아 농민들을 가혹하게 수탈하였다.

　인더스강 유역에서는 기원전 2500년경 계획적으로 건설된 도시들이 잇달아 나타나
는데, 그중에서도 가장 발달한 것은 상류의 하라파와 하류의 모헨조다로였다. 인더
스 문명의 주요한 특징은 질서정연한 도시계획에 있다. 모헨조다로와 하라파는 모두
도시의 서쪽 부분에 성벽을 둘러친 평행사변형으로 계획된 성채가 있고, 동쪽에는
시가지가 위치해 있다. 모헨조다로에서는 성채의 언덕 위에 공공목욕탕, 승원, 회의
장, 곡물창고 등의 공공시설이 있었다. 인더스 문명의 도시들에서 나타나는 또 하나
의 특징은 상하수도 시설의 발달이다. 욕실, 부엌, 화장실 등 가옥의 하수는 통로를
통하여 하수도로 배수되었다. 한편 모헨조다로의 성채 위에서 발견된 곡물창고와 비
슷한 구조를 가진 것이 하라파의 성채 기슭에서도 발굴되었다. 6동씩 2열로 늘어선
하라파의 곡물창고는 벽돌을 쌓아 올려 만든 토벽 위에 고상식高床式으로 세워져 있었
다. 하라파에서는 이 곡물창고 바로 옆에 벽이 얇은 14동의 건물이 2열로 늘어선 것
이 발견되었다.

　모헨조다로에서도 똑같은 형의 연립식 건물들이 세워져 있는 시가지가 발견되었
다. 이것은 중산층 이상 시민의 것이라기보다는 노동자들의 주거지로 생각된다. 성
채의 밑 기슭에는 시가지가 있고, 주민들의 주택이 큰길과 골목길 양쪽에 줄지어 서
있었다. 주택 외에 상점과 식당도 있었으나, 하라파나 모헨조다로에서는 신전이나

왕궁이라 불릴 만한 대형건축물은 발견되지 않았다.

인더스 문명은 기원전 2000년대 중엽에 인도에 침입한 아리아인에 의해 점령되는데, 이들은 원주민인 드라비다인에 대해 자신들이 고귀한 민족임을 내세우기 위하여 인종차별 정책을 실시하였다. 오늘날 인도의 카스트 제도의 기원은 바로 여기에서 시작되었다고 한다.

황허 유역에서 농경이 시작된 것은 메소포타미아나 인더스 문명과 비슷한 시기로 짐작된다. 그러나 이 지역에서 본격적인 고대국가가 출현한 것은 다른 지역보다 비교적 늦은 기원전 2500년경이다. 중국 최초의 고대국가는 하夏인데, 『사기史記』의 「하본기夏本記」에 의하면 하왕조의 시조인 우禹는 황허의 홍수를 다스리는 데 헌신적으로 노력하여 그 공으로 순舜임금이 죽은 뒤 제후들의 추대를 받아 천자가 되었다고 한다. 우는 제위를 민간의 현자에게 양여하려고 하였으나, 제후들이 우의 아들 계啓를 추대하였으므로 이때부터 선양제禪讓制가 없어지고 상속제에 의한 최초의 왕조가 출현하였다. 하와 그에 이어지는 상商·주周 3대를 중국에서는 고대의 태평성대로 불러 왔으나, 명확한 유적과 유물이 남아 있는 것은 상나라 이후이다. 특히 이 시대의 유물 가운데서 갑골에 새긴 문자가 발견되었는데 그 시기는 대체로 기원전 1500년경으로 짐작된다.

이와 같이 기원전 3000년에서 2300년 사이에 대하를 중심으로 인류문명의 4대 발원지에서 제각기 문명이 출현하고 발전하기 시작하였다. 우연인지 필연인지 이들은 모두 오늘날의 아시아지역에 위치하고 있다. 서유럽지역에서 본격적인 문명이 출현한 것은 이보다 조금 뒤의 일이다.

고대 아시아의 전제국가

인류 최초의 문명을 탄생시킨 대하는 경제생활에 커다란 이익을 가져다주었지만 때로는 커다란 재앙을 초래하기도 하였다. 우기의 대규모적인 범람과 건기의 물 부족은 유역에서 생활하는 사람과 공동체에 커다란 위협이었다. 예를 들어 이집트의 모든 경제생활은 나일강의 정기적인 범람에 달려 있었기 때문에, 서기의 가장 중요한 직무는 물의 높이를 기록하는 일이었다. 즉 '높은 나일'은 홍수를 의미하고 '낮은 나일'은 기근을 의미했다.

대하는 지역에 따라서 구체적인 자연조건에 차이가 있었지만, 이들 지역에서 생활을 영위하는 인간에게는 치수 및 관개 사업을 통하여 어떻게 물을 잘 다스리는가 하는 것이 공통되는 생존조건의 핵심이었다. 하왕조의 시조인 우임금이 황허의 홍수를 제대로 관리함으로써 천자가 되었다는 전설도 고대사회에서 치수의 중요성을 보여준다. 그러나 이는 개인이나 개개의 촌락공동체의 힘만으로는 불가능했기 때문에 개별적인 촌락공동체의 범위를 초월한 협력체제가 필수적이었으며, 이를 위해서는 다음의 두 가지 조건이 충족되어야 했다.

첫째, 개개의 촌락공동체의 노동력을 대규모로 동원하고 통일적으로 결합·지휘할 수 있는 권위적 존재가 있어야 한다. 둘째, 풍부한 경험과 지식을 갖춘 권위적 존재의 지휘에 따라 대규모 토목공사를 직접 담당할 다수의 노동력이 있어야 한다. 치수와 관개라는 난제를 해결하기 위해서 이 두 가지 조건이 갖추어진 곳에서는 소공동체를 결합한 결합공동체가 등장하였다. 물론 치수와 관개의 필요가 강력한 전제군주를 불러왔다는 것이 동양의 전제군주가 한순간에 출현했다는 의미는 아니다. 동양사회에서도 강력한 중앙집권적 국가체제와 군주제도가 출현하기까지는 오랜 시간과 역사적 굴곡이 필요했다. 소공동체의 결합체인 전제국가는 구체적으로는 공동체들 간에 벌어진 정복전쟁의 결과물이었다. 여기서 결합공동체의 전제군주는 권위적 존재로 인격화되거나 신격화되어 노동력을 지휘·감독할 수 있는 막강한 권력을 손에 넣

동양의 '왕토(王土)사상'은 토지에 대한 집단적 소유권을 왕, 천자, 파라오 등의 소유권이라는 형식으로 표현한 것이지 수장이 실제로 토지를 사적으로 소유한 것은 아니었다. 아직 사적 토지소유가 발생하지 않은 상황에서 단지 관념적으로만 수장이 모든 토지를 소유하는 것으로 표현했던 것이기 때문이다. 그래서 이를 관념적 노예제 또는 총체적 노예제라고 부르기도 한다.

아시아 고대사회의 토지소유관계와 지배–예속관계를 마르크스는 아시아적 생산양식이라 하였고, 막스 베버는 '동양적 관료제'라고 하여 유럽의 고대사회와는 기본적으로 성격이 다른 사회로 규정하였다.

게 되었다. 이집트의 파라오는 바로 그러한 절대권력을 가장 잘 보여 주는 상징이다.

아시아적 사회에서 국왕은 결합공동체의 최고의 수장으로서 관료제를 기반으로 국가의 모든 기능을 장악하였다. 즉 전제군주는 치수·관개·개간 등의 공동노동을 지휘하는 권한뿐만 아니라 경지·용수의 분배권, 공유재산의 관리 및 처분권, 군사권, 재판권을 파악하고 교환을 지배하였다. 이렇게 하여 국왕은 공동체의 토지와 전 재산을 원칙적으로 독점·소유하게 되었는데, 특히 토지는 국왕만이 공동체의 유일한 최고지배자로서 국왕의 명의로 표현되었다. 이를 왕토사상이라고 한다. 그러므로 전제국가 지배하의 신민臣民의 대부분을 차지한 공동체 농민은 공동체를 매개로 토지를 분배받는 예속민의 성격을 가지게 되었다.

고대 아시아 사회에서 국왕은 모든 공동체의 성원을 직접 통치하지 않고 귀족화한 피지배 공동체의 수장을 통해서 지배하였으며, 농민은 개인으로서가 아니라 공동체를 단위로 하여 노동력을 수탈당하거나 잉여생산물을 납부하였다. 이러한 통치제도를 아시아적 또는 동양적 공납제貢納制라고 하며, 이러한 사회구조를 학자에 따라서는 아시아적 전제주의라거나 아시아적 생산양식이라고 부르기도 한다. 아시아적 공납제는 잘 정비된 관료체제를 토대로 성립하였는데, 이 관료체제는 결합공동체가 성립되는 과정에서 이루어졌다. 즉 지배공동체의 유력한 수장들은 중앙귀족화하였고, 소공동체의 수장들은 대부분 지방관료로서 이 체제에 편입되었다. 특히 아시아적 공납제에서는 지방관리가 지방행정의 집행자로서의 성격보다도 공납징수인, 즉 수탈대리인적인 성격을 띠고 있었는데 직접 민중을 수탈하는 자로서 일반적으로 횡포가 심했다. 지역에 따라 이러한 공납제는 매우 오랫동안 지속되었는데, 인도의 경우 무갈제국이 가장 세력을 확대했던 16세기 이후에도 여전히 지속되었다.

고대 아시아에서는 그리스나 로마의 노예와 같이 시민계급과 대립된 노예계급이 형성되지 않았다. 물론 아시아에서도 노예가 전혀 없었던 것은 아니지만 생산의 주요한 부분은 농민이 담당하였다. 유명한 「함무라비 법전」에서 소유하는 노예의 숫자는 한 가정에 보통 2~5명이었으며, 특별히 많은 경우에도 수십 명 정도가 그 한도였다. 전체적으로 노예는 그리스·로마와 같이 많지도 않았을 뿐만 아니라 노예반란도 없었다. 또한 노예에 대해서는 고전고대에서처럼 무제한적으로 가혹한 착취와 학대를 받지 않았던 것으로 보인다. 여기에서 노예들은 주인과 어깨를 나란히 하여 일을 하거나 자유인과 결혼하는 예도 많았다. 「함무라비 법전」에 따르면 노예 해방, 자유인으로의 복귀가 비교적 용이하였고 채무노예도 종신노예가 되지는 않았다. 이러한 점들은 아시아 사회에서 계급으로서의 노예가 형성되는 것을 방해하였다. 만약 정복국가가 들어서더라도 지배공동체가 피지배공동체의 농민을 공동체로부터 떼어 내 개별적인 소유의 대상물로 삼지는 않았다. 고대 아시아 사회의 이러한 특징은 정복민을 노예로 삼을 경우 노동력의 재생산이 불가능하게 되어 잉여노동과 잉여생산물의 수취 자체가 중단되고 국가·사회체제의 존립이 불가능하게 된다는 데 있었다. 따라서 법률적으로도 되도록 노예화를 막고 있었는데, 바빌론의 「함무라비 법전」에서는 채무자가 그 빚으로 인하여 노예로 전락하지 않도록 채무자를 보호한 것이 그 예이다.

한편 고대 오리엔트 국가들에서는 상업이 크게 발달하였으며, 금속화폐도 사용되었다. 그러나 이것들은 공동체를 단위로 획득된 재화를 정부와 왕가를 비롯한 지배계층의 수요를 충족하고 남은 잉여를 교환의 대상으로 배출한 데 지나지 않았다. 따라서 상공업은 왕도를 중심으로 한 주요 도시와 주변 국가들 사이에서 번성하였으며, 이를 제외하면 경제는 전반적으로 수공업이 농업에 견고하게 포섭되어 있는 자급자족경제였다. 국내 상업에서는 특정한 품목은 왕실이나 사원 등 특권세력이 독점하였으며, 해외무역에서도 왕실과 국부가 독점하는 경우가 일반적이었다. 따라서 이러한 판매 및 교환 활동은 지배층의 대리인이나 특권상인들이 담당하였으며, 그 결과 상품화폐경제의 발달에도 불구하고 생산에는 아무런 자극을 주지 못하였다. 오히려 무역과 상품화폐경제가 발전할수록 농민이나 수공업자 등 기층생산자계급에 대한 수탈만 더욱 가중되었을 뿐이었다.

이와 같이 아시아의 고대사회에서 왕실이나 사원을 중심으로 한 지배층은 전제적 지배의 기초 위에 사치한 생활을 영위함으로써 잉여생산물을 지속적으로 소비해 버리

불경기에는 국가가 적극적으로 경제에 개입해야 한다고 주장한 케인스(John Maynard Keynes, 1883-1946) 이후 적지 않은 경제학자와 경제사가들은 피라미드와 같은 거대 기념물의 건설이 단순히 국왕의 사치나 권위를 위한 것이 아니라 농한기의 실업해소와 빈민구제를 위한 일종의 적극적 재정정책이었다고 주장하기도 한다. 말하자면 피라미드의 건설은 고대의 뉴딜(New Deal) 정책이었다는 것이다.

고 말았다. 즉 아시아적 전제국가는 공동체 농민에 대한 노동지배권을 장악함으로써 잉여노동을 비생산적인 곳에 낭비하였다. 이집트의 **피라미드**, 스핑크스, 오벨리스크 등의 대규모 토목사업과 투탄카멘왕의 금관 등은 당시의 집중된 부와 권력을 어떻게 사용했는가를 잘 보여 주는 대표적인 예다.

많은 경우 고대 아시아 사회에서는 사치품과 무기의 생산기술은 진보했어도 일반적인 생산기술은 거의 개선되지 못하였다. 그 결과 다소간의 사회발전에도 불구하고 촌락공동체는 대단히 오랜 기간 유지되었다. 즉 아시아적 전제정치가 낳은 특수성 때문에 생산력의 발달과 교환확대의 여지는 최대로 억제당하였고, 공동체는 더욱 강하게 유지되었다.

제 **3** 절

고대 그리스 사회

아시아의 고대문명이 대하문명이었던 것과 대조적으로 유럽에서는 지중해를 중심으로 해양문명이 발달하였다. 이 지역에서는 기원전 2500년경부터 **크레타** 문화가 발달하였고, 기원전 2000~1000년에 걸쳐서는 **페니키아**가 주역을 담당하였다. 그리고 기원전 1000년 이후에는 드디어 지중해의 동부에서는 그리스가, 서부에서는 카르타고가 세력을 떨쳤으나, 양자가 모두 로마에 병합됨으로써 고전고대 문화는 그 정점에 도달하게 되었다.

그런데 그리스와 로마의 고전고대사회는 노예제적 생산관계를 기반으로 성립된 도시국가의 문화로서, 촌락공동체를 토대로 했던 오리엔트의 전제국가와는 전혀 다른 성격을 띠고 있었다. 먼저 노예제가 발전했던 그리스에서는 아테네, 테베, 스파르타, 코린트 등의 수많은 도시국가가 병립하였다. 심지어 넓이가 4제곱마일(3,000평 정도)에 지나지 않는 레스보스섬에는 6개의 도시국가가 있을 정도였다. 유럽에서부터 아시아에 걸친 사상 초유의 대제국을 건설했던 로마도 처음에는 수십 제곱마일의 도시국가에 불과했다. 고전고대사회를 특징짓는 노예제적 생산관계는 이러한 도시국가들을 기반으로 나타났다.

그리스와 로마에서 국가는 소토지 소유자인 자영농민들 간의 자유롭고도 평등한 관계를 기반으로 성립되었으며, 노예제는 이들 상호 간의 소유상의 분화를 기반으로 발전되어 갔다. 초기 도시국가의 형성기에는 대토지와 노예를 소유한 귀족을 중심으로 귀족도시가 형성되었으나, 민주화 혹은 평민세력의 성장과정에서 평민도시로서의 전형적인 도시공동체로 탈바꿈해 갔다. 이러한 단계에서 노예제가 전형적으로 발전하였는데, 자영농민은 평화 시에는 노예와 함께 농경에 종사하였지만 전시에는 무장을 하고 전쟁에 참여하였다. 도시국가의 구성원은 사적 소유를 보전하고 노예제를 유지하기 위해서 주변의 공동체와 대립관계에 있었다. 이러한 의미에서 고전고대의 도시국가는 군사적인 조직인 전사공동체戰士共同體라고 할 수 있다. 그리스에서 가장 강력하고 번성한 도시였던 아테네의 주신인 아테네 여신이 지혜의 신인 동시에 전쟁의 신이었던 이유도 여기에 있다.

전쟁에 참여한 농민은 여러 가지 전리품을 획득하였는데 가장 중요한 것은 역시 노예였다. 대부분 전쟁을 통해서 공급된 포로노예는 소유주의 엄격한 감독 아래 농업노동에 투하됨으로써 고전고대사회의 가장 중요한 생산력 기반을 이루었다. 특히 로마에서는 대규모로 노예를 사역하는 노동노예제가 등장하였는데, 이는 끊임없이 계속되는 노예쟁탈전과 영토확장, 상업발전의 결과로 자영농민이 몰락하는 계급분해 속에서 나타났다.

지중해 연안지역은 많은 인구를 부양할 정도의 평야가 없을 뿐만 아니라 기후도 농업생산에 적당하지 않았다. 이 지역에서는 오리엔트와 같이 대규모의 농업경작이 불가능하였고, 목축도 사료 부족으로 소나 말 같은 농경용 가축은 사육할 수 없어 고원

크레타(Crete) 문명 기원전 2000년경 크레타섬을 중심으로 에게해 주변지역에서 발전한 문명. 에게 문명, 미노스 문명(미노아 문명) 등으로도 불리며, 독자적인 신앙과 문자를 가지고 있었다. 크레타섬은 동지중해의 중앙에 위치하여 일찍부터 오리엔트 세계, 특히 이집트와의 교류가 있었고 다른 섬들보다 면적이 훨씬 넓은 데다 평야가 많은 점 등으로 조직적인 문명 성립에 필요한 조건을 구비하였다. 처음에는 동부와 중부에 각각 독립적인 세력이 분립되어 있었으나 기원전 2000년경 크노소스를 중심으로 중앙집권화가 이루어져 미노스(Minos)라 불리는 왕이 섬 전체를 지배하게 되었다. 수도 크노소스는 인구 8만을 헤아렸으며, 정치·경제·문화의 중심으로 번영하였다. 기원전 1400년경 그리스의 침입으로 멸망하였다.

페니키아(Phoenicia) 리비아·레바논 해안지대의 고대 지명 또는 그 주민의 명칭. 일반적으로 북쪽은 에레우세루스에서 남쪽으로는 카르멜산 근처까지를 가리키나 시대에 따라 그 범위는 달라진다. 정치적으로 통일된 적은 없고 여러 항구도시를 중심으로 한 도시연맹의 형태를 취하여 일찍부터 해상무역을 하였다. 목재, 올리브, 포도, 건어물 등을 수출했으며 미술공예에도 뛰어나 금, 은, 보석, 상아, 유리로 만든 공예품과 염색제품 등을 오리엔트와 지중해 연안 각지에 전파하였다. 기원전 9세기경부터 점점 세력을 잃고, 아시리아, 이집트, 페르시아의 지배를 받다가 로마의 속주가 되었다.

이름처럼 아테네는 지혜의 여신 아테네를 수호신으로 모셨는데, 신화에 의하면 아테네의 주민들이 "올림푸스의 12신 중에서 이 도시에 가장 유용한 물건을 가져오는 신을 수호신으로 삼겠다"고 하자 아테네가 올리브를 가져와 수호신이 되었다고 한다. 인간이 스스로 자신들의 수호신을 선택했다는 점에서 이 이야기는 매우 의미심장하다. 독일의 유물론 철학자 포이어바흐(Ludwig Feuerbach, 1804-1872)의 지적처럼 "신이 인간을 창조한 것이 아니라 인간이 신을 창조한 것"이다. 유네스코가 인류문화유산 1호로 지정한 파르테논 신전은 바로 아테네여신을 모신 신전이다.

지중해식 농업은 지중해성 기후지역에서 영위되는 농업양식으로, 여름의 고온과 우(高溫寡雨)에 견디는 과수재배가 특색으로, 관개설비가 잘 발달되어 있다. 여름철에 수목농업이 전형적으로 나타나는 이유는 고온건조한 기후 때문이고 이로 인해 내구성이 강한 작물인 올리브, 포도, 오렌지, 레몬 등을 재배한다. 또한 여름철에 관개를 하지 않으면 곡물, 야채는 모두 가을에 파종하고 초여름에 수확한다. 목축업은 농가의 자급용으로 이루어질 때도 있고, 많은 가축을 기르는 경우도 있다. 지중해성 기후지역의 목축은 농업과 혼합되어 영위되는 것이 특색이며, 알프스 주변의 높은 산지에서는 이목을 한다.

이나 삼림에서 양을 치는 정도에 그쳤다. 이러한 조건에서는 평지를 완전히 경작하여도 전 인구를 부양할 수 없었기 때문에 산지의 경사면까지도 개간해야 했다. 지중해성 기후조건에서 경사면에 재배된 것은 주로 마른 토양에 강한 딸기, 포도, 올리브 등이었다.

이와 같이 농업에 불리한 지리적·기후적 환경을 해결하는 데에는 두 가지 방법이 있었다. 하나는 지중해나 흑해 연안의 미개지에 식민지를 건설하여 토지와 식료품을 얻는 것이고, 다른 하나는 포도주나 올리브유 등을 다른 지역에서 생산된 식료품과 교환하는 것이었다. 이 두 가지 방법은 모두 상업 및 노예제의 발전과 밀접한 관련이 있었다. 이처럼 대외정복과 상업 특히 무역은 도시국가의 조밀한 인구를 부양하는 가장 중요한 수단으로서 역할을 수행했다. 특히 지중해 동부는 장대한 해안선을 이루고 있으면서도 소아시아의 키프로스섬에서 에스파냐의 바레아르섬까지 많은 섬들이 곳곳에 흩어져 있고, 겨울철을 제외하면 해류가 완만한 등 해상환경이 좋아서 교역활동이 용이하게 전개될 수 있었다. 왕성한 무역활동의 결과 그리스인은 지중해 연안의 여러 지방에 이주하기 시작하였다. 특히 흑해 연안 및 동부 지중해 연안에는 기원전 8세기부터

그리스신화의 주신인 제우스 신상

그리스신화는 그리스 민족 고유의 신화를 중심으로 여러 주변민족들의 신화를 종합하여 오랜 변천을 거쳐 발전시킨 것이다. 오늘날 그리스신화로 일반적으로 알려져 있는 것은 그리스의 옛 전설의 발전과정에서 마지막 단계에 속하는 것으로서, 그 이전의 변천과정은 시인이나 문인, 또는 고대 미술유품(단지나 돌에 새긴 그림)에서 단편적으로 엿볼 수 있다. 고대 그리스인들은 신들의 이야기나 영웅전설, 그 밖의 내용이 담긴 이야기를 미토스(mythos)라고 하였다. 미토스는 '이야기'라는 뜻으로, 그 내용이 신에 관한 것일 뿐만 아니라 인문·자연·문화 일반에 걸쳐 사람들이 이야기하고 또 믿고 있던 것 모두를 포함하고 있다.

5세기에 걸쳐서 가는 곳마다 그리스의 **식민지**가 건설되었다. 식민지는 식민모국을 모방한 도시국가의 형태를 따르는 경우가 많았고, 그 경영도 영토의 확장보다는 상업기지의 획득을 주요 목적으로 삼았다.

그러나 상업적 농업과 수공업생산이 발달하게 되자 토지소유 귀족이나 신흥 상공업자와 평민들 사이의 빈부격차와 신분격차가 확대되었다. 소작지에서는 경작희망자가 증가하여 지대가 급등하였고, 소농들은 대지주와 상인 또는 수공업자로부터 자금을 차입하여 토지에 투하하는 경우가 많았다. 자금을 차입한 소농들이 부채를 갚지 못할 때는 토지를 잃게 되고, 노예로 전락하기도 하였다. 화폐경제가 발달함에 따라 심지어 토지소유자들도 점차 상인 또는 고리대자본가의 성격을 띠게 되었다. 이처럼 고대 지중해 연안의 도시국가들에서는 상업과 무역이 크게 발전하였고, 상업의 발전은 다시 노예제의 전개를 촉진함으로써 이 지역의 경제를 지탱하는 중요한 수단이 되었다. 한편 노예제에 기반을 둔 생산은 상업의 발전을 자극하여 엄청난 부를 집적하도록 하였으며, 시민계급은 이를 바탕으로

식민지(Colony) 원래는 민족이나 국민의 일부가 오래 거주하던 땅을 버리고 새로운 곳으로 이주하여 건설한 사회를 뜻하였다. 식민지라는 말의 어원은 라틴어의 '콜로니아(colonia)'인데, 이는 로마정부의 직할지였던 둔전병(屯田兵)의 이주지라는 뜻이었다. 영국에서는 식민지를 플랜테이션(plantation)이라 불렀는데 본국에서 이주한 사람들이 토지를 개간하고 경작을 한다는 뜻이었다. 이것이 나중에는 외국에 종속하여 착취를 당하는 지역이란 뜻으로 바뀌게 되었다. 역사의 흐름에 따라 처음의 이주식민지에서 점차 착취식민지로 개념이 변하게 된 것이다.

다시 정복전쟁에 가담하였다. 그리하여 고전고대사회에서는 노예제의 발전과 정복전쟁, 상업의 발전이 서로 뗄 수 없는 긴밀한 관계에 놓이게 되었다.

그리스와 로마의 시민계급은 노예제 생산기반 위에서 고대문화를 꽃피우고 독특한 정치체제를 구축하였다. 그러나 노예제적 생산을 기반으로 형성된 이러한 순환관계는 직접생산자인 자영농민과 수공업자를 몰락시키고 그 한계를 드러냄으로써 노예제 사회의 쇠퇴를 초래한 주요한 원인으로 작용하였다. 고도로 발달했던 고대의 지중해문명은 역설적으로 자기를 유지하고 발전시켰던 생산체제의 한계로 인하여 스스로 몰락의 위기를 맞이하게 되었던 것이다. 노예들은 사적 소유의 영역을 전혀 갖지 못하고 신분적으로 속박되어 혹사당했기 때문에 노동생산성은 점점 하락하거나 정체될 수밖에 없었다. 대규모의 노예를 소유한 대토지소유자들과의 경쟁에서 불리한 입장에 처한 소농민들은 토지를 상실하고 노예로 전락하였다. 이에 따라 부유한 수공업자와 경쟁해야 했던 소규모의 수공업자들도 고객을 잃게 되어 농민과 마찬가지의 상황에 빠졌다. 또한 노예가 본격적으로 영리목적에 투입되면서 자유민들은 육체노동을 천시하게 되어 소비계급으로서 사치와 낭비를 일삼고 도덕적으로도 타락하였다. 상공업을 경멸하였기 때문에 상업은 점점 외국인들의 역할이 되어 갔고, 이러한 상황에서는 상업의 발전이 생산력을 자극하지 못하였다. 상업의 발달은 학문과 예술의 발전을 촉진하였지만, 오히려 빈부격차에 의한 계급적 대립을 야기함으로써 사회적 통합을 저해하였다.

한편 그리스의 상공업은 해상무역에 기초한 것이었기 때문에 동맹관계를 필요로 하였다. 그러나 도시국가의 난립은 상업상의 패권을 확보하기 위한 대립을 불러일으켰다. 아테네를 중심으로 한 델로스동맹과 스파르타를 중심으로 한 펠로폰네소스동맹 간의 10여 년에 걸친 **펠로폰네소스 전쟁**은 그리스 세계의 분열과 쇠퇴의 상징적 표현이었다. 전쟁에서 스파르타가 승리하였지만, 스파르타의 지배권은 곧 다른 도시

스파르타(Sparta) 고대 그리스의 유력한 폴리스의 하나. 기원전 1200년경 남하해 온 도리아인이 선주민을 정복하고, 그들을 노예(헬로트)로 만들어 폴리스를 세웠다. 그리스의 여러 폴리스 가운데서 특히 영역이 광대하고 비옥하여 식량의 자급자족이 가능하였다. 스파르타는 일반적으로 과두정 또는 귀족정의 폴리스라 하여 아테네의 민주정과 대조적인 국가체제로 알려져 있다. 그러나 스파르타 시민은 귀족적인 기사가 아니라 중장보병(重裝步兵)이며, 중장보병시민의 민주주의가 가장 잘 실현된 폴리스였다. 남자는 집단생활을 하면서 군사훈련과 육체단련에만 열중하였다. 엄격한 병영적 청년교육은 '스파르타식 교육'으로 유명하지만, 여성의 체육도 장려하였다.

펠로폰네소스 전쟁(Peloponnesian War) 기원전 431~404년 아테네와 스파르타가 자기들 편의 동맹도시들을 거느리고 벌인 전쟁. 아테네는 민주정치를, 스파르타는 과두정치를 대표한 폴리스여서 이 전쟁은 두 정치체제의 싸움이기도 하였다. 전쟁은 스파르타의 승리로 끝났으나, 고대 그리스가 쇠망하게 된 원인 가운데 하나가 되었다.

1831년 폼페이 유적지의 발굴과정에서 발견된 벽화, 〈알렉산더 모자이크〉. 그림 왼쪽에 알렉산드로스 대왕의 모습이 보인다.

알렉산드로스 대왕(Alexander 大王, 기원전 356-323, 재위 기원전 336-323)

마케도니아의 왕으로 그리스에서 인도에 이르는 대제국을 건설하였다. 당시의 대학자인 아리스토텔레스로부터 철학·문학·정치학·의학 등을 배웠다. 부왕이 암살되자 군대의 추대를 받아 20세의 젊은 나이에 왕이 되었으며, 그리스 도시국가들의 대표자 회의를 열고 헬라스연맹의 맹주로 뽑혔다. 기원전 334년 마케도니아군과 헬라스연맹군을 거느리고 페르시아 원정을 위해 소아시아로 건너가 다리우스 3세의 군대를 대파하였으며, 시리아와 페니키아를 정복한 다음 이집트를 공략하였다. 여러 도시를 장악한 다음 동쪽으로 원정하여 이란고원을 정복한 뒤 인도의 인더스강에 이르렀다. 기원전 323년 바빌론에 돌아와 아라비아 원정을 준비하던 중 33세의 젊은 나이로 갑자기 사망하였다. 그는 자기가 정복한 땅에 알렉산드리아라고 이름 지은 도시를 70개나 건설하였다. 이 도시들은 그리스문화를 전파하는 거점이 되었고, 특히 헬레니즘문화의 형성에 큰 역할을 하였다. 알렉산드로스의 문화사적 업적은 유럽·아시아·아프리카에 걸친 대제국을 건설하여 그리스문화와 오리엔트문화를 융합시킨 새로운 헬레니즘문화를 이룩한 데 있다. 그가 죽은 뒤 대제국의 영토는 마케도니아·시리아·이집트의 세 나라로 갈라졌다.

로 넘어가게 되었고, 이 틈을 타 다시 영향력을 확대한 페르시아에게 그리스는 소아시아의 식민지를 잃었다. 이와 같이 그리스는 도시국가들 간의 대립과 타락, 노예경제가 몰고 온 장기적 생산저하 경향으로 쇠퇴하게 되었고, 결국 마케도니아의 알렉산드로스 대왕에게 멸망하여 **헬레니즘** 세계에 편입되었다.

헬레니즘(Hellenism) 알렉산드로스 대왕의 제국 건설 이후 고대 그리스의 뒤를 이어 나타난 문명. 히브라이즘(Hebrism)과 함께 서양문화의 두 원류 가운데 하나로 꼽힌다. 때로는 그리스문화, 그리스정신 일반을 가리키기도 한다. 헬레니즘문화의 본질에 대해서는 그리스문화의 확대·발전으로 보는 견해, 반대로 오리엔트문화를 통한 그리스문화의 퇴보로 보는 견해도 있으나, 그리스문화와 오리엔트문화가 서로 영향을 주고받으면서 새로 태어난 문화로 보는 것이 타당하다.

제 4 절

고대 로마의 번영과 몰락

로마에는 공화정에 앞서 왕정시대가 있었으나, 로마 초기의 역사에 대해서는 잘 알려져 있지 않다. 도시국가 로마를 처음 건설한 것은 기원전 1000년경에서 800년경 사이에 소아시아로부터 이동해 온 에트루리아인이라고 한다. 그러나 로마가 도시국가로서의 한계를 극복하고 거대 제국으로까지 발전한 것은 라틴족에 의해서였다. 대체로 기원전 1000년경 인도·유럽어족의 일파가 북쪽에서 남하하여 이탈리아 각지에 정착하기 시작하였는데, 그 가운데 라틴족이라고 불리는 무리는 이탈리아반도 중부의 서부연안, 지금의 라치오 남반부인 라티움에 정착하였다. 라틴족은 기원전 750년경에는 유목생활에서 정주생활로 이행하여 농업과 목축을 영위하게 되었다.

로마의 주요 농작물은 밀이고 포도와 올리브도 재배되었으나, 농경지로서는 적당하지 못한 환경조건 때문에 생산이 저조하였다. 그런데도 로마가 라티움의 수도가 된 것은 **티베르강**을 끼고 있었기 때문이었다. 이탈리아 서해안에는 항구가 적었지만 티베르강의 하류는 선박의 기항지로서뿐만 아니라 해상침략에 대한 천연적 방어요새로서의 입지적 조건을 고루 갖추고 있었다. 따라서 티베르강에서 선박이 드나들 수 있는 최상류에 위치한 로마는 라티움 무역의 중심지로서 발전할 수 있었다.

도시국가 성립 당초의 로마는 자유민과 비자유민으로 구분되고, 비자유민은 다시 노예와 예속민으로 나뉘었다. 노예는 인격적으로 예속되어 생산도구로 취급되었지만 예속민은 그 인격이 인정되었다. 그러나 예속민도 자유민과는 달리 직접 법행위의 주체가 될 수는 없었다. 이러한 자유민과 예속민과의 관계는 나중에 귀족과 평민의 관계로 바뀌었다. 귀족은 소작인 또는 노예에 의해 경작되는 대토지를 소유하였고, 대부분을 차지하는 평민은 참정권이 없는 자로서 소규모

신화에 따르면 고대 이탈리아의 도시국가인 알바롱가의 왕 누미토르의 딸인 레아 실비아가 마르스신과 잠자리를 해 쌍둥이 형제를 낳았다고 한다. 티베르강(현재의 테베레강)에 버려졌으나, 늑대의 젖으로 자라다가 양치기에게 발견되어 양육되었다. 그 후 형제가 협력하여 새로운 도시 로마를 건설하였으나(기원전 753년), 이후 형제는 반목하여 도시의 신성한 경계를 넘었다는 이유로 형 로물루스가 동생 레무스를 죽인다. 후대의 연구에 의하면 로물루스의 건국전설은 기원전 3세기경에 이루어진 것으로 보인다. 재미있는 사실은 게르만족의 용병대장 오도아케르(Odoacer, 433-493)에게 왕위를 내준 서로마제국 마지막 황제의 이름도 로물루스(Romulus Augustulus, ?-?)였다는 것이다.

의 자영농민을 비롯하여 소작인이 되거나 목축과 상공업 등의 다양한 직업에 종사하였다. 그리고 소작인은 귀족에게 지대와 부역을 제공하고, 귀족에 종속되어 전쟁에 참가하였다. 기원전 6세기 말경 로마는 라틴인 귀족을 중심으로 뭉쳐 에트루리아인의 왕정을 타도하고 공화정(기원전 510~31)을 수립하였다. 행정과 군사의 최고집행기관으로서 2명의 귀족이 집정관으로 선출되었고, 입법기관인 원로원은 유력한 귀족들로 구성되었다. 이 밖에 씨족회Comitia Curiata, 병사회Comitia Centuriata 등이 있었지만, 국가의 실권은 앞의 두 기관이 장악하였기 때문에 로마의 공화정은 대단히 귀족적이었다.

로마는 대외적으로 군사적 팽창을 거듭하는 가운데 점차 지중해의 중심국가로 성장해 갔다. 자연환경의 불리함 때문에 일찍부터 상업도시로 발달한 로마가 세계제국의 중심지로 번영한 것은 대외정복 덕분이었다. 그리스의 대철학자 아리스토텔레스Aristoteles, 기원전 384-322도 "전쟁은 생활기술의 일부이다"라고 했을 정도로 고대사회에서는 전쟁이 빈발하였다. 특히 로마는 대외정복을 위한 전쟁을 어느 나라보다도 활발하게 일으켰다. 정복전쟁을 통해 로마는 노예를 비롯한 엄청난 부를 획득하였다.

대외정복과 부의 축적으로 로마에서는 노예제가 크게 확대되었을 뿐만 아니라 상공업이 발전하였는데, 이 과정에서 평민세력의 사회경제적 지위도 크게 향상되었다. 로마가 도시국가로서의 한계를 극복하여 이탈리아 반도 전부를 통일하고 세계제국으로서 확장되는 것 자체가 로마의 평민세력의 권리가 향상되는 과정과 일치하였다. 평민이 경영한 상공업은 대부분 소규모였으나 이들의 숫자가 증가하고 때로는 이들 가운데서 귀족에 비교될 정도로 경제력을 지닌 부호가 생겨나기도 하였다. 로마의 상업적 성공은 군사적인 면에서도 소농민을 비롯한 평민의 중요성을 높였다. 그 결과 로마의 공화기구는 점차 평민들의 요구를 수렴하여 그들의 법적 지위를 받아들이지 않을 수 없게 되었다. 평민 중에서 2명의 호민관을 선출하여 평민들의 권리를 보

집정관(Consul) 로마 공화정시대의 최고 관직. 행정과 군사의 책임자로 정원은 2명, 임기는 1년이었다. 원래는 귀족이 이 관직을 독점하고 있었으나 평민도 취임이 가능하게 되었다. 공화정시대에는 병원회가 선출권을 가지고 있었으나 제정기에는 원로원으로 선출권이 옮겨졌으며, 직권과 관직을 분리하여 황제가 직권을 장악했다. 임기를 마친 콘술은 프로콘술(전임 집정관)이라는 이름으로 속주를 통치하였는데 그 권한은 거의 무제한이었으며, 제정기에는 그 권능도 황제권력의 한 요소가 되었다.

원로원(Senatus) 고대 로마의 입법·자문기관. 공화정 때 의원 수는 300명이었으나, 뒤에 600명이 되었고 가이사르 때는 900으로 늘었다. 의원의 임기는 종신이었다. 오늘날의 의회와 유사한 기관이다. 처음에는 귀족들만으로 구성되었으나 차차 평민도 참가하였다. 최상급신분의 종신의원에 의하여 구성되었기 때문에 그 권위는 매우 높았다. 국정운영의 실질적인 중심기관으로 원로원의 결의는 법률과 똑같은 효력을 가졌다. 입법·자문 등의 국정활동 이외에 집정관을 선출하는 것도 원로원의 권한이었다.

호하게 한 것이 대표적인 예이다.

로마는 기원전 264~241년, 기원전 218~202년, 기원전 149~146년의 세 차례에 걸친 포에니전쟁에서 마침내 서지중해의 상업을 독점하고 있던 카르타고를 멸망시킴으로써 지중해 서부의 지배권을 확립하였다. 로마는 이 전쟁에서의 승리를 계기로 이탈리아 반도의 지배자에서 지중해의 지배자로 비약하게 되었다. 포에니전쟁은 지중해의 판도를 바꾸어 놓는 결정적인 계기로 작용하였다. 그 결과 로마는 동쪽으로는 마케도니아와 이집트, 서쪽으로는 갈리아를 정복하여 기원전 1세기에 이미 그 판도가 전 유럽의 3분의 1을 지배하기에 이르렀다.

연이은 전쟁에서의 승리는 로마에 막대한 전리품을 주었다. 가장 중요한 전리품은 역시 토지와 노예였다. 이 두 가지는 로마 번영의 기본적인 물적 토대가 되었다. 로마는 정복지의 재산이나 공유지에 대해서 전유권을 획득하였는데, 토지·광산·선박 등 정복지의 재산에 대한 전유권의 획득은 로마에 막대한 부를 주었다. 특히 로마는 그리스의 도시국가들이 식민도시를 상업상의 기지로서 이용한 것과는 달리 지사(프로콘술)나 총독을 직접 파견하여 정복지를 속주로 만들었다. 이탈리아 반도를 정복할 당시의 로마는 식민도시에 무산proletariat 시민들을 이주시켜 사회문제를 해결하고 정복지의 반란에 대비하는 정도에 그쳤다. 그러나 제1차 포에니전쟁의 결과로 최초의 해외식민지인 시칠리아를 얻게 된 이후 로마는 총독을 파견하고 관리와 치안에 필요한 병력을 파견하는 등 적극적으로 영토를 확장하고자 하였다.

토지에 대한 수탈과 더불어 피정복민에 대한 인신적 약탈은 로마를 이전의 어떤 사회보다도 노예제가 발달한 생산체제로 이끌었다. 많은 전투에서의 패배에도 불구하고 거의 모든 정복전쟁에서 승리한 로마군은 정복지의 인민들을 무자비하게 노예화하였다. 제2차 포에니전쟁에서 카르타고를 편들었던 남이탈리아 타렌툼의 주민 3만 명은 노예로 팔렸으며, 제3차 포에니전쟁에서 패배한 카르타고의 주민 5만 명도 일거에 노예가 되었고, 코린트의 시민들도 마찬가지로 노예가 되었다. 기원전 171년 제3차 마케도니아전쟁에서 승리하자 로마는 마케도니아와 동맹을 맺고 있던 그리스의 서부지방 에피루스의 주민 1만 5,000명을 노예로 팔았다. 기원전 225년 이탈리아에는 약 440만 명의 자유민과 60만 명의 노예가 있었지만, 기원전 43년에는 자유민 450만 명에 노예는 무려 5배가 늘어난 300만 명이었다고 한다. 이처럼 로마의 번영 특히 상업적 번영은 외정에 의한 노예제의 확대와 밀접한 관련을 맺고 있었다.

그러나 노예제의 확대는 한편으로는 노예반란을 일으켜 사회불안을 초래하는 요소가 되기도 하였다. 기원전 130년대에 시칠리아에서 시작된 노예반란은 왕까지 추대하여 로마군을 격파하기도 하고, 이후 100여 년간에 걸친 로마의 내란을 촉발하기도 하였다. 특히 기원전 73년 트라키아 출신의 검투사 스파르타쿠스Spartacus, ?-기원전 71에 의해 주도된 반란군의 규모는 몰락한 자유민들까지 가세하여 12만 명이 넘었다. 이러한 노예반란은 로마의 대외정복이 낳은 대량의 인신약탈과 가혹한 착취와 악랄한 처우가 낳은 결과였으며, 결국에는 로마가 멸망하게 되는 주요한 원인 가운데 하나가 되었다.

제 5 절

로마의 멸망과 고대사회의 해체

로마는 기원전 31년부터 제정으로 전환하였다. 이는 계속된 외정으로 평민이 대거 몰락하고 노예가 수적으로 팽창함에 따라 일어난, 거의 1세기에 걸친 계급대립과 지배계급 내부 분열의 산물이었다. 이 시기는 그라쿠스 형제의 개혁을 둘러싼 대립으

제1차 삼두정치 기원전 60년 가이사르·폼페이우스·크라수스 사이에서 맺어진 정치 동맹. 평민파 수령 가이사르는 원로원 벌족파의 세력을 누르기 위하여 장군 폼페이우스, 부호 크라수스와 비공식적인 동맹을 맺고 다음 해 집정관이 되어 세 사람이 희망하는 정책을 강경하게 실현하였다. 그러나 기원전 54년 폼페이우스의 아내인 가이사르의 딸이 죽고, 기원전 53년 크라수스가 동방원정에서 전사하면서 해체되었다가 기원전 48년 가이사르가 폼페이우스군을 격파하고 독재정치를 하게 되었다.

제2차 삼두정치 가이사르가 암살된 후 2인자이던 안토니우스는 원로원 보수파와 대립하자 가이사르의 양자 옥타비아누스, 장군 레피두스와 연합하여 권력을 장악하였다. 세 사람은 일체의 반대세력을 제거하기 위하여 300명의 원로원 의원과 2,000명의 군 지휘관을 살해 또는 추방하고 속주들을 분할통치하였다. 그러나 기원전 36년 레피두스가 실각함으로써 삼두정치도 소멸되었고, 기원전 31년 옥타비아누스가 안토니우스를 악티움 해전에서 격파하고 로마를 통일하여 단독지배로 군림하게 되었다. 이때를 계기로 로마의 공화정은 무너지고 제정으로 넘어가게 된다.

아우구스투스 로마 최초의 황제(재위 기원전 27-기원후 14). 기원전 44년 가이사르가 암살된 후에 그의 유언장에서 양자이자 후계자로 지명되어 가이우스 율리우스 가이사르 옥타비아누스로 개명하였다. 기원전 31년 안토니우스와 클레오파트라(Cleopatra VII, 기원전 69-30)의 연합군을 악티움 해전에서 격파함으로써 100여 년에 걸친 정치적 혼란을 종식시키고, 원로원으로부터 아우구스투스라는 칭호를 받았다. 41년간의 통치기간 동안 로마의 평화시대가 시작되었으며, 라틴 문화의 황금시대를 탄생시켰다.

로부터 마리우스와 술라의 대결(기원전 80년대), 가이사르·폼페이우스Gnaeus Pompeius Magnus, 기원전 106-48·크라수스Marcus Licinius Crassus, 기원전 115-53의 제1차 삼두三頭정치(기원전 60년대), 가이사르의 폼페이우스 제거(기원전 48년), 가이사르의 암살(기원전 44년), 옥타비아누스Octavianus Gaius Julius Caesar, 기원전 63-기원후 14·안토니우스Marcus Antonius, 기원전 83-30·레피두스Marcus Aemilius Lepidus, ?-기원전 13의 제2차 삼두정치에 이르기까지 지배계급 내부의 대립이 계속되어 로마는 매우 혼란스러운 상태였다.

이러한 혼란을 최종적으로 수습한 인물은 기원전 31년 안토니우스와 클레오파트라의 함대를 악티움 해전에서 격퇴시킨 옥타비아누스였다. 로마에 개선한 그는 기원전 29년 원로원으로부터 아우구스투스Augustus: 존엄한 자의 존칭을 받고 실질적인 국가 원수의 지위에 올랐다. 이를 '원수정principate'이라고 부르는데, 본질적으로는 군주정 또는 제정이었다. 로마의 제정은 실질적으로 이때부터 시작되었다고 할 수 있다. 이로써 로마는 공화정 말기의 혼란과 위기를 수습하고 새로운 발전의 기틀을 마련하게 되었다.

아우구스투스 이후 로마는 약 2세기 동안 팍스 로마나Pax Romana, 로마의 평화의 번영을 누리게 되었다. 로마의 번영이 너무 화려했기 때문에 겉으로만 보면 로마제국의 쇠퇴와 몰락은 믿기 어려운 사건이다. 그러나 그 속에서는 이미 번영을 위한 기반의 한계와 긴장이 암암리에 로마사회의 모든 영역에서 빠르게 확산되고 있었다. 그리하여 로마제국은 대외정복이 한계에 이르고 제국의 판도가 수세에 몰린 제정시대의 후반기가 되자 심각한 사회경제적 구조변화와 함께 급격한 쇠퇴기에 접어들게 되었다.

로마의 쇠퇴와 몰락은 어느 한 가지 요인만으로 설명하기 어렵다. 먼저 정치적으로 보면 제정 이후 로마는 칼리굴라Caligula, 재위 37-41나 네로Nero, 재위 54-68와 같은 폭군의 시대도 있었으나 오현제 시대를 거치면서 안정과 번영을 이루고 있었다. 이 시대에는 로마제국의 정치가 안정되었으며, 경제도 번영하고 영토 또한 최대의 판도에 이르렀고, 그 문화는 속주 각지에 파급되어 제국의

오현제(五賢帝) 로마제국의 전성시대에 잇달아 통치한 5인의 황제. 즉 네르바(Marcus Cocceius Nerva, 30-98, 재위 96-98), 트라야누스, 하드리아누스(Publius Aelius Hadrianus, 76-138, 재위 117-138), 안토니누스 피우스(Antoninus Pius, 86-161, 재위 138-161), 마르쿠스 아우렐리우스.

전성기를 이루었다. 이처럼 훌륭한 황제가 속출할 수 있었던 것은 이 시대에는 제위가 세습이 아니라 원로원 의원 가운데 가장 유능한 인물을 황제로 지명하였기 때문이다. 그러나 오현제의 마지막 황제인 마르쿠스 아우렐리우스Marcus Aurelius Antoninus, 121-180, 재위 161-180는 관례를 무시하고 자신의 아들인 코모두스Lucius Aelius Aurelius Commodus, 161-192에게 제위를 물려주었다. 코모두스는 실정을 거듭하다가 암살당하였고, 이후 로마의 정치는 제위계승을 둘러싼 권력투쟁, 군인들의 집권 등으로 극도의 혼란을 겪게 되었다. 특히 군인황제시대에는 제국 각지의 군대가 멋대로 황제를 폐위시키기도 하였다. 이 혼란과 위기의 시대를 수습한 것은 디오클레티아누스 황제Gaius Aurelius Valerius Diocletianus, 245-316, 재위 284-305의 도미나투스dominatus, 즉 동양식 전제군주제였다.

물론 제국으로서 로마가 한순간에 몰락한 것은 아니다. 로마는 235년 트라키아의 농민 출신 막시미누스Maximinus, ?-238가 황제가 된 이후 284년 디오클레티아누스가 평정하기까지 50년간 군인황제시대를 맞이하여 26명의 황제가 교체되는 극심한 혼란을 겪었다. 디오클레티아누스 이후 3세기 말에서 4세기 초에 걸쳐 몇몇 황제가 실시한 개혁정책은 로마의 부흥을 기대하게 했지만 이미 무너진 국세는 회복되지 못했고, 상공업의 쇠퇴와 자연경제로의 변화가 더욱 가속화되었다. 여기에 정치적으로는 속주의 분할통치가 등장하여 지방호족의 세력이 강화되면서 로마제국은 점차 영주국가로 변질되어 갔다.

한편 경제적으로 보면 로마가 제정 후반기에 이러한 변화를 겪게 된 가장 큰 이유는 로마의 영토적 확장과 번영을 가져왔던 노예제적 생산방식의 한계 때문이었다. 그리스와 로마는 모두 노예제적 생산을 기반으로 발전한 국가이지만, 로마에서는 대토지소유와 대농장 형태의 경영방식이 그리스와 전혀 비교가 되지 않을 정도로 발달하였다. 따라서 공화정 말기부터 대토지에 기초한 대규모의 노동노예제가 발전하

였다. 대규모 노예제가 비록 노예제 생산의 압도적 부분을 차지하지 못했다 하더라도 공화정 말기와 제정기에 현저하게 나타난 특징으로서 로마의 사회·경제 및 정치에 커다란 영향을 미친 것이 사실이다. 노예제 생산의 한계는 로마가 더 이상 외정을 수행하기 힘들어진 기원후 2세기부터 뚜렷하게 나타나기 시작하였다. 즉 로마제국은 게르마니아와 메소포타미아로의 진군 이후 더 이상의 외정을 중단할 수밖에 없었고, 트라야누스 황제Marcus Ulpius Trajanus, 53-117, 재위 98-117에 이르러 제국의 국경선이 최종적으로 확정되었다. 그러나 노예는 주로 전쟁포로였기 때문에 외정의 중단은 그 공급원의 소멸을 의미하는 것이나 다름없었다. 더욱이 노예는 원칙적으로 결혼이 금지되어 있었다.

이같이 노예의 원활한 공급이 벽에 부딪히자 노예의 가격이 폭등하기 시작하였는데, 1~2세기의 노예 가격은 기원전 2~1세기 때에 비해 무려 10배까지 뛰어올랐다. 반면 가혹한 사역으로 노예의 노동생산력은 한계에 다다르고 있었기 때문에 농장주들은 직접 경영하던 라티푼디움(대농장)의 일부분을 차지하던 대여지로부터 직영지에까지 소작제도를 확장하는 한편 노예를 소작인으로 해방시키지 않을 수 없었다. 노예의 신분에서 해방된 이 소작인을 콜로누스라고 하며, 이 제도를 콜로나트(colonat)라고 한다. 농장주는 직영을 위한 약간의 농지를 남겨 두었는데, 이 직영지는 콜로누스가 제공하는 부역노동에 의하여 경작되었다. 즉 콜로누스는 지대를 지불하는 것 외에 직영지 경작을 위한 노동도 제공했다. 한편 자유농민도 몰락하여 콜로누스로 전환되거나 신변 보호를 위해 권문세가에 토지를 바치고 스스로 콜로누스가 되기도 하였다. 이리하여 4세기경에는 콜로나트가 지배적인 사회조직이 되었다. 로마는 콜로누스에 대하여 토지를 마음대로 떠날 수 없다는 칙령을 내렸는데, 이는 농장주들이 농업경영에 필요한 노동력을 확보하기 위하여 콜로누스를 자기 토지에 묶어 두기 위한 조

라티푼디움(Latifundium) '광대한 토지'를 의미하는 라틴어로, 고대 로마의 대토지소유제도를 말한다. 이탈리아 반도의 정복과정에서 로마는 영토를 확대하는 한편 점령한 토지를 국유화하였다. 그런데 유력자가 국유지를 점유하여 사유화하면서 대토지소유제로 발전되었다. 장기간의 전쟁으로 토지가 황폐되고, 이농으로 인하여 중소농민층이 몰락함으로써 기원전 2세기경부터 유력자의 토지겸병이 크게 늘어 공화정치 말기에는 노예제에 의한 대규모 경영을 중심으로 하는 대토지소유제가 크게 확대되어 갔다. 라티푼디움의 경영은 영주직영지와 소작지로 구분되어 있었다. 그러나 노예제도에 의한 대규모경영의 비생산성과 노예공급원의 감소로 점점 노예제보다는 자유소작제로 옮겨 가게 되었다.

콜로누스(Colonus) 경작인을 뜻하는 라틴어. 뒤에는 차지농이라는 한정된 의미가 되었고 로마제국 말기에는 토지에 매어 있는 소작인을 지칭하게 되었다. 노예나 해방노예와는 달리 신분상으로는 자유민에 속하였으며 가족과 재산을 소유했으나 농지를 떠나거나 다른 신분 사람들과의 통혼은 금지되었다. 또한 반대로 지주가 콜로누스를 농지로부터 추방하는 것도 인정되지 않았다.

치였다. 바로 이를 통해 중세 유럽에서 농민의 다수를 점한 농노의 탄생이 이루어졌으며 이후 고대사회의 농업제도는 중세의 장원제도로 이행하게 되었다.

자영농민의 콜로누스로의 전락은 로마제국의 재원을 감소시켜 국가의 재정위기를 초래하였다. 이는 로마제국이 쇠망하는 또 하나의 중요한 원인이 된다. 자영농민의 감소는 가뜩이나 협소해진 시장수요로 고통을 겪던 상공업을 몰락시켰다. 또한 제국 후반기에는 대토지소유자의 지방호족화 혹은 영주화 현상이 두드러지게 나타나면서 국가의 중앙권력이 약화되고, 일반 시민들에 대한 중간관리층의 수탈과 횡포가 빈번하였다. 이러한 착취는 남아 있던 자영농민과 상공업자들에게 과중한 조세부담을 전가시켰기 때문에 다시 농민들의 유망流亡과 유력자에게의 탁신託身을 초래하였다. 이처럼 노예공급원이 거의 단절되고 노예제의 생산의 한계점이 뚜렷하게 드러나게 되면서 로마경제는 쇠퇴기에 접어들었다. 여기에 중앙권력의 쇠퇴와 게르만족의 대이동이 겹치면서, 결국 서로마제국은 476년 게르만의 용병대장 오도아케르Odoacer, 433-493에 의해 멸망하였다.

한편 이러한 변화가 진행되는 동안 콘스탄티누스대제Constantinus, 274-337, 재위 306-337는 지배체제를 강화하는 한편 325년 소아시아의 제1차 니케아 공의회에서 기독교를 공인하고 330년에는 콘스탄티노플로 수도를 옮겼다. 380년에는 테오도시우스Theodosius I, 346-395, 재위 379-395 황제에 의해서 기독교가 국교로 지정되었으며, 395년에는 제국이 동서로 분할되었다. 노예제의 서로마가 활력을 잃고 476년 멸망한 것과는 대조적으로 노예제적 생산이 그다지 발달하지 않았던 동로마제국은 서로마제국의 멸망 이후에도 한동안 번영을 누렸으나 1453년 오스만 투르크에게 멸망하였다.

게르만족의 대이동 게르만족은 발트해 연안과 스칸디나비아 반도에 거주하면서 일찍부터 남하하여 라인강 동쪽과 다뉴브강 북쪽에 살았다. 자연숭배의 다신교를 가지고 있었으나 이동할 무렵에는 많은 부족이 로마제국에서 이단으로 규정된 아리우스파의 기독교를 받아들이고 있었다. 게르만족 대이동의 직접 계기는 훈족의 침입이었으나, 게르만족은 이미 자체의 인구압박으로 이동 중에 있었으며, 로마문화에 대한 동경과 때마침 로마제국이 쇠약해진 틈을 타 로마제국의 영내로 이동하게 되었다. 로마는 300년경 수많은 게르만족을 로마의 용병으로 채용하기 시작하였다. 카스피해의 북쪽과 동쪽 초원지대에 살던 유목민족인 훈족은 4세기 중엽부터 서쪽으로 이동하여 흑해 북쪽 기슭에 사는 동고트족을 무찌르고, 이어 다뉴브강 하류 유역의 서고트족을 압박하여 게르만족의 대이동의 원인이 되었다. 흑해 연안에서 살고 있던 서고트족이 이동한 데서 시작하여 국경 수비가 소홀해진 로마제국에 집단적으로 침입하게 되었다. 게르만부족들 가운데 가장 먼저 이동을 시작한 것은 375년의 서고트족이었으며, 그 후 200년 동안 여러 게르만 부족은 로마의 영내에 들어와 제각기 나라를 건설하였으나 프랑크왕국을 제외하고는 단명하였다. 서고트족은 남프랑스와 에스파냐 북부에, 동고트족은 이탈리아에, 반달족은 아프리카에, 부르군트와 프랑크족은 라인강의 중하류 왼쪽 기슭에, 앵글로색슨족은 브리튼에 각각 이동하여 국가를 세웠다. 게르만족 대이동을 일으킨 훈족은 5세기 중엽에 가장 세력을 떨쳐 아틸라(Attila, 406?-453)왕의 지휘 아래 대제국을 이루었으나 453년 아틸라가 죽은 후 왕자들의 분열과 게르만 여러 부족의 반란으로 제국은 붕괴되고, 남은 인구는 흑해 연안으로 가서 다른 민족들과 동화되면서 그 전통도 사라져 버렸다.

고대사회의 경제적 특징

고대사회는 원시공동체가 해체된 결과 등장하였다. 따라서 고대에는 인류 최초의 문명사회와 계급사회가 도래하였다. 고대사회에서의 생산체제는 지역에 따라 차이가 있었으나 대체로 다음의 공통적 특징을 가지고 있었다. 첫째, 직접생산자의 노동은 단순협업에 기초를 두고 있었다. 고대사회는 원시사회보다 생산력이 월등히 향상되었으나 이는 생산용구의 꾸준한 발전에 의해서라기보다 직접생산자의 노동조직 특히 단순협업의 발달에 크게 기인하였다. 생산성의 발달은 노예를 비롯한 직접생산자의 수적 증가에 힘입은 것이지만, 다른 한편에서는 노예의 집단적 수용 혹은 공동체 농민에 대한 가혹한 통제 등 조직화를 통하여 노동을 용이하게 결합할 수 있었기 때문이기도 하다. 직접생산자들의 협업은 단순한 조직화 수준을 크게 넘어선 것은 아니었지만, 그 능률 면에서는 개별적 노동을 능가하였다.

둘째, 고대사회에 들어오면서 처음으로 육체노동과 정신노동의 분화와 대립이 발생하였다. 고대사회에서 지배계급은 경제를 지탱하는 거의 모든 생산에서 직접생산자에게 육체노동의 부담을 전가하였다. 귀족과 자유민은 육체노동에서 벗어나 비생산적 노동 특히 정신노동에만 관심을 가졌다. 정치·과학·예술 등 여러 문화부문의 발달은 직접생산자의 조직화와 이들에 대한 강압적 수탈 위에서 가능하였다. 지배계급은 세금·공납·강제노역 등을 통하여 수탈한 잉여생산물을 기반으로 사원·기념물·궁전 등을 위한 건축과 전쟁·향락에 소모하였고, 그 결과 학문과 예술도 고도로 발달할 수 있었으나 생산력의 발달은 정체되었다.

셋째, 고대사회에서는 생산기술의 정체, 특히 생산용구의 발달부진과 노동생산성의 정체가 심각하였다. 그리스와 로마에서는 자연과학 특히 정밀과학이 상당한 수준의 진보를 이루었다. 그러나 이런 발전이 생산부문에는 거의 응용되지 않았으며, 토목과 전술 부문을 제외한 다른 분야에서의 기술향상이나 새로운 생산방법의 발전도 거의 없었다. 농업은 물론 수공업에서도 노예제가 지배하고 있던 수 세기 동안 아무런 기술상의 진보가 없었다. 지배계급은 직접생산자의 수적 증대나 착취의 강화에 의해서 잉여생산물을 수탈하고 낭비하였다. 반면 예속적인 직접생산자의 처지에서 볼 때 생산력의 증대란 자신의 희생을 의미할 뿐이었기 때문에 도구의 개선이나 생산성 향상에 관심을 보일 이유가 없었다. 이처럼 예속적인 생산자들에게 아무런 성과도 주어지지 않고서는 사회적 생산력의 발달은 전혀 기대할 수 없었다.

넷째, 노동력의 재생산은 경제의 순환과정에서 오히려 축소되는 경향을 나타내었고, 이에 따라 줄어든 노동력은 전쟁과 같은 경제외적 수단에 의하여 보전되었다. 노예는 가혹한 착취에 시달리고 결혼이 금지되었으므로 재생산이 불가능하였다. 따라서 고대사회에서는 정복전쟁이 끊임없이 계속될 수밖에 없었다. 서양뿐만 아니라 아시아 사회에서도 공동체를 단위로 하여 잉여노동을 확보하기 위한 착취가 이루어지고 있었다.

다섯째, 사회적 분업과 교환이 어느 정도 발달하였으나 고대사회에서 경제는 기본적으로 자급자족경제였다. 교환의 대상이 된 약간의 상품은 노예노동력이나 공납을 통해서 수탈한 잉여생산물에 한정되었다. 고대 아시아의 수도나 그리스·로마의 도시국가들을 중심으로 부분적으로 상업이 상당히 발전한 것은 사실이지만, 교환되는 상품의 대부분은 사치재였기 때문에 교환은 극히 일부 지역과 지배계급 사이에서만 이루어졌다. 자연히 고대사회 말기에는 상공업이 쇠퇴하고 자연경제적인 경향이 강화되었다. 가령 로마의 쇠퇴를 이해할 때 간과할 수 없는 것도 바로 노예제 생산이라는 토대 위에서 불균형적으로 발전한 상공업의 성격이다.

로마의 번영기에는 '고대의 상업자본주의'라고 불릴 정도로 상업이 발달하였다. 이는 물론 외정과 노예제 확대의 산물이었다. 그렇지만 상공업의 발달은 노예제적 생산을 기반으로 한 것이기 때문에 기본적으로 그 내용이 불건전할 수밖에 없었다. 노예제의 발전으로 번영을 누리게 된 로마의 상류시민들은 육체노동을 천시하고 상공업에의 종사를 회피하였다. 로마인 특히 귀족들은 정치와 전쟁, 고리대금업, 농업만이 자신들의 신분에 어울린다고 생각하였으며, 공업은 물론 의사나 교사까지도 천하게 여겼다. 공화정 말기에 이미 상공업에서도 노예노동이 압도적이었는데, 로마 시내만 해도 장인의 대부분이 노예 출신이었다. 노예는 주로 전쟁포로인 경우가 많앉으므로 결국 외국인이 상공업을 담당했다고 볼 수 있다. 따라서 생산력은 결코 자극을 받을 수 없게 되어 토목건축기술이 크게 발달한 것을 제외하면 기술의 발달은 보잘것없었다. 요컨대 이와 같은 이유에 의해 그리스와 로마의 고대사회는 바로 그 사회가 기초하였던 노예제 생산양식의 한계 때문에 그 안에서부터 붕괴할 수밖에 없었던 것이다.

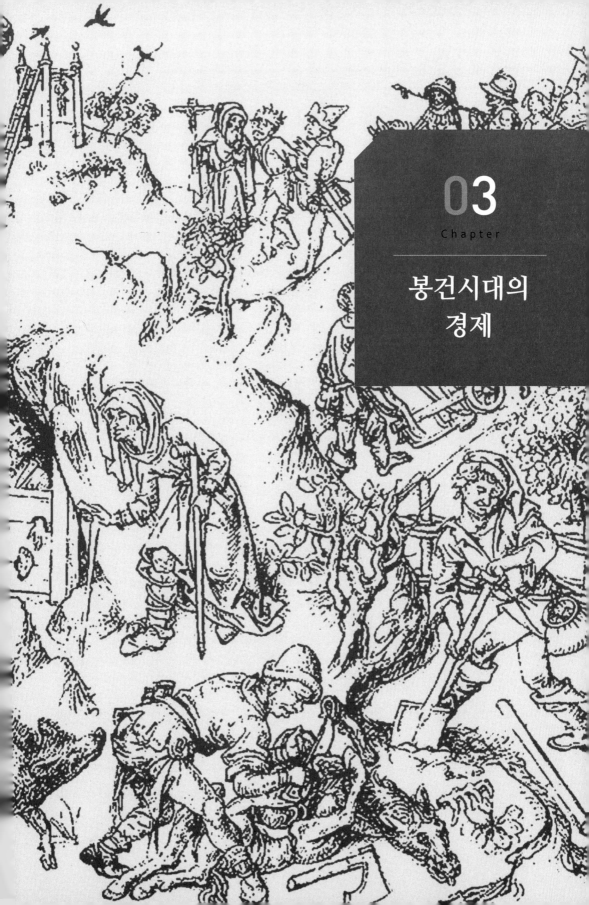

03
Chapter

봉건시대의
경제

제 1 절

봉건제란 무엇인가?

프랑크왕국(Frankenreich, 481-843) 옛
게르만족의 일파인 프랑크족이 세운 왕
국. 게르만족의 대이동 이후의 혼란을 수
습함으로써 유럽의 정치적·문화적 통일
을 실현하였다. 전반의 메로빙거왕조 시
대와 후반의 카롤링거왕조 시대로 나뉜
다. 프랑크족은 원래 라인강 중·하류 동
쪽 기슭에 거주하던 여러 부족으로 이루
어진 집단이었다. 5세기 초 브뤼셀 부근
에 있던 메로빙거가가 대두하여, 5세기
말 클로비스 1세가 프랑크왕국을 세웠다.
메로빙거왕조는 486년 루아르강 유역에
남아 있던 로마의 세력을 멸망시켰으며,
500년 무렵에는 갈리아 지역의 대부분
을 통일하였다. 카롤링거가는 688년 피
핀(中)이 프랑크왕국 전체의 궁재가 되고,
그 아들 카를 마르텔이 732년 투르푸아
티에 전투에서 이슬람교도의 침입을 무
찔러 프랑크왕국의 실질적 지배자가 되
었다. 그의 아들 피핀(小)은 751년 쿠데
타에 의해 스스로 왕위에 올라 카롤링거
왕조 시대를 열었다. 피핀의 왕권은 로마
교황에 의해 정통으로 승인되고, 피핀의
아들 카를 대제 통치 아래 프랑크왕국은
전성기를 맞아 이른바 카롤링거왕조 르
네상스를 실현하였다. 그러나 카롤링거왕
조도 메로빙거왕조와 마찬가지로 분할상
속에 의해 분열되었다.

유럽의 봉건제는 대체로 7세기에서 9세기 사이에 오늘날 독
일의 라인강과 프랑스의 르와르강 사이에 존재했던 **프랑크왕
국**에서 성립하였다. 유럽에서 봉건제는 프랑크왕국 시대로
부터 시민혁명이 일어나기 전까지 존재했다고 하는 것이 일
반적 견해이다. 유럽 봉건사회의 신분구조는 군사부문을 중
심으로 한 직분이 사회적으로 분화되어 성립하였다고 생각
된다. 이러한 직분의 분화에 의하여 약간의 계층이 성립되고
그것이 고정화됨으로써 신분의 성립을 보게 되었다. 신분에
따른 질서가 모든 사회관계의 기초를 이루게 되고, 나아가
제도화됨으로써 봉건사회가 성립하게 되었다.

게르만족은 원래 여러 소민족으로 나뉘어 각각 독자적인
왕을 받드는 군사조직의 성격을 띠고 있었다. 여기서 왕은
동등한 구성원들 가운데 한 사람으로서만 존재했다. 옛 게르
만 사회에는 자유민들 상호 간에 종사제 또는 주종제라는 제
도가 있기는 했지만, 아직 계급관계는 미약하였으며 토지를
주고받는 관계도 동반되지 않았다. 이들이 강력한 군사조직

을 갖추어야 할 상황에 직면한 것은 민족적 이동이 일어나 로마의 문명과 접촉하게
되고, 새로운 지역에 침입하여 여러 곳에 정주하게 되면서부터이다. 종전의 소집단이
가졌던 취약한 군사조직인 백인조를 보다 큰 군사조직으로 결성해야 할 필요성에서
소부족들의 연합사회가 형성되었다. 이렇게 국가가 형성되자 왕권이 현저하게 신장
되는 한편 희미하게나마 영토의 관념도 발생하게 되었다. 그러나 아직 국가와 토지,
국가와 민중과의 결속은 미약했다. 5세기에서 10세기에 걸친 이른바 프랑크왕국 시
대가 이러한 단계에 속한다. 이 시기에는 끊임없는 내란과 정복전쟁으로 사회가 전

반적으로 불안하였다. 많은 귀족과 무사들은 이합집산을 거듭하였으며, 민중들도 안주할 겨를을 찾지 못하고 있었다.

그런데 국가기구와 민중의 관계가 소원한 데서 빚어졌던 혼란상태가 오히려 무사들과 민중들 간의 연계를 긴밀하게 만든 계기가 되었다. 그래서 나타난 현상이 유력자들에게의 탁신이었다. 즉 민중들은 끊임없는 외부의 여러 가지 위협으로부터 스스로를 지키기 위해 자신의 소유지를 유력자에게 바치고 보호를 꾀하며 토지 이용권을 확보하였다. 농민들은 영주의 보호와 이용권에 대한 보상으로서 공물과 노동력을 제공하였다. 한편 이렇게 불안한 사회상황은 전문 무사의 필요성을 증대시켰다. 특히 8세기 전반 사라센인이 유럽대륙을 침략하였고 800년경에는 프랑크 북쪽 해안에 바이킹족이 출몰하였으며, 845년에 게르만족의 일파인 노르만인이 동서 프랑크를, 데인인이 잉글랜드 각지를 침략하는 등 외적의 침입이 잦아졌다. 이 때문에 게르만족의 대이동기에 방위를 위하여 주종제의 형태로 확대되었던 군사조직은 더욱 강화되었다. 전문 무사, 즉 기사들의 충성을 받아 내기 위해서는 생활보장을 위한 물적 토대를 마련해 주어야 했으므로 이들에게는 경작 농민들이 부속되어 있는 토지가 주어졌다. 이 토지는 은대지恩貸地라고 불리다가 다시 봉토封土로 바뀌어 11세기경에는 이 명칭이 일반화되었다. 봉건제feudalism라고 하는 말은 여기서 유래된 것이다.

유럽 봉건사회 신분구조의 기본 성격에 대해서는 "하나의 가정에 비유되는 신의 집은 세 가지 층을 이루고 있다. 혹자는 기도하고, 혹자는 싸우고, 혹자는 일한다"라고 하는 상징적인 말이 잘 나타내 주고 있다. 사회의 존립에 필요한 이들 세 가지 직분에 의하여 사회가 구성된다고 하는 관념은 유럽의 봉건사회를 오랫동안 지배한 생각이다. 이러한 의미에서 유럽 봉건사회를 계층적 세계 혹은 신분사회라고 한다. 중세의 기본적인 세 직분을 보다 자세히 설명하면, 기도하는 자는 종교 및 문화의 유지와 사회의 복지·자선 등에 관한 직분을 담당하는 신분으로 승려계급을 가리키고, 싸우는 자는 군사에 종사하는 신분으로서 귀족 혹은 무사계급이다. 마지막으로 일하는 자는 앞의 양자의 생활유지를 위해 부양에 종사하는 신분, 즉 노동계급이다.

유럽 봉건사회의 신분과 계급은 이와 같이 세 가지로 나뉘지만, 이를 생산수단의 소유관계를 가지고 구분하면 중세 유럽의 기본적 생산관계는 영주와 농노 간의 계급

봉건사회의 신분구조를 풍자적으로 묘사한 그림
헐벗은 농민의 등에 국왕, 영주, 승려가 타고 있다. 세 가지 신분의 직분에 대해 "농민은 승려와 기사를 위해 경작하지 않으면 안 되고, 승려는 기사와 농민을 지옥에서 구제하지 않으면 안 되며, 기사는 승려와 농민에게 나쁜 일을 하려고 하는 자를 물리치지 않으면 안 된다."라고 표현하기도 한다.

관계로 구성된다. 봉건적 생산관계는 생산수단으로서의 토지를 영유하는 영주계급과 이들에 예속되어 잉여생산물 또는 잉여노동을 경제외적 강제에 의하여 납부해야 하는 예속적 농민계층과의 관계이며, 이를 흔히 영주-농노관계 혹은 농노제라고 부른다. 기도하는 자와 싸우는 자는 영주계급에 속하고, 일하는 자는 직접생산자에 들어간다.

기도하는 자는 종교 영주인데 종교적인 지배계급으로서 현실적인 지배자는 교회와 수도원 등이었다. 특히 프랑크왕국 때에는 교회와 수도원의 영지가 왕국 전체 토지의 3분의 1을 차지한 적도 있을 정도로 종교 영주는 유럽에서 막대한 부와 막강한 권한을 소유했다. 싸움하는 자는 국왕과 세속 영주였는데, 세속 영주에는 무사 귀족층이 전형적으로 속한다. 국왕도 유럽에서는 왕권이 약하여 국가권력이 분산되어 있을 때에는 하나의 대영주에 지나지 않았다. 영주계급은 영지에 소속되어 있는 농민들로부터 지대를 비롯하여 각종 세금과 이용료 등을 징수하였다. 영주의 지배는 봉건사회의 고유한 토지상의 관계 및 일신상의 관계에 기초를 둔 지배로서 근대적 개념의 지배와는 그 성격을 달리하고 있다. 이러한 영주적 지배를 가능하게 하는 영주권으로는 토지소유권, 인신지배권, 사법권을 포함한 정치상의 권리가 있다.

영주의 권리 가운데 가장 중요한 것은 토지소유권이었다. 중세시대까지 토지는 법률적, 형식적으로는 사적 소유가 아니었지만, 영주는 사실상의 소유자나 다름이 없었고 영주가 누린 일체의 권리도 이것에 바탕을 두고 있었다. 인신지배권은 영주가 농노의 신체를 자유로이 처분할 수 있는 권리를 가리킨다. 영주는 농업노동에 필요한 노동력을 확보하기 위하여 농노를 토지에 속박하여 자유로운 이동을 금지하였다. 만약 농노가 도망갔다가 잡히면 이마에 낙인을 찍기도 하였다. 사법권과 재판권은 원래 국왕에게 속한 권리였으나 장원의 성립과 함께 영주에게 위양되어 장원 내의 모든 재판을 영주가 장악하였다. 영주는 자기의 영지에 장원재판소를 설치하여 재판관과 배심관을 스스로 임명하였다. 이러한 권리를 이용하여 영주는 부역과 기타 의무의 납부를 태만히 한 자를 비롯하여 일체의 민형사사건을 장원재판소에서 처리할 수 있었다.

직접생산자에는 농민과 수공업자가 있었다. 중세의 수공업자는 주로 도시에 집단 거주하였는데, 전체 인구에서 차지하는 비중은 얼마 되지 않았다. 그러므로 직접생산자에서 대부분을 차지한 것은 농민인데, 현실적으로는 신분적으로 예속되지 않는 각종 신분의 자유민이 상당수 존재하고 있었다. 영국과 프랑스에서는 비장원적 소령, 즉 영주 없는 촌락이 많았는데, 촌락의 구성원들은 예속농민으로서의 성격을 규정하는 데 중요한 척도가 되는 부역의 의무에서 벗어나 있었다. 또한 영주가 지배하는 장원 가운데서도 자유민의 성격을 가진 농민이 있었으며, 반대로 완전히 예속된 노예와 가사노예도 존재하였다.

그러나 영주에 대하여 봉건사회의 기본적 계급을 구성하는 것은 예속농민으로서, 그 근본적 특질은 생산수단인 토지에 긴박되어 영주의 토지를 분급받아서 경작하고 그 대가로 지대를 지불하는 등 사회적으로 필요한 노동을 담당하는 직접생산자였다는 데 있다. 물론 여기에는 자급자족이 불가능한 날품팔이 소농이 포함되어 있었지만, 가장 다수를 점한 농민은 예농 또는 농노였다. 예속농민 중에서 농노와 예농은 다음과 같은 점에서 차이를 가진다. 먼저 농노에게는 가장 중대한 의무인 부역 또는 신분상의 부담이 부과되었다. 이들은 영주에게 예속되어 '영주의 자의'대로 부과되는 봉건적 부담을 감수해야만 하는 존재이다. 이러한 부담을 져야 했던 농민들은 토지에 매여 그 몸과 노동력은 물론 농노의 생산물도 영주의 것으로 간주되었다. 이런 의미에서 농민들은 강제노동을 해야 했기 때문에 노동지대를 지불하는 농민이라고도 할 수 있다. 이에 반해 예농은 영주와의 관계에서 부담하는 여러 종류의 의무가 영주의 자의대로가 아니라 관습에 따라 규정되었다. 따라서 예농의 토지보유는 어떤 의미에서는 계약적인 성질을 지니며, 그들은 관습적인 지대를 지불했다고 볼 수 있다. 대체로 이 단계의 농민들은 관습적 지대로서 생산물지대 내지 화폐지대를 지불하였다. 신분적 예속에 기초한 농노제는 14세기 무렵에는 거의 해체되거나 소멸되어 예농제로 전화하였다.

형식적인 면에서 볼 때 토지를 신으로부터 직접 받은 최고의 수봉자受封者는 국왕이었다. 국왕은 제후들에게 토지를 지급하였으며, 제후들은 다시 가신들에게 봉토를 분배하였기 때문에 토지소유자들 간에는 국왕을 정점으로 한 일련의 신분관계가 성립하였다. 그러므로 계층의 어느 단계에 있는 영주도 엄밀히 말하면 그 봉토에 대하여 완전한 소유권을 가진 것은 아니었다. 국왕을 제외한 모든 영주는 다만 이용권만을 부여받고 그 대가로서 군역과 기타 의무를 지고 있는 데 불과했다. 형식적 측면에서 보면 그들도 자기 영토 내의 농민과 같이 일종의 차지인이었다. 다만 농민이 토지보유의 대가로서 공납과 부역노동이라는 의무를 지고 있었던 반면, 영주는 군사적·정치적 의무에 대한 대가로서 그 보유를 인정받았다는 차이가 있다. 그러나 현실적으로 영주계급의 토지소유에는 일종의 공적 특권이 부수되었기 때문에 일반 농민과는 본질적으로 커다란 차이가 있었다. 영주들은 토지를 은대지의 형태로 부여받았기 때문에 국왕의 과세권과 재판권으로부터 벗어나서 토지와 농민에 대해서 독립된 지배권을 행사할 수 있는 불수불입권을 가졌다.

이처럼 토지는 국왕에서 무사까지 분할 소유되었고 교회와 수도원도 상당한 토지를 할양받았다. 촌락의 수장이나 부농 등 일정 범위의 토지와 농민을 지배하고 있던 자들도 기사의

불수불입권(Immunity) 불수(不輸)란 국왕이 영주의 영지에 대해서 직접 조세를 징수할 수 없음을 의미하고, 불입(不入)은 국왕의 행정권이 영지에 미칠 수 없음을 가리킨다. 불수불입권이 점차 하향적으로 분화하면서 봉건사회의 지배계급 내에서는 피라미드형 계층서열이 성립하게 되었다.

기사(Knight) 원래 기병전의 전투원을 의미했으나, 역사적으로는 특정한 신분 또는 사회계층을 가리키는 말로 쓰인다. 기사의 의미는 크게 두 가지로, 첫째는 국왕·공작·백작과 같은 대귀족이 아닌 지방의 소영주에게 흔히 기사의 칭호가 붙는 경우이다. 둘째는 대귀족이거나 소영주이거나 간에 개인적 자격으로 기사라고 부르는 경우로서 완성된 무인(武人)을 뜻하며, 영예와 고귀의 관념이 강하게 결부되었다. 귀족은 태어나면서 당연히 귀족이 될 수 있었지만, 기사는 태어났다는 사실만으로는 기사가 될 수 없었으며, 일정한 수업 기간이 요구되었다.

대우를 받아 지주의 대열에 동참하게 되었다. 봉건적 사회관계는 이처럼 군사적 동기에 의한 토지의 수수를 매개로 형성되었다. 이러한 관계는 특히 732년 사라센인의 침략을 격파한 카를 마르텔에 의하여 크게 확대되었으며, 카롤링거왕조에 들어가서도 이러한 인적 결합은 계속해서 강화되었다. 카를 대제는 이러한 관계를 이용하여 왕국을 효과적으로 통치하였다.

그러나 토지의 수수를 동반한 군신관계의 확대와 이를 바탕으로 한 통치제도는 왕권이 약화될 경우 국가권력의 분산을 초래할 가능성이 컸다. 실제로 카를 대제 사후에 왕권이 약화되자 정치적 혼란이 발생하여 843년에는 베르됭 조약으로 프랑크왕국은 분열되었으며, 870년에는 다시 메르센 조약으로 독일·프랑스·이탈리아 삼국의 영역이 확정되었다. 이 사이에 귀족은 국가권력의 약화를 틈타 지방호족으로서 각지에 스스로의 세력권을 형성해 갔다. 물론 농민들도 유력자에게 탁신함으로써 영주와 농민 사이의 봉건적 생산관계도 확대되어 갔다.

이처럼 유럽에서는 국가권력이 신분적 계층관계를 통하여 토지와 민중에게까지 침투함으로써 봉건적 사회관계가 제도화되었는데, 대륙에서는 대체로 8~11세기, 영국에서는 노르만의 잉글랜드 정복 후인 11세기에 봉건제도가 확립되었다. 다만 대륙에서는 대체로 분권적 봉건제가 일반화된 반면, 영국에서는 대륙에 비하여 중앙집권적인 형태가 유지되었다. 이것은 1066년 잉글랜드를 정복한 노르만왕조의 윌리엄 1세 William I, the Conqueror, 1027-1087, 재위 1066-87가 앵글로색슨의 귀족세력을 억누르는 과정에서 집권적 통치 형태가 성립되었기 때문이다. 따라서 "왕의 신하의 신하는 왕의 신하가 아니다"라는 원칙이 영국에서는 적용되지 않았다.

카를 마르텔(K. Martel, 689-741) 719년 이후 통일 프랑크왕국의 궁재로서 카롤링거가의 주도권을 잡았다. 732년 에스파냐로부터 침투해 온 아라비아군을 격퇴하여 서유럽 기독교 세계를 이슬람 세력으로부터 보호했다. 737년 이후부터 왕국의 실권을 장악하여, 이후 그의 아들 소(小)피핀이 메로빙거왕조를 몰아내고 카롤링거왕조를 수립하는 기반을 구축했다.

카를 대제((Karl der Grosse, 768-814) 프랑크왕국의 국왕. 768년 부친인 피핀 사후, 동생 칼만과 왕국을 공동 통치하다가 771년 칼만이 죽자 프랑크왕국 전체를 통치하였다. 재위 40여 년간 사방을 경략하여 대부분의 게르만족을 하나의 국가와 하나의 종교, 즉 프랑크왕국과 기독교로 통합하였다. 유럽을 형성하는 3대 문화요소(고전문화, 기독교, 게르만의 민족정신)는 카를 대제의 통치하에서 완전한 통합을 이루었다고 이야기된다.

베르됭 조약(Treaty of Verdun) 카롤링거왕조의 두 번째 왕 루트비히 1세(Ludwig I, 778-840)의 세 아들 로타르 1세(Lothar I, 795-855), 루트비히 2세(Ludwig II, 804-876), 카를 2세(Karl II, 823-877)가 프랑크왕국을 셋으로 나눈 조약. 이 조약에 의하여 중부제국과 서프랑크왕국, 동프랑크왕국이 성립되었다. 중부제국은 그 후 명맥이 끊겼고, 동프랑크는 독일왕국, 서프랑크는 프랑스왕국으로 발전하였다.

메르센 조약(Treaty of Meerssen) 870년에 동프랑크와 서프랑크가 네덜란드 메르센에서 맺은 조약. 중부제국을 재분할함으로써 오늘날의 독일, 프랑스, 이탈리아 삼국의 원형이 완성되었다.

아서왕의 죽음을 그린 번 존스의 작품
중세 기사문학의 주요 모티브가 된 아서왕의 이야기는 오늘날에는 영국의 통일을 상징하는 의미로 받아들
여지고 있지만, 원래 아서왕은 앵글로색슨족의 침입에 맞서 싸웠던 6세기경 켈트족의 전설적인 영웅이다.

장원의 경제생활

유럽 봉건제의 성립과정을 토지소유라는 관점에서 보면 곧 장원제도의 성립을 의미
한다. 장원제도의 성립과정은 토지에 부수된 농민을 각 계층에 배치된 영주가 지배
할 수 있게 한 제도적 근거라는 의미에서 영주적 지배의 형성과정과도 일치한다. 장
원은 국가권력이 토지와 농민에게 침투하여 피라미드적인 관계를 형성하는 과정에서
하나의 수봉자가 하나의 촌락 또는 여러 개의 촌락을 지배하게 되면서 이루어졌다.
장원에서는 농민에 대한 영주의 철저한 인신적 지배가 달성되었다. 농민들은 영주로
부터 토지를 분급받아 경작하고, 그 대가로 봉건지대를 비롯한 잉여생산물을 지불해
야 했다. 토지의 소유자인 영주도 장원경영을 통하여 비로소 경제생활을 유지할 수
있었다. 따라서 장원은 촌민의 경제기구인 동시에 영주의 경제기구라고 하는 이중적
인 성격을 지니게 된다.

농민의 생활기반인 촌락은 영주들에게 분배되어 장원에 포섭되더라도 한 번으로

그치지 않고 다시 분할되어 하급영주에게 분할되는 과정이 반복되었다. 이에 따라 장원의 토지는 점차 사유지로서의 성격이 강화되었다. 반면 소유주들에게 행정권과 사법권을 인정하는 불수불입권은 원래의 사권적 성질로부터 국왕을 정점으로 한 계층구조가 구축됨에 따라 점점 공권화되었다. 이리하여 자연발생적으로 성장해 온 촌락공동체는 영주 지배하의 장원체제에 포섭되어 봉건국가를 구성하는 지방자치체로서의 성격을 띠게 되었다. 장원은 대륙에서는 이미 게르만족의 대이동기에 존재했으나 프랑크왕국 시대에 현실적인 제도로서 확립되었으며, 영국에서는 역시 노르만 정복 이후인 11세기에 확립되었다.

그런데 장원과 그것을 구성하는 촌락과의 관계를 살펴보면 크게 두 가지 형태로 구분된다. 첫째는 하나 혹은 여러 개의 촌락이 원래 가졌던 전통을 유지하면서 장원을 형성한 경우이다. 이 경우가 중세 장원을 형성하는 가장 전형적인 형태라고 할 수 있다. 다른 하나는 어느 하나의 촌락이 여러 명의 영주에게 분할되어 장원화한 경우로서 소위 비장원적 소령所領이라고 하는 형태다. 이러한 소령의 발생은 무사들이 그들의 생활을 전적으로 봉록에 의존하는 것이 일반화되지 않고 극히 작은 영주가 많았던 데서 연유한다. 장원이 이와 같은 경로를 밟아 성립한 경우 촌락공동체가 지녀 온 본래의 전통은 쉽게 파괴될 수밖에 없었다. 따라서 이러한 소령에서는 화폐경제의 침투도 비교적 빨랐다. 그러나 촌락에 속하는 삼림·초원 등 공동소유지가 존재하는 경우에는 촌락의 공동체적 성질을 존속시키는 데 중요한 역할을 수행하였다. 이러한 형태는 특히 영국의 경우 중부인 미들랜드를 제외한 대부분의 지역에 많았고, 남부 독일의 성직자들의 영지 및 프랑스에도 많았다고 한다.

장원은 지대의 수수 형태에 따라 고전장원과 순수장원 또는 지대장원으로 나뉜다. 고전장원에서는 영주직영지에 대한 부역, 즉 노동지대의 비중이 크고, 순수장원에서는 부역이 축소되거나 없어져서 생산물 혹은 화폐지대의 비중이 압도적이다. 12~13세기 이전에는 고전장원이 지배적이었으며, 그 이후에는 순수장원이 보편적 형태로 나타났다. 장원의 규모는 일률적이지 않아서 수만 헥타르에 이르는 대장원이 있는가 하면 100헥타르 이하의 작은 장원도 있었다. 소영주의 영지는 한곳에 집중되지만, 대수도원이나 국왕, 대영주의 장원은 여러 곳에 산재하기도 하였다.

장원의 중심에는 그 경영과 행정을 담당하는 장원청이 있었다. 장원청에는 행정관청을 비롯하여 영주의 저택과 장원관리를 맡은 대리인의 숙소가 있었다. 장원청의 양쪽에는 장원청에서 일하는 사람들의 생활용품을 만드는 직인·직공·양조인·요리사·안장공·무기제조인·신발공 등의 작업장과 살림집들이 자리 잡고 있었다. 장원경영에는 행정관리가 필요했는데, 그 가운데 가장 중요한 직책은 장사莊司이다. 장사는 영주의 명을 받아 장원을 경영하는 책임자로서 농노를 동원하여 직영지를 경영하고 생산물을 장원청에 수납하는 것이 주된 직무였다. 따라서 엄격히 말하면 장원경제는 영주-장사-농노라고 하는 계층적 질서 속에서 경영되었다고 할 수 있다. 그 밖에 장원에는 장사 아래에 장리莊吏와 같은 분화된 직무를 수행하는 하급관리와 수공업자를 감시하는 감독직도 있었고, 집사나 서기는 재판업무를 담당하기도 했다.

장원의 경지는 크게 영주의 직영지와 농노가 경작하는 보유지로 구분된다. 직영지는 영주가 농노들의 부역노동을 동원하여 직접 경영하는 토지이다. 농노보유지는 농노 및 그 가족을 부양하기 위한 기초로서 농노들은 영주직영지에서 부역을 하고 난 이외의 시간을 이용하여 가족들과 함께 경작하였다. 영국에서는 농노보유지의 면적이 대체로 30에이커로서 1버게이트였으며, 독일에서는 약 30모르겐morgen, 면적단위으로서 1후페hufe, 옛날 농지 단위였다. 프랑스에서 표준적인 봉건농민이 경작하는 보유지는 1망스mance인데 망스의 규모는 지역에 따라 차이가 있지만 평균 약 13헥타르(약 4만 평)였다.

봉건농민의 부담 중에서 가장 중요한 것은 봉건지대이다. 고전장원 시대에 농노가 지불한 지대는 직영지에 대한 부역노동으로서 노동지대이다. 직영지에 대한 부역은 주週 부역이라고 하는데, 일반적으로 일주일에 2~3일, 심할 때는 4일에 달했다. 물론 이 부역은 무상노동이었으며, 부역노동의 생산물이 영주경제를 지탱하는 기본조건이 되었다. 농민들의 부역에는 이와 같은 정기적인 것 외에도 임시부역이 있었다. 임시부역은 수확기와 같이 농번기에 많은 노동력이 필요할 때 농노에게 추가적으로 요구하는 노동이다. 농민의 의무는 이 밖에도 장원청의 수리, 담장의 건축, 장원 내의 도로나 교량의 건설 및 수리·보전, 영주를 위한 심부름, 물품운반, 영

버게이트(Virgate) 중세 영국에서 농민들이 보유한 표준 토지 면적. 농지가 어느 한 장소에 몰려 있지 않고 개방경지의 여러 곳에 흩어져 있어 규모는 지역에 따라 큰 차이가 있었다.

주와 대리인이 여행할 때 이들에게 객사를 제공하고 접대하는 것 등도 있었다. 이러한 부정기적인 노동수탈은 주 부역 못지않게 농민경영을 괴롭히는 요소였다.

고전장원에서는 '영주의 자의'가 강하게 작용하고 있었기 때문에 농민의 부담은 부역노동으로 그치지 않았다. 농민은 그 밖에도 예속의 표시로서 여러 종류의 세금을 부담해야만 하였다. 이것은 영주가 강력한 영주권을 무기로 하여 형식상 농노를 죽이는 것을 제외하고는 농노의 신체를 자유로이 처분할 수 있는 권리를 가지고 있었던 데서 가능하였다. 영내의 농노가 결혼할 때는 영주의 허가를 얻어야 할 뿐 아니라 결혼세를 내야 했는데, 이는 장원의 노동력 손실을 막는 장치로서 일종의 결혼허가료에 해당하였다. 이 밖에도 농민은 사망세·상속세·인두세·1/10세와 여러 가지 허가료를 부담하였다. 심지어 하천에서 고기를 잡거나 사냥을 하는 데에도 영주의 허가가 필요하였고, 일정한 조세를 지불하지 않으면 안 되었다.

영주는 이 밖에도 여러 가지 특권을 독점하면서 물레방아, 제과·양조, 빵 솥 등의 시설을 갖추고 농민들이 사용하도록 강요하였다. 물레방아의 예를 들면, 영지 내에 개인의 물레방아는 허용되지 않았기 때문에 모든 농노는 반드시 영주의 것만을 이용하고 그 대가로 곡물을 상환해야 했다. 만약 영주의 것을 사용하지 않은 사실이 발각되면 밀가루는 물론 그것을 운반한 수레나 가축까지도 몰수되었다. 영주가 독점하는 시설에 대해서는 일정한 사용료와 어겼을 경우의 벌칙이 마련되어 있었다. 영주는 도로 강제에 의하여 통행세와 통관세를 받고, 시장이 열려 물건이 매매되면 시장세를 징수하였다. 영주는 이와 같이 부역 외에 온갖 구실을 붙여서 농노의 노동과 그 생산물을 수탈했다. 따라서 농노의 수중에는 겨우 생활을 이어 갈 정도의 생산물밖에 남지 않았다.

장원의 토지는 크게 택지와 채마밭, 경지, 공동지로 나뉜다. 택지와 채마밭은 촌락 중심부에 고정되어 사실상 개별 농가가 사유하였다. 목초지·방목지·삼림·미개간지 등의 공동지는 농민경영을 보충하는 부분으로서 공동사용권 혹은 공동용익권이 부여되었다. 농민들은 공동지에서 일정한 수의 가축을 방목하거나 땔감·건자재·목초

사망세는 농노의 재산과 인신이 영주의 것이라는 사고방식 때문에 농노의 사망 시에 그 후손이 상속을 위해 지불해야 하는 일종의 상속세이다. 인두세는 1호당 혹은 가족 수에 따라 부과되었다. 1/10세는 서유럽에서 기독교가 확립될 무렵부터 수확물의 1/10을 신에게 바친다는 명목으로 교회에 바치는 자발적 행위가 이루어졌는데, 프랑크왕국 때 전 주민이 의무적으로 이행해야 하는 일종의 조세가 되었다.

등을 획득하고 황무지를 개간할 수 있는 권리를 가졌다. 그러나 중세 후기에 이르면 영주들이 이러한 이용권을 점차 사유화하는 경향이 나타났고, 이에 따라 공동체 성원들의 전통적·관습적 권리는 현저히 침해되어 농민경영에 어려움을 겪게 되었다. 이는 공동지가 농민경영을 보완하는 수준을 넘어서 중세사회의 농업경영에서 무시할 수 없는 위치를 차지하였음을 의미한다.

가장 중요한 경지는 몇 단계로 구분되어 경작되었다. 경지는 먼저 몇 개의 경포耕圃로 나뉘고 경포는 다시 경구耕區로 분할되었으며, 경구는 지조地條로 구분되었다. 지조는 좁고 긴 형태로, 지조 하나를 1에이커 혹은 1모르겐이라고 하는데 보통은 해가 떠서 정오까지 갈 수 있는 면적을 의미하였다. 각 농가는 가족 수에 관계없이 지조 30개 정도를 보유하였다. 경지의 보유 형태를 보면 토지의 보유조건을 균등화하고 천재에 대비하기 위하여 각 농가의 경작지와 영주의 직영지는 상호 간에 지조를 혼재하여 보유·경작하였으므로 이를 혼재경지제 혹은 교착경지제라고 부른다. 휴경 시에는 공동의 방목지로서 촌락 성원들에게 개방되었으므로 개방경지제라고도 한다. 이것은 영주직영지나 농노보유지가 모두 협소한 지조로 구분되어 종횡으로 섞여 있었기 때문에 지조 사이에 밭두렁을 둘 수 없었던 데서 비롯된다.

이러한 경지제도하에서 경작은 여러 마리의 가축을 이용해서 공동으로 이루어질 수밖에 없었다. 그러나 공동경작에는 많은 복잡한 문제가 따르기 마련인데, 이 때문에 파종에서부터 수확에 이르기까지 엄중한 규제가 등장하였다. 원래 공동체에는 그 재생산을 계속하기 위해서 구성원 스스로가 마련한 공동체 규제가 있었다. 가장 단적인 예가 경지강제이다. 이로써 공동체는 성원들 간의 평등을 유지할 수 있었다. 그런데 그 후 공동체를 기반으로 장원제가 성립하자, 공동체의 생산방법은 종전과 다를 바가 없었지만 농민의 자유로운 소유와 신분은 박탈되어 영주에게 귀속되었다. 동시에 공동체

개방경지제(開放耕地制) 유럽 봉건사회에서 촌락공동체의 경지제도. 경지는 다시 세분된 지조의 형식으로 분산되어 뒤섞여 있었기 때문에, 지조들 사이에는 길도 없고 수확 후에는 공동방목을 위해 개방되어 있어서 농민들은 경지강제에 묶여 공동으로 작업할 수밖에 없었다. 이와 같은 경지제도는 원래 농민의 평등성을 유지하고 일정한 생산력에 대응하는 것이었으나, 분할상속 및 농업기술의 발전과 보급, 상품경제의 진전과 이에 따르는 농민층 분해에 의해 평등성이 깨지고, 16~17세기에 일어난 인클로저 운동과 공유지 분할로 소멸되었다.

경지강제(耕地强制) 일반적으로 유럽 봉건사회의 장원에서 행해진 농업규제로 경지의 소유 및 이용이 공동 규제하에 놓여 있는 것. 중세 유럽의 장원에서는 다른 농민의 경지를 밟지 않고서는 자기 경지에 들어갈 수 없었고, 또한 휴한지 방목은 수확이 늦어진 농민에게 피해를 주지 않을 수 없었다. 따라서 밭갈이·파종·제초·수확 등은 모두 촌락공동체가 결정한 시일에 일제히 공동으로 하고, 재배작물의 종류도 정해져 있었다. 농업혁명의 결과 경지의 공동이용의 필요성이 희박해짐에 따라 그 규제가 약화되어 오다가 18~19세기에 공동이용지의 교환과 분할 등이 실시되면서 소멸되었다.

규제는 영주의 권리로 넘어가 농민으로부터 모든 잉여생산물을 수탈하기 위한 강제로 전화하였다. 이로써 영주는 직접생산자인 농노를 자기 마음대로 지배할 수 있게 되었다. 중세의 직접생산자의 대부분을 차지한 농노는 노예와 달리 소규모나마 토지를 보유하고 생산수단을 소유하고 있다는 의미에서 자립적 소생산자였지만, 이같이 공동체 규제를 이용하여 경제외적 강제력을 장악해 간 영주층에 의하여 그 자립성은 크게 제약되지 않을 수 없었다.

중세에는 농민들이 과학적인 비료 사용법을 몰랐기 때문에 매년 같은 경지를 재배하는 것이 불가능했다. 그러므로 지력의 회복을 위해서는 일정한 기간의 휴한이 필요하였다. 이에 따라 경지를 2~3개의 큰 지역으로 구분하여 순차적으로 경작하면서 일부분은 휴한하게 하는 삼포농법三圃農法이 도입되었다. 셋으로 나뉜 농포 가운데 첫 번째에는 겨울 곡물, 두 번째에는 여름 곡물을 재배하고, 세 번째는 휴경한다. 다음 해에는 첫 번째 농포에는 하곡, 두 번째는 휴한, 세 번째에는 동곡을 재배한다. 그리고 휴한되는 농포는 초여름에 두 번 밭갈이를 한다. 셋으로 분할된 것 가운데 하나의 농포는 첫해에는 동곡, 다음 해에는 하곡, 그리고 다음 해에는 휴한되는 순서로 순환이 이루어지게 되는 것이다. 유럽에서는 적어도 8세기 이후에 삼포농법이 많은 지방에서 채택되었고, 13세기에 이르면 일반적인 농법으로 보급되었다.

삼포제의 전신은 게르만 사회에서 오랫동안 지속되어 온 이포제二圃制이다. 이포농법과 삼포농법을 비교하면, 전자가 필요로 하는 노동량이 많기 때문에 삼포제가 보다 집약적인 경작방법이라고 할 수 있다. 그러나 같은 시기에도 양자가 모두 채용되고 있었던 것으로 보아 지역적·자연적 조건에 따라 농법이 결정되었던 것으로 생각된다. 삼포제도가 보급된 곳은 주로 프랑스·독일·네덜란드를 포함한 중부유럽과 영국의 미들랜드였다. 이포제도는 지중해 연안지역과 대서양 연안의 남부 프랑스 및 핀란드·스웨덴 등지에서 실시되었다.

마르크공동체(Markgenossenschaft) 고대 게르만 사회 또는 중세 독일에서 삼림·방목지·소택지 등 공동용익지의 이용과 관리를 담당한 정주조직. 마르크란 가족 단위의 혈연적 공동체로 이루어진 정주조직이 소유하고, 그 집단의 소속원들이 공동으로 이용하는 토지를 말한다. 고대 마르크공동체는 자유로운 마르크공동체인 데 반해 프랑크왕국 성립 후의 마르크공동체는 장원에 소속되어 촌락공동체와 일치하는 것으로 변화되었다. 중세의 마르크공동체는 구성원의 경제적 평등, 경작강제 등의 기능을 하는 농업자치제였다. 중세 말에서 근대에 이르러 공동지의 가격이 급상승하자 수장권을 근거로 사적 소유를 주장한 영주와 공동체 소유를 고집하는 농민들 간의 소유권 쟁탈이 일어나 마르크공동체는 서서히 붕괴하다 19세기에 이르러 거의 소멸하였다.

이렇게 볼 때 중세 유럽의 경지제도는 옛 게르만 사회, 즉 마르크공동체의 토지제도와 유사한 형태를 띠고 있었다. 그러나 중세의 기본적인 경영단위는 생산력이 발달함에 따라 가부장권이 약화된 단순가족이었다. 농법에서도 휴한지를 그대로 방치한 것이 아니라 토질을 회복하기 위해서 공동방목이 이루어지고 경작 준비를 위해 연 2~3회 휴경을 하였다. 한편 농업에서 필수적인 것이 가축이었다. 중세 초기에는 식용 육류의 공급원으로서의 가축은 부차적인 의미밖에 지니지 못하였다. 가축은 단지 농경하고 비료를 얻기 위한 생산수단이었다. 그러나 토지생산성이 낮아 사료용 작물이 부족했기 때문에 가을이 되면 가축의 대량 도살이 불가피하였고, 이는 다시 비료와 곡물 부족을 초래하는 악순환을 불러왔다. 중세 농업의 이러한 한계가 극복되기 시작한 것은 17~18세기 사료작물의 윤작에 따른 토지생산성의 대폭적인 향상이 이루어진 후이다.

제 3 절

중세의 도시경제

유럽의 중세도시는 고대나 근대의 도시와는 다른 독자적인 특색을 가지고 있으며, 동양의 도시와도 다른 성격을 띠고 있다. 정치적 측면에서 중세도시는 자치권을 행사하는 특권지역으로서 영주적 지배로부터 독립된 시민공동체이다. 경제적으로는 상품화폐경제 혹은 상공업활동의 중심지로서 농업생산을 기반으로 성립한 장원경제와는 그 성격이 판이하게 다르다. 또 주변 농촌과 사회적 분업관계를 형성하고 있었지만, 도시경제가 독자적으로 영위되었다는 점에서 어느 정도 봉쇄적인 경제권이기도 하였다. 중세도시는 고대도시와 마찬가지로 성벽으로 둘러싸여 있다는 점에서 형태적으로는 유사했지만 그 기능은 전혀 달랐다. 고전고대의 도시는 상공업이 어느 정도 영위되기는 했지만 기본적으로 농업을 기초로 한 시민의 공동체로서, 농촌경제와 대립된 상품화폐경제의 중심지라는 의미에서의 도시를 형성하지는 못하였다. 정치적으로도 고전고대의 도시에서는 원칙적으로 모든 주민이 동등한 지위를 가진 시민으로서 전사공동체를 형성했기 때문에 상인과 수공업자들의 독자적인 공동체가 나타나지 못하였다. 반면 중세도시는 상공업자들이 모여서 자치권을 행사한 특권지역이었다. 다른 한편 근대도시가 국가권력의 지배하에서 도시민만 특권을 가지지는 않았던데 반하여, 중세도시는 국가 내의 국가라고 할 만큼 독립적인 자치권력을 향유했다는 점에 차이가 있다.

중세도시의 기원에는 몇 가지 경우가 있는데, 대체로 다음과 같이 정리해 볼 수 있다. 첫째, 로마제국의 도시가 다시 부활한 경우이다. 유럽에서는 로마제국의 지배체제하에서 많은 도시가 건설되었다. 이 도시들은 로마제국의 멸망과 함께 쇠퇴하였다가 10세기 후반 상업이 부활하면서 다시 발달하기 시작하였다. 특히 로마·나폴리·밀라노·피사·제노바·피렌체 등 이탈리아의 도시들은 중세에도 번영을 계속하였다. 그러나 남유럽의 도시들을 제외하면 다시 발달한 도시들은 고대 로마의 도시와 경제적으로 별로 관련이 없었다. 물론 모든 중세도시들이 고대 로마제국의 도시였던 것도 아니다.

둘째, 순수하게 농촌의 인구가 증가하면서 도시로 발전한 경우이다. 도시는 봉건사회의 태내에서 생장했기 때문에 도시 주민은 영주에 대하여 어떤 종류의 예속관계를 유지하고 있었다. 시민의 자격은 애초에 도시구역 내의 토지를 소유한다는 점에서 본질적으로 농업적이었으며, 상업은 그 이후에 주요한 생업수단이 되었다. 농업적이었던 공동체가 어떻게 상공업을 수용했는지는 확실히 알 수 없지만 영국의 맨체스터와 같은 도시는 이러한 유형에 포함된다.

셋째, 상품이 집산하는 상품교역의 중심지인 집락이 도시로 발전한 경우이다. 이것은 여러 곳에 흩어져 있는 정기시定期市와 봉건영주의 가계를 왕래하던 대상隊商들이 교통의 요지나 물화의 집산지에 정착함으로써 도시가 형성된 경우이다. 옛날 로마 도로의 교차점과 같은 특정 지역에 인구가 증가하고 수요가 형성되자 대상들이 정착하여 성벽을 쌓고 도시화한 것이다. 이러한 정착촌은 일정한 규모와 영향력을 가지면서 화폐지불이나 대부를 조건으로 국왕이나 영주로부터 특권과 보호를 받게 되었으며, 부역과 같은 의무로부터 벗어날 수 있었다. 이러한 발전이 일정 단계에 이르게 되자 상인들의 느슨했던 결합은 길드로 발전하여 공식적인 지위와 기능을 갖게 되었다.

넷째, 봉건제후에 의해 건설된 경우이다. 이는 군사시설이나 봉건군주의 거주지로서 정치적 중심지가 도시로 된 경우이다. 당연히 이런 유형의 도시들은 자연발생적으로 성장했다기보다는 봉건영주가 자신의 이익을 위해 성채에 상공업자를 유치함으로써 발전하였다. 가신단을 거느린 봉건제후는 자신들의 수요를 채우기 위해 상공업자를 필요로 했다. 특히 면책특권을 지닌 교회와 수도원은 순례자와 모든 종류의 도망자에게 자연스러운 휴식처가 되었다. 때로는 영주 자신이 편의를 볼 수 있는 시장을 만들기 위해 면책특권을 부여하였으며, 면책특권이 세속적인 하사의 대상이 되어 영주재판권으로부터 상공업자가 면제되기도 하였다. 요새와 종교세력이 제공한 보호에 의해서 발전한 도시로는 파리·제노바·쾰른과 같은 라인강 연변의 도시들, 브레멘·마그데부르크·겐트·브뤼헤와 같은 독일과 플랑드르의 도시들이 있다.

중세도시의 규모는 대부분 인구 5,000명 이하의 작은 규모였다. 독일의 뉘른베르크나 슈트라스부르크처럼 인구 3만에 달하는 도시는 매우 드물었고, 벨기에의 안트베르펜, 뤼베크, 프랑크푸르트, 루앙 등은 2만 정도였으며, 5만 명 이상이 거주한 런던이나 10만 이상인 베네치아·파리와 같은 도시는 대단히 예외적인 존재였다. 동양의 도시와 비교해도 사정은 마찬가지였다. 알렉산드리아·콘스탄티노플·다마스쿠스·바그다드, 원元의 대도大都, 명明의 남경·북경 등은 인구 100만 명에 가까운 도시였으며, 일본에서도 도쿠가와 막부 시대의 에도는 100만 명이었고, 1만 명 이상의 도시가 50여 곳이나 되었다고 한다. 대부분의 유럽 도시가 이같이 인구가 적었음에도 이를 도시로 규정하는 것은 자급자족경제인 농촌에 비하여 상공업자가 집주한 화폐경제의 중심지였기 때문이다.

초기의 중세도시는 영주계급의 적극적 유치에 의해 건설되었기 때문에 대체로 영주권력의 지배 아래에 있었다. 영주는 상공업자를 보호해 주는 대가로 도시주민들에게 과세권뿐만 아니라 재판권과 같은 영주권을 행사하고 있었고, 도시지역도 봉건영지의 일부로 간주되어 재산 소유가 제한되기도 하였다. 시민적 자유나 거래의 자유도 제한당하거나 일신상의 자유마저 제약을 당하여 영주에게 부역을 제공하는 경우도 많았다. 그러나 상인들이 부를 집적하여 경제력을 가지게 되고 이 힘을 바탕으로 스스로 도시를 방어할 수 있을 정도가 되자 영주의 보호가 불필요해지면서 도시민과 영주들 간에 문제가 발생하였다. 도시 내부적으로도 상관습과 상법이 확립되어 스스로 상거래에 대한 규제가 가능해지게 되었다. 이에 도시민들은 상인계층을 중심으로 영주의 간섭에서 벗어나기 위한 움직임을 펼치기 시작하였다.

도시민들은 신분적 자유는 물론 봉건적 토지법이 아닌 도시법과 상법을 적용하는 도시재판소, 그리고 세금을 비롯한 여러 가지 봉건적 부담과 규제의 철폐를 요구하였다. 다시 말해서 도시의 자치권을 요구한 것이다. 그리고 이러한 도시 자치권의 요구를 경제적인 면에서 보면 영주의 통제가 없는 영업상의 자유, 곧 도시민의 경제활동의 자유를 의미하는 것이었다. 이렇게 도시의 상공업자가 영주로부터 독립을 쟁취하기 위하여 영주와 대립·투쟁한 것을 자치권 투쟁이라고 하는데, 13세기까지는 대부분의 도시가 자치권을 획득하고 영주권력으로부터의 독립을 실현하였다. 물론 모든 도시가 독립을 쟁취한 것은 아니었으며, 실패할 경우에는 철저하게 파괴당하기도 하였다.

중세도시가 영주권력에서 벗어나는 과정은 지역마다 약간씩 차이가 있었다. 여기에는 자치권을 확립하기 이전의 봉건권력의 존재 형태와 깊은 관련이 있었다. 영국의 경우, 왕령지에 있었던 토지는 비교적 많은 자유가 허용된 반면 교회와 수도원의 지배하에 있었던 도시에서는 오래도록 영주적 지배에서 벗어나지 못하였다. 이 점은 대륙에서도 마찬가지다. 대주교의 지배하에 있던 남독일과 남유럽의 도시들에서는 그 후에도 오래도록 봉건적 잔재가 강하게 남아 있었던 데 반하여, 세속영주에 의해서 새로 건설된 도시들에서는 처음부터 자치적 색채가 강했다.

영국은 다른 나라에 비해 국왕이나 영주에게 화폐를 지불하고 자치권을 확보하는 경우가 많았다. 영국의 귀족계급은 십자군전쟁의 출전비용을 조달하기 위해 도시민에게 각종 봉건적 권한을 판매하였다. 물론 영국에서도 자치권 확보가 평화적으로만 진행되었던 것은 아니며, 13세기 및 14세기의 투쟁은 폭력적으로 진행되기가 일쑤여서 던스터블·베리·애빙던·세인트 알반·노리치 등에서는 특히 수도원의 전횡에 반대하여 수도원장을 감금하거나 교회를 불태우기도 하였다.

이탈리아와 독일에서는 장기간에 걸친 유혈투쟁을 통하여 자유를 확립하였는데,

왕권이 약한 독일이나 교회·수도원의 종교 영주 지배하의 도시에서는 대체로 무력충돌이 수반되었다. 독립한 도시들은 다시 영주권력의 지배하에 들어가는 것을 방지하기 위하여 주로 황제 혹은 국왕 등 상급영주에 직속하는 형식을 취했다. 물론 북부독일의 소도시들 가운데에도 평화적으로 자치권을 확립한 경우가 있었다. 영주로부터 독립을 원하는 도시는 신성로마제국의 황제에게 상납금을 내고 황제직속의 도시라는 특허장을 받음으로써 영주로부터 독립할 수 있었다. 이러한 도시로는 프랑크푸르트·함부르크·뤼베크·브레멘 등이 유명하다. 또한 영주들 간의 전쟁이나 국왕들끼리의 대립으로 정치권력의 완충지대가 형성될 경우에는 자연스럽게 독립을 획득하기도 하였다. 이러한 도시에는 이탈리아의 베네치아가 있다.

이와 같이 대체로 도시의 자치권은 투쟁에 의하여 쟁취되었으며, 도시자치체의 승리는 상인을 중심으로 한 시민세력의 새로운 힘의 증거였다. 그 가운데서도 특히 이탈리아·독일·남유럽 여러 나라의 도시들은 자치권이 가장 강한 독립을 획득하였는데, 이들 도시는 봉건국가에 대하여 자유도시로서의 지위, 국가 내의 국가로서의 지위를 획득하였다. 도시자치체를 성립하게 되자 시민들은 군사·사법·재정 등 독자적 통치체제를 구축함으로써 마치 하나의 독립국이 있는 것처럼 기능하였다. 자치권을 획득한 도시는 지역에 따라 차이는 있으나 봉건제의 일반적인 특징과는 현저하게 다른 특징을 가지고 있었다. 가장 두드러진 것으로는 도시의 시민은 모두 자유신분을 갖는 것이 허용된 것과 외래자를 받아들일 수 있는 허용권을 갖게 되었다는 점이다. 나아가 자치도시는 도시공동체의 이해관계와 명백히 상반되거나 융합될 수 없는 봉건귀족과 성직자 등에 대해서는 시민적 권리를 엄격히 거부하였다. 반면 "도시의 공기는 사람을 자유롭게 한다"는 말이 있듯이 토지에 속박된 농노라도 장원을 벗어나 도시에서 1년 이상을 체재하면 자유의 몸이 될 수 있었다.

중세도시는 경제적으로 상공업활동의 중심지로서 다소 봉쇄적인 경제권이면서, 정치적으로는 공동의 복지를 실현하기 위한 시민공동체였다. 이에 따라 도시 당국은 도시경제의 원활한 운영과 시민 공동의 복지를 실현하기 위해 노력하였는데, 이를 위해서는 대내외적으로 생산과 교환을 통제하지 않으면 안 되었다. 먼저 중세도시가 해결해야 할 가장 중요한 문제는 도시민의 생활과 생산을 유지하기 위한 식량과 원료를 확보하는 일이었다. 도시가 필요로 하는 생활·생산물자의 일차적인 공급원은 자연히 주변에 있는 농촌이었다. 이에 따라 농촌과 도시 간에는 원료와 공업제품의 생산·교환이라는 사회적 분업관계가 형성되었다. 도시는 주변지역의 농촌에 대해서 금제구역권을 설정함으로써 주변지역의 농민들이 상공업자들과 동일한 물품을 취급하지 못하도록 하였다. 도시는 내부적으로는 직종별로 단체를 조직하도록 하였으며, 생산활동과 거래관계를 통제하거나 공정가격을 요구하였다. 유럽의 중세도시에서는 경제활동에 대한 이러한 통제가 길드라는 기구를 통해서 이루어졌다.

길드는 중세도시의 가장 중요한 경제기구이다. 길드는 같은 업종에 종사하는 상공업자의 상호부조조직으로서 공동의 경제적 이익을 추구한 이익단체이다. 유럽에서 이러한 경제통제와 공동의 경제이익을 집단적으로 추구하는 공동체가 등장한 것은 상품경제와 화폐경제가 일반화되지 않아서 시장수요가 한정되어 있었기 때문이다. 중세도시에 대한 구매력은 도시 내의 분업관계에서 주어진 것이 아니라 어떤 형태로든 자급자족적인 도시 외부와의 관계에서 획득한 봉건적 잉여생산물이었다. 따라서 상공업자들은 상호 간의 경쟁을 지양하는 협력체제를 구축하지 않을 수 없었다. 자연경제가 일반적인 전근대사회에서는 이같이 **길드적 통제**를 가하는 상공업조직이 나타나는 것이 일반적이다.

길드에는 상인길드와 수공업자길드가 있다. 중세도시는 지역 간 교역에 자극받아 성장하였으므로, 최초에 결성된 길드는 각 도시의 대외교역 독점을 위한 것이었다. 따라서 국왕이나 제후에 의하여 보증된 상업의 독점영업권에 의해 다른 지방인이나 길드에 속하지 않은 자와의 경쟁을 피하기 위해 만들어진 단체가 바로 상인길드이다. 여기에는 원격지 상업을 경영하는 상인들뿐만 아니라 소매상인이나 수공업자도 가입하였다. 중세도시가 성립할 당시에 시민계급은 상업의 자유와 도시의 자치권 획득을 위해 봉건세력과의 투쟁에

길드(Guild) 중세 유럽에서 상인이나 수공업자 등의 자영업자가 기독교적 우애정신에 입각하여 결성한 신분적인 직업단체. 초기 상인조합의 경우 상인뿐만 아니라 각종 수공업자도 참가하였으나, 나중에는 같은 종류의 수공업자마다 동직조합을 결성하였다. 영국에서는 11세기 전반기에 이미 우애단체에 관한 법령이 있었으며, 프랑스에서는 12세기에 접어들면서 수공업자길드가 있었고, 독일에서도 11세기 말~12세기에 그 기록이 있다. 이 밖에 북유럽·남유럽·동유럽에서도 길드 결성을 볼 수 있으며 13세기 이후 길드 전성시대를 맞이하였다.

길드적 통제 조직은 유럽뿐만 아니라 중세의 동양사회에서도 나타난다. 예를 들면, 중국의 각종 행회(行會), 일본 도쿠가와 막부 시대의 가부나카마, 우리나라에서 금난전권의 독점을 행사한 시전(市廛) 등이 그것이다. 다만 유럽의 길드가 도시의 독립적인 자치권을 바탕으로 강력력을 행사한 반면, 동양의 유사조직들은 국가 또는 영주계급의 지배하에서 존재했다는 차이점이 있다.

참여하였지만, 내부적으로 모두 평등한 지위에 있었던 것은 아니다. 시민들 사이에는 처음부터 차별이 있었고, 이 차별은 도시가 확립된 뒤에 더욱 강화되었다. 도시의 독립을 위한 투쟁에서 초기에 지도적 역할을 수행한 것은 광의의 상인계층으로서 대상인·운수업자·대수공업자·선박업자·금융업자·지주 등으로 구성되어 있었다. 초기의 시민단체를 조직한 것도 대부분 상인계층이었으며, 이들은 자치권을 쟁취한 후 스스로 도시귀족이 되었다. 도시의 지배자로서 등장한 도시귀족들은 그들의 이익을 보호하고 그 세력을 확대하기 위해 특권적 조합인 상인길드를 조직하였다. 초기 단계의 도시에서는 정치적 지배력과 상공업의 통제권을 모두 상인길드가 장악하고 있었다. 이러한 의미에서 이 단계의 도시를 귀족도시 혹은 문벌도시라고 부른다.

상인길드의 일반적 특색은 다음과 같다. 첫째, 상인길드의 구성원은 도시 내에서 시장세를 지불하지 않고 자유로이 상품을 매매할 수 있는 독립적 특권을 갖고 있었다. 이에 반하여 다른 시민들은 '길드 분담금'을 지불해서 가입하지 않는 한 공공연하게 점포를 열 수 없었다. 둘째, 길드 회원에게는 구매참가권이 있었다. 즉 길드의 일원이 어떤 상품을 구입했을 때 다른 길드 회원은 그에 대하여 그 일부를 원가로서 양도할 것을 요구할 수 있었다. 이 제도는 길드 내부의 통제를 통하여 기회균등을 유지하려는 원칙의 표현이었다. 셋째, 길드 당국이 상품을 도매가격으로 구입하여 길드 회원들에게 나누어 판매하는 공동거래의 특색이 있었다. 이 제도는 기회균등의 원칙에 따르는 동시에 외래상인을 배제하려는 배타주의에서 나타났다. 넷째, 길드에게는 그 사회적 기능으로서 여러 가지 상호부조적 관행이 있었다. 이것은 모든 길드 제도에 공통되는 우애정신에 바탕을 둔 것이었다. 이와 같이 상인길드는 그 조직의 내부적 기능에서는 상호부조적인 공동체적 원칙에 입각하고 있었으나 도시 내 상공업 통제의 기관으로서는 독점적·배타적 성격을 띠고 있었다.

도시가 성장하면서 수공업의 업종이 분화하고 수공업자의 수가 증대하자 수공업자 길드가 분화되거나 새로이 발생하였다. 그런데 상인길드가 이에 대하여 배타적·독점적 성격을 강화하였기 때문에 양자 사이에는 갈등과 대립이 첨예화하였다. 상인길드의 재배에서 벗어나려는 수공업자길드의 움직임으로 분열이 초래되었던 것이다. 도시 내부의 분열과 대립은 수공업자와 장인들이 상인길드에 대항하기 위하여 동업자끼리 일정한 장소에 집단적으로 거주하여 길드를 결성하게 되면서 더욱 심화되었다. 특히 독일에서는 양자의 대립이 유혈투쟁으로까지 번지는 경우가 많았으며, 이를 **춘프트** 투쟁이라고 한다.

상인길드가 특권적이고 귀족적이었던 데 비해 수공업자길드는 비교적 서민적인 성격을 띠고 있었으며, 장인뿐 아니라 직인과 도제들까지 포함하였다. 이러한 점에서 상인길드 지배하의 도시를 귀족도시, 수공업자가 경제적 통제력을 장악한 도시를 평민도시라고 부르기도 한다. 그러나 수공업자길

춘프트(Zunft) 14~15세기는 도시 수공업자의 황금시대로서 각 직종별 길드가 결성되었다. 수공업자길드는 장인, 직인, 도제라는 신분제 수공업경영의 경제적 이해를 지킴과 동시에 그들의 사회·종교 생활에서의 상부상조를 목적으로 하였다. 가장 중요한 경제정책은 수공업자를 외부와의 경쟁에서뿐만 아니라 동업자와의 경쟁에서도 보호하려는 것이었다. 서약조항에는 기술과 노동시간, 제품가격과 임금 등의 규정, 작업장에서의 생산수단과 종사자의 수적 제한, 품질검사, 직인과 수련공의 수업을 위한 제도 등이 상세히 규정되어 있어 그 위반에 대해서는 재판이나 처벌권한이 길드에 인정되었다.

드도 유럽의 경제가 양적, 질적으로 더욱 발전하게 되자 점차 변질해 갔다. 구성원의 상층부인 장인계층은 생산적 기능보다도 상업적 기능에 전념하게 되었다. 상인화한 장인계층이 길드의 성격을 더욱 폐쇄적·특권적인 조합으로 강화하려는 데 반발한 직인들은 스스로 조합을 조직하거나 농촌으로 탈출하였고, 이런 과정에서 길드조직은 분열되고 쇠퇴해 갔다.

중세에는 인구의 90%가 농촌에서 살았기 때문에 도시와 상공업이 발달했다고는 하지만 봉건경제 전체에서 차지하는 위치는 대단히 한정적인 것이었다. 그러나 중세 도시는 상공업의 중심지로서 화폐경제가 발달하였기 때문에 봉건적 경제체제의 변질과 분해를 초래하는 한 요인으로 작용하였다. 봉건사회가 해체된 주된 계기는 지대 형태의 변천과 이에 따른 생산력 증대를 통하여 자영농민이 출현함으로써 봉건적 예속관계가 붕괴하기 시작한 데서 찾을 수 있다. 그러나 사회적 분업의 출발점이라 할 수 있는 농촌과 도시의 분리, 즉 도시의 성립과 그 발달이 가져온 사회적·경제적 영향은 단지 도시에만 국한되지 않았다. 도시의 발달은 경제적인 면에서 농업에 대한 상공업의 상대적 발전을 의미하며, 사회적으로는 승려·귀족 등 봉건적 지배계층에 대해 시민계급인 상공인의 출현을 의미하였다.

봉건사회의 변질은 도시 성립의 과정에서도 잘 나타난다. 도시는 원래 봉건영주의 지배 영역에서 발생한 것이다. 그러나 시민사회의 원형인 도시 주민의 서약단체(코뮌)가 주동이 되어 영주적 지배로부터 벗어나 자치권을 획득하게 되면서 영주지

코뮌(Commune) 도시자치체를 이르는 말로, 자치도시의 정치는 공화정치의 형식을 취했는데, 총독·집정관·통령·시의회 등의 기관은 길드조직을 통하여 선출되었고 이를 지배한 것은 도시의 귀족들이었다. 시민은 민병으로서 유사시에는 전원이 전투에 참가하였다. 따라서 중세도시의 시민들 사이에는 굳은 공동체의식이 자리 잡고 있었다. 코뮌은 12세기에 북프랑스를 중심으로 급속하게 성립되었다. 농민의 자치체도 있었으나 일반적으로는 시민의 자치체, 즉 자치도시가 많았는데, 도시에서는 스스로 임원을 선출하여 자치행정을 행하고 재판권도 가지고 있었다. 중세 말기에 왕권의 간섭이 강화되자 도시는 과두정치화하여 백년전쟁(1337-1453)의 혼란 속에 쇠퇴해 갔으나 자치체의 개념만은 1871년의 파리 코뮌에서 볼 수 있는 것처럼 그 후에도 존속하였다.

배의 영역은 축소되었다. 물론 이러한 도시의 성립과 발전이 근대 시민사회의 성립으로 바로 연결된 것은 아니다. 영국의 경우를 보면 농민층의 성장과정에서 농촌지역이 새로운 산업의 입지로 발달하게 되자 중세도시와 시민들은 왕권을 중심으로 한 봉건세력과 결탁하여 자기들만의 독점체제를 강화하고 새로운 형태의 산업발전을 저지하려고 하였다. 그 결과 영국에서는 농촌이란 새로운 입지에서 성장한 자본가들이 시민사회의 주체적 담당자로 성장하였다.

이렇게 볼 때 도시경제의 발달 그 자체가 곧 자본주의의 탄생을 의미하는 것은 아니었다. 그러나 첫째, 도시 및 상공업의 발전이 지대금납화의 전제조건이 되는 등 체제변화의 여지를 제공하였고, 둘째, 시민사회의 주체적 담당자가 된 농촌자본가들도 결국 도시경제의 성립과 발전에서 비롯된 사회적 분업의 발달에서 그 발생의 기원을 찾을 수 있다는 점에서 근대사회로의 이행에 기여했다고 보지 않을 수 없다. 또한 중세도시는 정치적·문화적인 면에서도 근대사회의 형성에 기여했다고 할 수 있다. 자유로운 시민적 결합을 바탕으로 하는 중세도시는 농촌과는 기본적으로 다른 사회조직이었기 때문에 영주지배하의 농촌과는 전혀 다른 정신적·사상적 분위기를 형성하였다. 중세도시가 획득한 정치적 자유는 그 후 유럽 시민들의 정치의식을 제고하는 데 커다란 영향을 끼쳤다. 또한 고딕미술이나 스콜라철학 등 중세문화의 정수는 농촌이 아니라 도시에서 생장하였으며, 근대사상의 출발점이 된 르네상스운동 역시 도시에서 탄생하였다. 이처럼 중세도시가 가진 정신적 분위기가 유럽 문화의 전개에 미친 영향은 매우 컸다. 중세도시는 유럽을 농촌 중심의 봉건사회로부터 상공업 중심의 근대 자본주의로 전화시키는 데 매우 결정적인 역할을 수행하였다.

제 **4** 절

중세의 상업

도시의 발달은 상업의 부활과 밀접한 관련을 맺고 있다. 즉 로마제국의 멸망 이후 (대부분) 소멸했던 도시가 8~10세기 사이에 다시 발흥하게 된 계기는 상업의 발달 덕분이다. 유럽의 상업은 로마 말기에 이르러 화폐경제가 쇠퇴하고 물물교환의 자연경제로 복귀하였다. 로마가 멸망한 후에는 지중해를 중심으로 어느 정도 교환이 이루어진 것과 내륙에서 부분적으로 통상이 있었던 것을 제외하면 거의 자연경제가 유럽사회를 지배하고 있었다. 프랑크왕국에서 도시가 다시 발생하기 시작하였지만 이때는 외래상인의 활동이 더 현저하였다. 특히 카롤링거왕조 때에는 지중해를 봉쇄해 버렸기 때문에 아랍인이나 비잔틴 상인의 활동을 제외하고 유럽의 상업은 더욱 쇠퇴하였다. 따라서 10세기경까지 유럽의 상업은 미미했고, 상업활동은 주로 시리아인·유대인 등 동방인이 담당하였다. 그 상품도 대부분 동방에서 온 산물이었으며, 통상의 중심지 역시 콘스탄티노플 등 동방의 도시였다.

그러나 유럽의 상업은 11~12세기부터 다시 활기를 되찾기 시작하여 13~14세기에는 크게 번영하였다. 이를 '상업의 부활'이라고 하는데, 이에 따라 중세 유럽의 도시들도 크게 성장하기 시작하였다. 상업 부활의 원인은 두 가지 면에서 찾아볼 수 있다. 첫째, 유럽사회 내부의 안정과 발전이다. 장원제도가 비록 폐쇄적 경제체제이기는 하나 시간이 경과함에 따라 점차 교환경제로의 이행을 촉진하는 요소들이 움트게 되었다. 또 10세기경에 이르면 삼포제의 보급, 비료의 이용 등 농법이 개선되는 한편 새로운 토지가 개간되었다. 농업생산력의 향상은 농민의 수중에 얼마간의 잉여물자를 축적시켰으며, 특히 영주에게는 상대적으로 풍부한 잉여를 집적하게 함으로써 교환경제의 발달을 촉진하였다. 화폐지대의 발달과 장원의 인구증가, 생산증대에 의한 생활수준의 향상은 시장구매력을 신장시켰으며, 인구증가에 따라 늘어난 무직의 부랑자 역시 상인의 수적 증가를 가져왔다.

상업의 발달을 가져온 두 번째 배경은 이교도세력의 축출이다. 당시 유럽대륙을 침

바이킹(Viking) 8세기 말에서 11세기 초 해상으로부터 유럽·러시아 등에 침입한 노르만족(북게르만족)의 일파. 원래는 스칸디나비아에서 덴마크에 걸쳐 많이 있는 협강(vik)에서 유래한 말로 '협강에서 온 자'란 뜻이다. 당시의 노르만족은 씨족제 사회가 해체되고 계급사회로 이행하여 국가 형성기에 이르는 과도기로서, 부족 간의 항쟁으로 뜻을 이루지 못한 족장이 부족민을 인솔하여 해외로 신천지를 찾아 진출한 경우가 많았다. 무자비한 침입·싸움·약탈 등으로 '해적민족'으로서 각지에서 공포의 대상이었으나, 최근 유적·유물의 발굴과 조사 및 여러 과학의 총합적 연구에 의해 단순한 해적 활동을 넘어 전투·정복·탐험·식민·교역 등 다양한 활동으로 중세 유럽사에 커다란 영향을 준 존재로 재평가되었다.

노르만의 침입 때문에 유럽 각지에는 성벽을 갖춘 요새가 구축되었는데 이를 '부르크'라고 하였다. 여기에서 상공업에 종사하는 사람들을 '부르거'라고 불렀는데, 이 말이 후에 '부르주아'로 바뀌었다.

사라센(Saracen) 중세 유럽인들이 서아시아의 이슬람교도를 부르던 말. 그리스·로마에 살던 라틴문화권 사람들이 시리아 초원의 유목민을 '사라세니'라고 부른 데서 연유하였다. 사라센이라는 국호를 가진 왕조가 존재한 것은 아니며, 7세기에서 15세기 말까지 인도 서부에서 이베리아반도에 이르는 지역을 무대로 흥망한 이슬람의 여러 왕조를 총칭한다.

입한 세력은 바이킹과 이슬람세력이 있었다. 바이킹은 8세기 이래 유럽대륙 각지를 침입하였다. 이들 노르만족은 원래 스웨덴·덴마크·노르웨이에 사는 민족으로, 유럽대륙의 북부 및 서부의 여러 지역을 침입하고 프랑스 북부를 근거지로 노르망디공국을 세웠으며, 지중해에 진출하여 시칠리아왕국을 건설하였다. 러시아 깊숙이 침입하여 노브고로드를 건설한 것도 노르만인들이었다. 이같이 노르만인은 약탈행위만을 한 것이 아니라 도시와 국가를 건설하거나 무역로를 개척하는 등 교역관계를 촉진하기도 하였다. 그러나 이들의 이동경로에는 약탈과 파괴가 동반되는 것이 다반사였기 때문에 유럽사회의 안정을 방해하는 요소였다. 따라서 지방귀족과 수도원 등의 소재지에는 요새와 성벽이 구축되었는데, 노르만의 침입이 종식되면서 이들 지역은 상업의 중심지로 발전하게 되었다.

한편 이 시기 지중해의 해상무역과 연안지역을 지배한 것은 사라센인이었다. 사라센인은 프랑크의 카롤링거왕조기에 아프리카를 정복하고 이베리아반도에 상륙하여 에스파냐 전역을 장악하였으며 프랑스를 침략하여 프랑크왕국과 전쟁을 벌였다. 이같이 중근동과 이베리아반도, 아프리카 북부가 사라센제국의 영토가 되었기 때문에 지중해는 아랍인에 장악되었고 프랑크왕국의 외국무역은 점차 쇠퇴했다. 그러나 10세기 중엽 이후에 이슬람세력을 축출하고 지중해를 장악하게 되자 옛 통상로가 재개되어 지중해 중심의 원격지 상업이 부활되고, 이에 따라 도시도 크게 발달하게 되었다.

중세의 상업은 크게 국지적 상업과 원격지 상업으로 구분된다. 국지적 상업은 도시와 농촌을 연결하는 일정한 지역 내에서 거래관계가 성립하였는데, 11세기경부터 크게 발달하였다. 도시 주변 농촌의 경제발전과 더불어 도시가 지방 유통의 거점으로 성장하는 과정에서 등장하였다. 여기에서 도시민은 농촌으로부터 식료품과 공업원료를 공급받았고 농촌은 도시로부터 공업제품 및 영주에게 지불하기 위한 화폐를 취득하였다. 지방 상업은 주시週市를 중심으로 발전하였는데, 보통 일주일에 하루 정도 열렸다.

거대한 부를 축적하여 중세 상업을 발전시킨 것은 원격지 무역이었다. 원격지 무역은 크게 이탈리아를 중심으로 하는 남유럽 상업권과 독일을 중심으로 하는 북유럽 상업권으로 나뉜다. 중세도시는 성으로 에워싸여 장원과 같이 봉쇄적 경제생활을 영위한 면도 있었으나, 다른 한편에서는 유럽 전역에 걸친 통상망에 의하여 서로 연결되어 있었다. 이 가운데 하나는 남유럽의 이탈리아를 중심으로 한 동방무역이며, 다른 하나는 북유럽의 북해와 발트해에서부터 러시아를 경유하여 비잔틴제국에 이르는 북방상업이다. 이탈리아에서는 베네치아가 십자군원정 이전부터 콘스탄티노플·이집트 등과의 동방무역으로 번영하고 있었는데, 그 후 제노바·피사 등의 도시들도 여기에 참가하게 되었다. 남유럽권의 원격지 무역에서는 이탈리아 여러 도시의 공업제품과 지중해 연안의 특산품이 교환되었고, 동방지역과의 교역에서는 귀족과 부유층이 선호하는 향미료·염료·열대식물·견직물·면직물·약품 등이 유럽의 공업제품과 거래되었다.

남유럽의 원격지 무역 특히 이탈리아 도시들의 무역은 십자군전쟁(1096-1270)을 계기로 크게 발전하였다. 지중해 세계를 침략했던 이슬람세력은 10세기 이래로 더 이상 확대되지 못하고 11세기에는 오히려 유럽의 반격을 받아 수세에 몰렸다. 그러나 동방에서 새로이 강력한 세력으로 등장한 셀주크 투르크의 확장으로 유럽인들은 성지 예루살렘으로 가는 길을 봉쇄당했다. 이에 동로마제국의 황제 알렉시우스 1세가 교황 우르바누스 2세를 상대로 구원을 요청하자, 교황은 성지 회복과 동로마제국에 대한 세력 과시를 위하여 각국에 호소하여 십자군을 일으켰다. 그러나 성지 회복의 종교적 명분하에 이루어진 십자군전쟁은 제1차 원정에서 예루살렘을 탈환하고 예루살렘 왕국을 수립한 것을 제외하고는 사실상 모두 실패하였다. 이 원정은 8차에 걸쳐서 진행되었

셀주크 투르크(Seljuk Turks) 중앙아시아의 유목민족인 투르크족의 한 분파. 10세기 말 족장 셀주크가 중앙아시아로부터 아랄해 북동쪽 해안으로 이주하여 대(大)셀주크왕조를 건설하였다. 그의 손자 투그릴 베크(Tughril Beg, 재위 1037-63)는 유프라테스강 유역에 진출, 아바스왕조의 분쟁을 틈타 이란을 병합하고, 이어서 이라크를 점령하였으며, 바그다드로 쳐들어가 1055년 아바스왕조 칼리프로부터 술탄의 칭호를 얻었다. 이로써 셀주크 투르크는 11세기 중엽 이슬람세계의 새로운 지배자가 되었다. 그러나 십자군과의 오랜 전쟁으로 국력이 쇠퇴하고, 11세기 말부터 정권 분쟁으로 분열이 일어나 1157년 이란의 종주권을 잃게 되었다.

십자군(Crusades)

11세기 말에서 13세기 말 사이에 서유럽의 기독교도들이 성도 예루살렘을 이슬람교도들로부터 탈환하기 위해 일으킨 대원정. 1096년부터 모두 8회에 걸쳐 약 700만 명을 동원하였으나 목적을 달성하지 못하였다. 이에 참가한 기사들이 가슴과 어깨에 십자가 표시를 했기 때문에 이 원정을 십자군이라 부른다. 십자군원정의 발단은 셀주크 투르크의 침략을 받은 동로마제국의 황제 알렉시우스 1세(Alexius I, 1048-1118, 재위 1081-1118)가 교황 우르바누스 2세(Urbanus II, 1042?-1099, 1088-1099)를 상대로 구원을 요청하자, 이를 교권 확장의 기회로 생각한 교황이 1095년 클레르몽 공의회에서 유럽 각국의 국왕과 제후들에게 거병을 요구한 데서 시작되었다. 그러나 십자군을 간단히 종교운동이라고 말하기는 어렵다. 봉건영주, 특히 하급기사들은 새로운 영토지배의 야망에서, 상인들은 경제적 이익에 대한 욕망에서, 또한 농민들은 봉건사회의 중압으로부터 벗어나려는 희망에서 저마다 원정에 가담하였다. 대체로 십자군시대의 서유럽은 봉건사회의 기초가 다져지고 상업과 도시의 발달도 어느 정도 이루어져 있어서 노르만인의 남이탈리아와 시칠리아 정복, 에스파냐의 국토회복운동 등에서 볼 수 있듯이 주변세계와의 경계를 전진시키고 있었다. 따라서 이런 배경에서 십자군도 정치적·식민적 운동의 일환이 될 수밖에 없었고, 종교는 이 운동에 명분을 제공하는 역할을 수행했던 것이다.

으나 제2차 원정에서부터 이미 종교적 열정은 사라지고 시간이 갈수록 종교적 목적보다는 상업적인 이익이 보다 중요한 목적으로 등장하였다.

상인의 힘이 십자군전쟁의 성격을 규정했다는 것을 가장 잘 보여 준 것은 제4차 원정이다. 이때 십자군은 군수물자와 식량대금을 갚지 못하게 되자 베네치아 상인들의 제의로 경쟁상대인 아드리아해안의 기독교 도시 자라Zara를 헝가리로부터 빼앗았다. 십자군의 탈선은 여기서 그치지 않고 이번에는 십자군이 베네치아 상인에게 콘스탄티노플 행을 제의하여 약탈품을 분배하고 1204년에는 라틴제국을 세웠다. 이를 통해서 베네치아 상인은 제노바 상인을 콘스탄티노플에서 추방하였으며, 비잔틴 상인도 물리칠 수 있었다. 1212년 결성된 소년십자군은 마르세유의 악덕 선주들에게 걸려서 알렉산드리아의 사라센인들에게 노예로 넘겨졌다. 제5차(1218년), 제7차(1248년) 십자군은 이집트를 공격했으며, 제8회 십자군(1267년)은 튀니스로 향했다. 1261년 콘스탄티노플에서는 다시 비잔틴 제국이 부활되고, 시리아에서는 13세기 말 기독교 최후의 보루 아크레가 다시 사라센인의 손에 넘어감으로써 십자군 운동은 아무 성과

없이 종말을 고하고 말았다.

비록 그 본래의 목적에서는 실패하였지만 십자군원정은 동방지역과의 교역 및 유럽 내부의 상업을 활성화하는 데 크게 기여하였다. 십자군은 동방의 대도시를 점령·파괴·약탈함으로써 아랍권 도시의 쇠퇴를 초래한 반면, 서유럽은 금·은 등의 재보를 획득함으로써 커다란 부를 집적하였으며, 특히 이탈리아의 상인들은 전리품을 수송하거나 점령지역에 상업상의 거점을 확보하여 유럽의 상업발달에 크게 기여하였다. 베네치아는 지중해 지역의 상권을 장악했을 뿐만 아니라 유럽 최대의 상업도시로서의 지위를 차지하였다. 또한 국왕·제후의 원정비용조달에 편승한 도시의 자치권 확립이 이루어졌으며, 원정비용 및 동방무역의 발전에 따른 지불수단으로서의 화폐·귀금속의 수요 증대가 화폐유통의 촉진과 화폐경제의 발달을 가져왔다. 마지막으로 동방무역의 융성과 그에 따른 재화의 보급 및 수요 증대와 아울러 새로운 동방의 풍속·관습·지식의 수입 등을 가져왔다. 십자군원정으로 화약·종이·나침반 등이 동방으로부터 수입되었다. 화약은 유럽에서의 절대주의적 왕권의 등장을 촉진하였을 뿐만 아니라 나침반의 개량, 항해술의 발달과 함께 지리상의 대발견 이후 식민지 약탈을 통하여 유럽의 팽창과 신흥 상공업계층, 즉 부르주아지의 수중에 막대한 부를 집적시키는 요인으로 작용하였다. 종이는 인쇄술의 발달과 결부되어 르네상스 이후 유럽에 지식의 대중적 확산을 가져오게 된 하나의 요인으로 작용하였다.

동방무역권을 독점하다시피 한 이탈리아 상인들은 지중해는 물론, 동쪽으로는 흑해 연안부터 서쪽으로는 유럽의 대서양 연안으로 북상하여 네덜란드와 영국까지 진출하였다. 진귀한 동방 물자를 독점한 이탈리아 상인들은 유럽 어디에서나 환영을 받았으며, 이들은 단순히 물자의 매매만이 아니라 금융업도 경영하였다. 예를 들어 피렌체에서는 상업이 발전함에 따라 상인이 수공업을 지배하였으며 유럽 각지에 지점을 개설하여 원거리 상업을 주도하고 군주와 영주를 상대로 금융업을 운영하였다. 특히 피렌체의 대상인이자 도시귀족인 메디치가는 금융업자로서 두각을 나타낸 대표적인 경우이다. 메디치가는 교황을 배출하고 딸들을 프랑스 왕가에 시집보낼 정도로 유럽의 정치에 대해서도 커다란 영향력을 행사하였다. 이탈리아 도시 가운

한자(Hansa) '상인조합'을 의미하는 말. 한자동맹은 해외 특히 북해와 발트해로 진출했던 독일 상인들이 본국의 여러 도시와 결합하여 성립한 도시동맹이다. 13세기경 독일 내의 도시들에서는 상인들이 그 정치적·경제적 지위를 확보하기 위해 상호동맹을 맺는 경향이 있었는데, 이러한 움직임이 해외무역의 독점욕과 결부되어 한자동맹을 성립시키게 되었다. 동맹의 주요 임무는 동맹도시가 해외무역에서 누리고 있었던 여러 가지 특권과 아울러 외국거래를 보호하는 데 있었다.

데 가장 번성했던 곳은 베네치아와 제노바였는데, 상업의 이권을 둘러싼 이들 두 도시의 경쟁은 매우 치열했다. 이 두 도시의 경쟁에서 궁극적으로 승리한 것은 베네치아였다.

한편 북방에서는 노르만인이 해적으로서 연안을 약탈하다가 상인으로 변신하여 동방에까지 진출하였다. 동방으로 진출한 노르만인은 남북 유럽과 동서의 양 세계가 경제적으로 연결되는 역할을 하였다. 노르만인은 북해를 동서로 항행하면서 통상을 전개하였는데, 이에 힘입어 플랑드르는 중세의 전성기에 유럽의 중요한 경제 중심지로 성장하였다. 이러한 북방상업권과 지중해상업권을 연결한 것은 샹파뉴 지방으로서, 유럽 각지로부터 대상이 몰려와 크게 번영을 이룩하였다. 그러나 북방상업권을 실제적으로 지배한 것은 한자의 여러 도시들이었다.

한자동맹은 급속히 세력을 확장해 13세기경에는 북해·발트해 연안과 북부 독일의 거의 대부분을 흡수하였으며, 14세기 후반에는 가맹도시의 수가 70개 이상에 달하게 되었다. 동맹은 해외의 주요 거점에 해외상관을 설치하여 통상의 근거지로 삼았는데, 런던·브뤼헤·베르겐·노브고로드 등에 주요 해외상관이 있었다. 해외에서의 공동 이익을 독점하기 위해서는 때로 무력이 동원될 필요가 있었다. 한자동맹은 독자적인 해군력을 보유하였는데, 14세기에는 덴마크 해군을 격파함으로써 발트해의 해상권을 장악하였다. 또 한자 상인은 유럽의 주요 도시에 거류지를 형성하였는데, 런던의 스틸야드는 독일 상인의 거류지로서 가장 유명하였다. 여기에 진출한 독일 상인들은 영국 왕실에 재정적·금융적 지원을 한 대가로 영국산 양모와 모직물 수출의 대부분을 담당하였다.

이와 같이 중세 유럽 여러 나라의 통상은 거의 이탈리아 상인과 한자 상인이 독점하고 있었다. 영국의 상업은 최초에는 이탈리아 상인, 다음은 한자 상인의 세력하에 있었으며, 영국 상인의 활동이 시작된 것은 16세기 이후의 일이다. 프랑스도 이탈리아 상인의 활동무대였으며, 네덜란드의 번영도 결국 한자나 이탈리아 상인의 힘에 의한 것이었다. 그러나 유럽 전역의 상업을 독점하고 있던 이탈리아 상인과 한자 상인의 지배력은 국민국가가 성립하면서 쇠퇴하였다. 이탈리아와 독일은 해외무역이 크게 번창했지만, 기본적으로 자체 생산기반을 갖지 못한 중개상업의 범위를 벗어나지 못하였다. 따라서 네덜란드·영국·프랑스에서 모직물 산업의 발전에 기반을 둔 국민적 상인이 국가권력의 적극적 지원하에 해외에서의 활동을 전개하자, 이들은 각종 특권을 상실하고 쇠퇴하지 않을 수 없었다. 뿐만 아니라 이탈리아는 지리상의 발견으로 무역로가 지중해에서 대서양으로 전환되자 커다란 타격을 입었다. 또한 독일의 경우 국내적으로 종교개혁에 따른 신교도와 구교도 간의 대립이 해상의 패권을 상실하게 하는 중요한 원인이 되기도 하였다.

04
Chapter

봉건사회의
해체

위기에 빠진 봉건사회

고전장원에서는 경작지가 영주의 직영지와 농민 보유지로 분할되어, 직영지에서는 농노의 부역노동이 강제되었다. 그런데 12세기에 접어들면서부터 서유럽에서는 이러한 제도에 점차 변화가 일어나기 시작하였다. 영주의 직영지가 농민에게 대여되면서 부역노동이 생산물지대나 화폐지대로 대체되는 현상이 점차 증가한 것이다. 앞에서 이야기한 것처럼 이러한 형태의 장원을 순수장원 혹은 지대장원이라고 한다. 그리고 이처럼 지대가 화폐 형태로 전화하는 것을 **지대금납화**라고 부른다.

고전장원에서는 영주의 경제외적 강제에 의한 부역이 끊임없이 강화되어 모든 잉여노동이 수탈당함으로써 직접생산자인 농노들은 부를 축적할 여유를 가질 수 없었다. 이는 농노의 노동의욕을 저하시켜 사회적 생산력의 향상을 기대할 수 없도록 한 것은 물론이거니와 영주에게도 바람직한 것이 아니었다. 자기 소유 경지에서의 노동과 영주직영지에서의 노동을 구별하게 되고 자기 생산의 가치를 인식하게 되면서 농민들은 당연히 부역노동을 부정적으로 인식하게 되었다. 농민들의 이러한 태도에 대해 영주들은 농노의 태만을 저지하려고 여러 가지 방법을 동원했지만 그다지 성과를 거두지 못하였다. 특히 철제 농기구의 보급 이후에는 영주직영지와 농민의 개별 보유지의 생산성 격차가 더욱 확대되었다.

부역노동의 생산성 저하를 저지하려는 영주와 이에 대하여 유리한 지불조건을 추구하려 한 농민들의 노력이 상호작용하면서 부역노동은 점차 소멸되어 갔다. 영주의 직영지는 축소되거나 없어지게 되었고, 고전장원에서 농민경영을 위협하던 영주의 자의도 서서히 사라지게 되어 농민의 부담은 관습적인 형태로 고정되었다. 영주와 농민 사이의 이해대립의

지대금납화(Commutation) 중세 봉건사회에서 지대를 노동지대나 생산물지대 대신 화폐로 대납한 것을 말한다. 11세기 이래의 원격지 상업의 발달과 도시의 발전, 그리고 이에 수반된 화폐경제의 발달은 '시장을 향한 생산'을 촉진했다. 이러한 일반적 경향이 부역의 금납화를 가져왔다. 노동부역은 영주의 입장에서는 생산성이 낮은 데다 그 관리가 곤란하였고 또한 경영비용이 많이 든다는 약점을 가지고 있었다. 농민들도 부역은 큰 고역이었고, 특히 농번기의 임시부역은 자기 보유지의 생산성을 저해하였다. 이처럼 영주와 농민 양측의 이해가 일치하면서 금납화는 확대되었다. 영국에서는 14세기 후반에서 15세기 초에 걸쳐 전면적으로 금납화가 실시되면서 농민은 사실상 봉건지대에서 해방되어 부유하고 자유로운 독립자영농민(요먼)이 되었다. 이러한 과정은 금납화의 성립과 함께 영주와 농민 간의 전통적인 주종관계가 성문법적으로 규정된 하나의 계약으로서의 화폐수취관계로 전화해 갔음을 의미한다.

결과는 점차 관습으로 정착되어 갔고, 그 결과 순수장원 단계에서는 농민의 부담이 관습법이나 성문법으로 규정되기에 이르렀다. 농민의 주된 부담은 생산물 및 화폐 형태의 지대로 한정되고, 나머지 예속의 표시로서 강요당하던 여러 가지 봉건적 부담도 소멸되거나 명목상으로만 남게 되었다. 그 결과 순수장원 단계에 들어오면 어떤 형식으로든 농노의 해방이 이루어지고 영주의 인신지배권이 사라지게 되었다.

지대 형태의 변화는 농민이 부역노동에서 벗어나 직접경작자인 농업의 경영자가 되었음을 의미하였다. 이러한 변화는 생산담당자에게 노동시간을 스스로 관리할 수 있는 기회를 부여함으로써 생산담당자 자신의 능력과 생산의욕에 따라서 노동성과를 결정짓도록 하였다. 농민들 스스로의 계산과 계획 아래에서 생산과정이 조절될 수 있는 자유노동의 영역이 확대되었던 것이다. 순수장원에서는 지대 수준이 일정 비율 혹은 일정액으로 고정되었기 때문에 농민들이 열심히 일하여 농업경영의 효율을 높이면 그만큼 자신들의 사회경제적 지위를 격상시킬 수 있게 되었다.

지대 형태의 변화는 고전장원의 부역노동에 비하여 농업생산성을 획기적으로 향상시키고 농민의 수중에 보다 많은 잉여를 집적할 수 있는 기회를 제공함으로써 그들의 사적 영역을 확대해 갔다. 서유럽 특히 영국에서는 일찍부터 농민의 수중에 집적된 농민적 잉여를 기반으로 '농민적 상품화폐경제'가 성립하였다. '농민적 국내시장'에서는 중세의 도시를 중심으로 한 원격지 상업과는 달리 농민들 사이에서 모직물을 비롯한 생활필수품이 거래되었다. 농민들은 집적된 잉여생산물을 서로 매매함으로써 상품생산자로서의 성격을 점차 강화해 갔다. 여기에 지대 수준이 고정된 화폐지대의 일반화는 지대 부담을 더욱 낮추었다. 곡물가격의 상승에 의한 화폐가치의 하락은 농민에게 돌아가는 상대적 반대급부를 더욱 상승시켜 자영농민, 사실상의 소토지 소유자를 출현시키는 계기가 되었다. 서유럽에서 지대가 금납화되고 농민의 부담이 경감되어 농민경제가 크게 성장하기 시작한 것은 14세기 후반에서 15세기 초 이후였다. 그러므로 봉건적 생산기반이 동요하여 자본주의를 향한 기나긴 여정이 본격적으로 시작된 것도 순수장원의 단계부터였다고 하겠다.

그런데 생산물지대와 화폐지대는 노동지대의 단순한 형태 변화에 지나지 않는 것으로서 봉건지대로서의 본질에서 벗어난 것이 아니었다. 지대가 화폐 형태일지라도 자본주의적 성격을 띠기 위해서는 농업임노동자와 이들을 고용하는 차지농업가 혹은 농업자본가가 나타나야 했다. 생산물지대는 노동지대보다는 농민의 부담을 경감하고 농민층 분해를 통한 농민경제의 발달 가능성을 보여 주었지만, 아직은 말 그대로 가능성에 그쳤다. 생산물지대의 크기를 결정하는 데는 여전히 영주의 자의가 개입할 여지가 많아 직접생산자의 생활수준을 끌어내렸기 때문이다. 순수장원 시대의 생산물 및 화폐지대 형태의 차이와 지대의 부담 수준이 가져온 결과는 영국과 프랑스를 비교하면 알 수 있다. 프랑스에서도 영국과 비슷하게 15세기에는 화폐지대가 등장하였지만, 16세기 이후 생산물지대로 다시 역전됨으로써 영국보다 자본주의적 농업체제로의 전환이 늦어졌다. 그 결과 프랑스는 근대적 산업생산체제로의 전환이 영국보다 뒤지게 되었다.

지대금납화로 농민의 부담이 경감되자 부를 집적하게 된 농민층은 자영농민으로 등장하였다. 농민들이 부농으로 성장함으로써 사실상의 토지소유자로 나타나기 시작한 것이다. 이러한 상황은 영주경제의 위축을 초래하였다. 이렇게 농민경제에 유리한 환경이 조성된 반면 영주경제는 재정적 위기를 겪게 되는데, 영주지배의 경제적 기반이 동요한 이 시기를 '봉건위기'라고 한다. 영주경제의 위기는 첫째, 지대금납화에 따른 수입의 감소에서 비롯된다. 14세기 중엽까지 지속적으로 물가가 상승하여 고정된 화폐지대의 가치는 더욱 감소되었다. 둘째, 전반적인 인구감소에 따른 노동자의 임금상승으로 영주경제의 위기가 가속화되었다. 이전부터 나타나기 시작하던 인구감소 경향이 14세기 중엽 유럽대륙을 휩쓴 페스트를 계기로 크게 감소하였다. 추정에 따르면 페스트의 창궐로 유럽 전체에서 인구의 30% 이상이 사망하였다고 한다.

페스트라는 중세 유럽 최악의 재난에 더하여 영국과 프랑스 사이에 벌어진 **백년전쟁**은 서유럽을 더욱 황폐화시켰다. 특히 전쟁의 주무대가 된 프랑스 북부지방은 막대한 인명과

백년전쟁 중세 말기에 영국과 프랑스가 벌인 전쟁. 프랑스를 전장으로 하여 여러 차례 휴전과 전쟁을 되풀이하면서, 1337년부터 1453년까지 116년 동안 단속적으로 계속되었다. 영국은 1066년 노르만 왕조의 성립 이후 프랑스 내부에 영토를 소유하였기 때문에 양국 사이에는 오랫동안 분쟁이 계속되었다. 그러다 1328년 프랑스 카페왕조의 샤를르 4세(Charles IV, 1294-1328)가 후계자 없이 사망하자 그의 사촌형제인 필리프 6세(Philippe VI, 1293-1350)가 왕위에 올랐는데, 이에 영국의 에드워드 3세(Edward III, 1312-1377)가 자신이 프랑스 왕위를 계승해야 한다고 주장하여 양국 간에 심각한 대립을 빚게 되었다. 에드워드 3세는 프랑스 경제를 혼란에 빠뜨리기 위하여 플랑드르에 수출하던 양모 공급을 중단하였고, 그 보복으로 필리프 6세는 프랑스 내 영국 영토의 몰수를 선언하였다. 이에 1337년 에드워드 3세가 프랑스를 침략하면서 백년전쟁이 시작되었다. 전쟁기간 동안 대체로 프랑스가 열세였는데, 1453년 영국에게 프랑스의 영국령 칼레 지방만을 남기고 전쟁은 종결되었다.

재산 피해를 입었다. 한편 14세기 중엽에서 15세기 중엽에 이르는 기간에는 물가가 하락하고 있었으므로 이 두 가지의 시련으로 노동자의 실질임금은 더욱 상승하였다. 영주의 지배를 피하고 고임금을 얻기 위해서 농노의 장원이탈이 빈번해졌기 때문에 영주의 직영지경영은 사실상 불가능하게 되었다. 또한 영주들이 부족한 재원을 보충하기 위해서 생존자에게 부담을 가중한 것도 14세기 중엽 이후 농민의 장원이탈을 부추긴 요인으로 작용하였다.

영주들은 재정적 위기를 타개하기 위하여 농민에 대한 지배를 강화하려고 하였다. 12세기 이래 직영지의 감소와 금납화의 진행으로 농노의 자유화가 계속적으로 추진되고 있으나 법률적으로는 영주의 농민에 대한 봉건적 권리는 여전

히 존속하고 있었다. 따라서 일부 영주들은 자기들의 본래적 권한을 되살리는 길이 보다 용이한 것으로 생각하기도 하였다. 이같이 영주가 잃었던 봉건적 특권을 억지로 되찾으려고 한 것이 '봉건반동封建反動'이다. 봉건위기에 대응하여 영주계급은 화폐지대를 생산물지대 혹은 노동지대로 반전시키려 하였다. 또 임금을 페스트 창궐 이전 수준으로 억제하고, 농민의 장원이탈을 금지하여 노동력을 확보하며 가격을 통제하고자 하였다. 그러나 위기를 타개하려 했던 이러한 움직임은 농민의 이해와 정면으로 배치되는 것이었으므로 농민반란을 불러일으켜 오히려 영주계급을 정치적 위기로 몰아넣었다.

농민봉기는 11세기경부터 이미 발생하고 있었고, 13세기에는 네덜란드의 농민들이 영주계급에 집단적으로 저항하였으며, 1323년에는 플랑드르 지방의 브뤼헤에서 대규모 반란이 일어나 군대에 의해 진압되었다. 봉건사회 초기의 농민반란은 개별 장원 내에서 영주의 학정을 규탄하거나 폭정에 저항하는 소극적 측면을 가지고 있었다. 투쟁의 기본적인 쟁점은 봉건지대와 여러 봉건적 부담의 경감을 둘러싼 문제였다. 그래서 반란이 일어나도 주변지역으로 널리 확산되지 않는 것이 일반적이었고, 결말도 영주와 영지 내의 농민들 사이에서 처리되었다. 불수불입권 때문에 국왕이나

인근의 다른 영주도 영지 내 문제에는 간여하지 않았다. 그러나 14세기에 일어난 농민반란은 대단히 넓은 지역에서 일어났을 뿐 아니라 여러 지역의 농민이 연합하여 반란에 참여하고 조직력도 몰라보게 강화되었다. 이것은 장원 단위의 자급자족경제가 파괴되고 농민들 사이에 개별 장원의 지역적 특수성을 뛰어넘은 공통의 경제적 이해관계가 형성되었음을 반영한다. 상품유통이 활발해지면서 장원의 경계를 벗어난 경제권이 성립하고 있었던 것이다.

봉건사회는 농업사회로서 그 기초조건인 토지의 소유자인 영주와 이에 예속되어 토지를 점유한 농민으로 구성된 사회이다. 봉건사회에서의 기본적인 계급대립은 지배자인 봉건영주와 피지배자인 농민과의 대립이어서, 봉건사회의 전 시기를 통하여 농민은 계급투쟁을 계속하지 않으면 안 되었다. 그러나 이러한 대립이 농민반란으로 나타난 형태는 지역이나 시기에 따라 반드시 동일하지는 않았고, 특정한 시기에 집중되는 경향이 짙었다. 농민반란의 원인으로는 농민계급의 사회적·경제적 상승과 부의 축적과, 반대로 농민계급의 몰락과 빈곤의 두 가지가 있다. 그러나 어떤 경우든 봉건영주 측에서 가해진 사회적·경제적 억압이 직접적인 자극이 되어 폭동과 무력화로 촉진되었다.

농민반란이 집중적으로 나타나는 시기는 봉건사회 내부의 전환기인 경우가 많다. 가령 14~15세기에 유럽 각지에서 농민봉기가 빈발한 것은 이 시기가 봉건사회의 내부에서도 영주적 지배의 사회·경제적 기구가 변질함으로써 고전장원이 붕괴되어 순수장원으로 이행하는 시기였기 때문이다. 고전장원이 해체되는 봉건적 위기에 직면한 영주층이 봉건반동을 강화함으로써 농민반란이 일어났던 것이다. 봉건사회에서 이러한 시기는 농민계급의 사회적 상승과 축적의 결과로서 농민 자신이 지위를 상승시켜 부의 분배를 유리하게 하기 위해 예속제의 배제, 봉건지대의 인하 등을 목적으로 운동을 전개함으로써 마련되었다. 그 결과는 영주들과의 타협에 의하여 사회경제적 기구를 재편성함으로써 해결되기도 하였으나, 그렇지 않은 경우에는 농민봉기로 나타났다. 역사상 알려진 농민반란은 일반적으로 상승적인 성격을 띠면서 경제적으로 비교적 선진지역에서 발생하였다.

서유럽에서 있었던 최초의 대규모적이고 조직적인 반란은 1358년 프랑스 파리 주변의 농촌에서 일어난 자크리의 난이다. 이 반란은 군인 출신인 농민군 지도자 기욤 까이에Guillaume Caillet, ?-1358의 지휘 아래 10만 명의 농민이 봉기하여 프랑스 중심부를 반란의 소용돌이로 몰아넣었다. '자크리의 난'이라는 이름은 당시의 농민을 자크 보놈므Jacques Bonhomme라고 불렀기 때문이다. 이는 '정직한 사람 자크'라는 뜻이다. 자크리는 자크를 명사화한 호칭이다. 농민들이 반란을 일으킨 직접적 계기는 백년전쟁의 정치·사회적 혼란 속에서 귀족들이 중과세와 학정으로 농민들을 괴롭혔기 때문이다. 여기에 상인 에티엔 마르셀Etienne Marcel, 1316-1358의 지도하에 파리 시민들도 봉기에 참가하였다. 자크리의 난은 곧 진압되었고 지도자 까이에도 처형되었지만, 프랑스에서는 그 후에도 16세기 말까지 여러 지방에서 농민반란이 끊임없이 계속되었다.

영국에서 일어난 최대의 농민반란은 1381년의 와트 타일러Wat Tyler, ?-1381의 지도하에 일어난 반란이다. 영국도 페스트와 백년전쟁의 폐해로 농민들이 큰 타격을 입었다. 농노와 자유농은 영주에게 높은 지대를 부담해야 했고, 임금노동자는 「노동자조례」에 의해서 임금상승을 억제당했으며, 도시민은 불공평한 인두세와 외국상인에 대한 불만이 누적되고 있었다. 그러나 이 반란의 근본 원인은 농민에 대한 봉건적 억압이었다. 반란은 영국 동남부의 켄트주와 에식스, 이스트앵글리아 등에서 가장 격렬하게 일어나 동부의 여러 주를 혼돈으로 몰아넣었다. 이스트앵글리아에서는 농노제의 폐지가 봉기의 주된 요구사항이었고, 켄트에서는 부농층의 이해를 반영한 농민적 상업의 자유가 기본 요구사항이었다. 와트 타일러의 지휘 아래 약 6만 명의 농민들이 반란에 참가했는데, 농민들은 영국 전체의 3분의 2를 석권하고 런던을 점령하였다. 반란의 지도자 가운데 한 사람인 급진적 성직자 존 볼John Ball, 1338?-1381은 "아담이 밭을 갈고 이브가 길쌈을 할 때 누가 지주였던가?"라고 외치며 농민을 격려하였다.

농민군의 지도자 타일러는 국왕과의 협상에서 농노제의 폐지, 부역 철폐, 화폐지대의 고정과 인하, 상품매매의 자유 등을 요구하였다. 이것은 농민의 요구이자 상공업자의 요구이

노동자조례(Statute of Labourers) 1351 -1563년에 영국에서 제정된 일련의 노동입법의 총칭. 영국 최초의 노동자 규제법인 「노동자칙령」은 페스트가 유행한 뒤 노동력 부족과 임금인상에 대처하기 위해 1349년 발포되었는데, 이를 보완하여 입법화한 것이 「노동자조례」이다. 이 법에 의해 농업노동자의 최고임금과 강제노동이 정해졌다. 그러나 농업노동자의 저항과 도시로의 도피 등으로 인해 실효를 거두지 못했으며, 와트 타일러의 난이 일어나는 한 원인이 되었다.

토마스 뮌처(Thomas Münzer, 1490? -1525) 독일농민전쟁의 지도자. 1520년 루터의 추천으로 츠비카우의 신부로 임명되었으나 요아킴(Joachim de Fiore, 1132-1202)의 『예레미아서 주해서』를 통해 역사에 대한 급진적인 관점을 받아들임으로써 이 땅 위에 로마제국에 이어 새 시대가 올 것을 확신하게 되고, 자신을 새 시대를 위한 '하나님의 선택된 도구'로 여기게 되면서 루터와 결별하였다.

마르틴 루터(Martin Luther, 1483-1546) 에르푸르트대학에서 법학과 신학을 연구하였으며, 1507년 에르푸르트 대성당에서 신부 서품을 받았다. 1512년 비텐부르크대학에서 박사학위를 받고 성서신학 교수가 되었다. 1517년 10월 31일, 루터는 당시 횡행하던 면죄부 판매를 포함하여 교회의 부패를 비판한 〈95개조 반박문〉을 비텐부르크대학의 교회 문 위에 내걸고 토론을 요구하였다. 라틴어로 쓰인 이 논제는 곧 독일어로 번역되어 독일 전역에 퍼짐으로써 종교개혁의 시발점이 되었다.

기도 하였다. 와트 타일러 자신이 연와공으로서 농촌의 수공업자였다. 이러한 점에서 농민반란은 새로운 성격을 띠고 있었다. 국왕 리처드 2세(재위 1377~99)는 농민의 요구를 일단 수락하였지만, 와트 타일러는 다시 국왕을 만나는 자리에서 런던 시장에게 참살당하고 말았다. 이후 농민군은 쉽게 진압되고 반란군이 획득한 성과도 폐기되었다. 이 반란이 직접적으로 달성한 개혁의 성과는 없었지만, 그 이후에도 영국에서는 농민반란이 계속되었다.

독일에서는 15세기 초부터 농민반란이 빈발하였는데, 1524~25년에는 독일 남부와 서부에서 급진적 성직자 **토마스 뮌처**의 주도로 대규모 반란이 일어났다. 이를 '독일농민전쟁'이라고 부른다. 농민반란에 앞서 **마르틴 루터**는 교황의 면죄부 판매에 항의하여 〈95개조 반박문〉을 발표하고 종교개혁을 주도하였다. 루터의 사상적 반항은 교황과 교회영주, 신성로마제국 황제, 금융업자인 푸거Fugger가에 대한 불만을 자극하였다. 세속제후, 푸거가의 면죄부 판매대금의 관리와 독점적 상권에 불만을 품은 상인·수공업자, 부농과 빈농들까지 루터의 주위에 몰려들었다. 교황은 루터를 파문하였지만, 루터는 작센 공작의 도움으로 『성서』를 독일어로 번역하는 등 종교개혁을 이끌었다. 뮌처를 비롯한 농민반란의 지도자들은 여기서 더 나아가 농민들의 요구를 12개조로 정리하여 부역의 폐지, 봉건지대의 인하, 공유지의 자유로운 사용, 상속세 철폐 등을 요구하였다. 그러나 교황을 반대하던 제후들도 영주였기 때문에 이것만은 수용할 수 없었고, 루터는 양자 사이를 중재하려 했지만 실패하자 농민들에게서 등을 돌리고 농민반란의 지도자들을 비난하였다.

봉건위기의 시대에 일어난 서유럽 여러 나라의 농민반란은 예외 없이 모두 진압되고 말았다. 농민반란이 실패하면서 어떤 지역에서는 일시적이나마 봉건반동이 강화되는가 하면, 오랜 기간에 걸친 농노적 지배가 계속되기도 하였다. 이러한 이유에서 농민반란의 의의를 그다지 중요하게 생각하지 않는 견해도 있다. 더욱이 농민반란에는 도시의 상공업자들도 다수 가담하였기 때문에 농민반란으로서의 의의를 크게 평가절하하기도 한다. 실제로 반란이 발발한 지역은 일반적으로 도시가 성장하거나 화폐경제가 발전한 선진지대였다. 그러나 농민군 지도자가 상공업자인 경우가 있었다 하더라도 반란군의 대다수는 농민으로 구성되어 있었다는 점을 부정할 수 없다. 이 시기는 농민경제가 본격적으로 성장하고 봉건적 토지지배자인 영주 세력의 지배가 동요하던 시기였으며, 비록 실패로 끝났을지라도 농민운동은 농민들이 스스로의 힘을 확인하는 계기가 되었다. 그 결과 농민의 조직력과 영주계급에 대한 교섭력이 강화됨으로써 그들이 내세운 요구사항은 점차 관철되어 갔다. 부역의 폐지와 농노의 해방, 보유지에 대한 자유로운 처분권의 확립으로 장원제도는 붕괴의 길을 걷게 되었다.

제 2 절

농민층의 성장과 분화

유럽에서 농민경제의 발달은 구체적으로 공동체적 생산의 해체와 이로 인한 사회적 분업의 발달과정과 병행하여 전개된다. 즉 내부적으로 공동체적 생산조직이 붕괴되어 가면서 분업이 발생하고, 이것이 확대됨으로써 농민적 상품화폐경제가 형성되고 이들의 시장권이 역으로 사회적 분업을 촉진하는 과정을 거치면서 발달하게 된 것이다. 12세기 이후 서유럽에서의 경제발전을 말해 주는 현상으로 먼저 인구증가 현상을 들 수 있다. 이 시기에 와서 인구가 증가한 이유는 기본적으로 봉건적 수탈의 경감에서 찾을 수 있다. 이때는 봉건적 수탈이 농민의 잉여노동 전부를 흡수할 수 없을 정도로 상황이 변화하였기 때문이다. 다음으로는 곡물가격의 등귀이다. 곡물가격의 급등은 인구의 자연적 증가로부터 생기는 토지에 대한 인구 압력의 결과라기보다는 사회적 분업의 증대에 의한 비농업인구의 증가와 이와 관련된 농민적 국내시장(농민 중심의 국내시장)의 발달에 의한 것이었다. 이 시기 농민적 국내시장의 발달은 13세기 초에 이르면 벽지의 작은 농촌에까지 시장이 개설되어 전국에 시장이 없는 곳이 없었다는 사실에서 볼 수 있다.

이와 같이 12세기 이후 직영지 경영이 서서히 감소하면서 이미 농민적 국내시장이 나타났던 것으로 보이지만, 그것이 본격적으로 이루어진 것은 역시 14세기 후반 이후 지대금납화가 일반화된 이후의 일이다. 봉건위기에 대한 영주층의 대응으로서는 농민경제의 성장에 대응하여 임금노동자를 고용하고 직영지 경영방법을 전환하는 길을 생각해 볼 수 있다. 그러나 영주 스스로 기존의 영주적 경영방식을 폐기하고 농업자본가로 나아가는 길은 적어도 이 시기의 유럽사회에서는 불가능하였다. 14세기 중엽부터 페스트의 창궐로 인구가 감소하고, 이 때문에 14세기 후반과 15세기 중반에 걸쳐 임금상승이 나타났다. 특히 영국에서는 농노의 신분에서 벗어난 자영농민 혹은 부농층들이 점차 임금노동에 의한 농업경영을 확대하였기 때문에 15세기에는 영국 임금노동자의 황금기라고 불릴 정도로 임금이 상승하였다. 또한 영주의 직영지경영은 농민 자신을 비롯한 가족노동력을 투입하는 **독립자영농민**의 경영보다 불리할 수밖에 없었다.

경제적 위기에 처한 영주가 이에 대처하는 방법은 두 가지였다. 하나는 잃었던 영주권을 되찾는 것이고 다른 하나는 어쩔 수 없이 양보하는 것이다. 그러나 전자의 봉건반동은 농민의 장원이탈을 가속화하거나 반란에 직면했기 때문에 서유럽에서는 전반적으로 영주권의 재확립이 불가능하였다. 결국 영주계급은 노동력을 확보하기 위해서 농민에게 보다 유리한 토지보유조건을 제시하지 않을 수 없었다. 직접적인 결과만 보면 농민반란은 실패하였지만, 이를 계기로 농민층은 자신의 사회경제적 위치를 개선하기 위한 노력을 계속함으로써 목적을 달성하게 되었던 것이다. 그 결과 서유럽에서는 농민적 토지소유가 확립되고 부농층이 형성되었다. 프랑스에서는 세습보유농민이, 영국에서는 독립자영농민이 바

독립자영농민 14~16세기 유럽 봉건사회 해체기에 나타난 자영농민. 영국의 요먼과 프랑스의 세습보유농민이 전형적인 예이다. 중세의 농민은 영주지배하의 공동체에 얽매여 자유로운 활동을 할 수 없었으나, 봉건사회가 해체됨에 따라 영주로부터 독립하여 자주적으로 농업을 경영하였다. 이들 가운데 일부는 잉여농산물을 판매하거나 빈농으로부터 토지를 매입함으로써 점점 부유해져 농업자본가나 매뉴팩처 경영자가 되었고, 일부는 임금노동자가 되었다.

요먼(Yeoman) 봉건사회 해체기에 나타난 영국의 중산농민. 독립자영농민이라고 번역된다. 14~15세기에는 연수입 40실링 이상을 가진 자유토지보유농을 가리켰다. 주에서 의원선출권을 부여받고 배심원으로 지방정에 관여하였으며, 백년전쟁에서는 영국군의 정예로 칭찬받았다. 봉건제의 해체와 더불어 부상한 등본토지보유농과 일부 정기차지농이 이 계층에 추가되어, 요먼은 젠트리와 영세농의 중간을 차지하는 광범한 농민층을 가리키게 되었으며, 15세기 중엽에는 잉글랜드와·웨일스 토지의 약 1/5을 보유하였다. 요먼의 핵심집단이던 자유토지보유농은 18세기에 대지주의 과두지배 강화로 몰락의 길을 걷다 19세기 자본주의적 농업이 확립됨에 따라 실질적으로 소멸하였다.

로 그들이다.

영국에서는 절대주의 국가권력이 성립한 16세기에 이미 독립자영농민의 주류를 이루는 **요먼**이 농민의 대부분을 차지하면서 영주적 지배의 쇠퇴와 함께 농민이 중심이 된 상품화폐경제가 발달해 가고 있었다. 그리고 이러한 국내시장에서는 종래의 영주 지배에서 벗어난 농민들 상호 간의 교환관계가 확대됨으로써 직업상의 분화와 생산수단의 소유관계를 둘러싼 계급적 분해가 진전되었고, 중세도시와는 성격을 달리하는 상공업의 발달이 이루어졌다. 이에 따라 영국에서 가장 먼저 봉건적 지배체제가 사라지고 자본주의적 사회경제구조가 구축되어 갔다.

그런데 직접생산자가 화폐지대를 지불하기 위해서는 그 생산물의 일부를 상품으로 전화시킨다는 전제가 필요하다. 화폐지대의 등장은 상업과 수공업의 발달에 의한 화폐유통의 결과였지만, 거꾸로 상품생산과 화폐의 유통을 더욱 촉진하는 동기가 되기도 하였다. 이런 의미에서 상품화폐경제의 중심지인 중세도시는 지대금납화의 전제조건이다. 도시를 거점으로 한 상공업과 화폐경제의 진전은 자급자족을 기본으로 하는 농촌과의 거래를 통하여 화폐경제를 농촌에 침투시키는 역할을 하였다.

그러나 중세도시를 중심으로 한 상업의 발전이 일방적으로 화폐지대를 결과하거나 농민의 부담을 경감하였다고 보기는 어렵다. 영국에서는 12세기경에 이미 화폐지대가 나타났지만, 당시에는 여전히 영주의 자의가 강하게 작용하고 있었기 때문에 반드시 농민의 부담을 낮추었던 것은 아니었다. 경우에 따라서는 봉건지대를 수취하는 편이 더 유리하다고 판단될 경우 영주가 직접 나서서 강제적으로 농민을 부역노동에서 해방시키는 경우도 있었다. 또 13세기의 상업 및 도시시장의 성장기에는 부역과 각종 봉건적 부담들이 오히려 강화되었다. 반면에 영국에서는 가장 후진적이고 도시의 대시장에서 멀리 떨어진 북서부지방에서 부역노동이 가장 먼저 소멸하였다.

상업의 발달이 봉건반동을 초래한 전형적인 예는 엘베강 동쪽의 동유럽에서 나타난다. 이 지역은 12세기 이후 독일의 제후들이 직업소개업자인 로카토르locator에게 농민들의 이주를 위임하였으며, 이주한 농민에게는 신분의 자유와 보유지 세습권이 주어지는 등 15~16세기까지는 생산물지대 혹은 화폐지대가 일반화되었다. 그러나 상업발전에 자극을 받아 수출용 곡물 생산이 확대되자 이 지역에서는 15세기부터 점차 자유농의 농노화가 진행되기 시작하였으며, 17세기에는 재판농노제, 곧 농장영주제(구츠헤어샤프트)가 확립되었다. 이렇게 볼 때 도시와 상업의 발전에 따른 지대금납화가 농민경제에 유리하게 적용되는 것은 영주가 양보하지 않을 수 없는 상황에서 봉건적 부담의 강요가 불가능할 때라고 할 수 있다. 즉 영주가 화폐경제의 진전에 적극적으로 대응할 경우에는 영주적 상품화폐경제, 즉 직영지의 확대와 부역노동의 강화가 나타나고 농민이 화폐경제에 적극적으로 대처할 경우에는 농민적 상품화폐경제가 나타났던 것이다.

지대금납화를 계기로 14~15세기의 영국에서는 농민적 토지소유가 성립하여 농민은 소상품생산자로서 독립하면서 부농계급, 즉 독립자영농민층을 형성하였다. 이 시기에 오면 직접생산자들에게 거의 평등하게 부여되었던 개개의 농민보유지에 차등화가 생기는 현상이 일반화되었다. 그것은 농민들 간에 보유지가 매매되기 시작했기 때문에 일어난 현상으로서 보유지 크기의 차등화는 대체로 농민경영 규모의 차등 및 농민경영의 질적 차이로 발전하게 되었다. 농민들 사이에서의 토지보유 규모의 분화가 진전됨에 따라 농민층 내부에서 토지를 차지하는 차지농업가와 보유지를 상실함으로써 이들에게 자기 노동력을 상품으로 판매하게 된 농업노동자라는 새로운 계급관계가 본격적으로 형성되기 시작하였다.

이와 같은 농업구조의 변화는 원래 지대를 지불하는 농민과 토지소유자와의 관계가 계약 형태를 취하게 되면서 나타난 것이다. 고전장원의 해체과정에서 영주와 농민들 간에 토지보유의 조건이 계약관계로 진전되자 여기에 차지농들이 개입하게 된 것이다. 차지농은 기본적으로 **농민층의 분해** 속에서 나타났지만 일부는 도시의 상인으로부터 전화한 경우도 있었다. 차지농은 필요할 경우 날품팔이 소농이나 보유지를 잃은 몰락농민을 임금노동자로 고용하였다. 반면 토지소유자는 차지농업가와 화폐적 계약관계를 맺는 것 외에는 경작이나 경영에 일절 관여하지 않았다. 차지농업가는 생산물의 판매대금에서 임금을 비롯한 비용을 공제한 부분, 즉 잉여 중에서 지주에게 계약

농민층의 분해 소규모 경영의 농민이 상품경제의 진전에 따라 토지와 생산수단을 상실하여 몰락하는 다수자와, 반대로 토지와 생산수단을 집적하여 부유화하는 소수자로 분극하는 과정. 생산력이 한층 발전함으로써 농민적 상품경제가 여러 봉건적 관계의 제약을 깨뜨리고 한층 더 발전하게 되면 농민층의 분해는 본격적으로 진행되어, 한쪽 극에서는 자본가적 경영을 영위하는 농촌부르주아지가, 다른 한쪽 극에서는 임금노동자화하는 농촌프롤레타리아가 각각 성장한다. 다만 농민층이 완전히 양극으로 분해되는 일은 드물었으며, 자본주의 사회가 성립된 뒤에도 소(小)생산자로서의 농민층이 대량으로 존속하는 경우가 많다.

으로 약속한 금액을 지불하고 남은 부분을 농업이윤으로 가져갔다. 따라서 이렇게 지불되는 지대는 이윤을 넘어서는 초과분으로서 잉여가치의 한 형태이며 자본주의적 지대이다. 이러한 의미에서 차지농업가는 곧 농업자본가이다. 농업에서의 이러한 구조적 변화는 절대주의가 성립하는 16세기에 더욱 급속하게 진전되어 갔다.

농민층의 분해와 독립자영농민층의 성장은 봉건적 토지소유의 해체를 의미한다. 분해되기 전의 농민은 직접생산자로서의 성격과 자본가로서의 성격을 동시에 띠고 있는 존재이다. 그런 의미에서 농민적 토지소유는 봉건제 해체와 자본주의적 발전의 기점이다. 물론 농민적 토지소유 그 자체는 자본주의적 생산양식이라고 볼 수 없다. 독립자영농민의 농업 경영방식은 단순소상품생산의 일종으로서 자본주의적 상품

자본의 본원적 축적 생산수단을 자본으로 전화함과 동시에 생산수단에 결박된 직접생산자들을 생산수단으로부터 분리시켜 임금노동자로 전화시킴으로써 자본제적 생산의 전제조건을 창출하는 역사적 과정. 원시적 축적이라고도 부른다. 자본주의적 생산의 가장 중요한 특징은 노동력의 상품화이다. 자본주의적 생산이 이루어지기 위해서는 한편에서 화폐 및 생산수단의 소유자와, 다른 한편에서 "인격적으로 자유로우면서 노동력 이외에는 팔 만한 아무것도 가지고 있지 않다"는 이중적 의미에서의 자유로운 노동자의 존재가 전제조건이 된다. 이와 같은 노동자와 생산수단 소유의 분리는 자연발생적으로 주어지는 것이 아니라 자본주의적 생산에 선행하는 역사적 발전의 결과로서 나타난다. 봉건제도하의 토지보유농민을 그 생산수단인 토지로부터 분리시켜 임금노동자를 창출하는 과정이 본원적 축적의 가장 주요한 내용이다.

생산과는 확연히 구분되는 것이다. 이것이 자본주의적 상품생산으로 전화하기 위해서는 자본가적 차지농 혹은 농업자본가와 농업임금노동자가 나타나야 한다. 이와 같이 직접생산자가 자기생산과 결합되어 있던 생산수단과 분리되는 과정을 '본원적 축적'이라고 한다.

본원적 축적은 한쪽에는 자본가로 전신할 소수의 수중에 생산수단으로 전환할 수 있는 화폐자산이 집적되고, 다른 한편에는 토지를 비롯한 생산수단으로부터 유리된 빈민이 창출되는 과정이다. 이 과정은 나라에 따라서 각기 다르고 때로는 이 차이가 각국에 특유한 자본주의의 형태를 형성하기도 하는데, 가장 전형적 형태를 취한 것은 역시 영국에서이다. 영국에서는 특히 16세기와 18세기 두 차례에 걸친 인클로저 운동에 의해 농민의 토지를 수탈하고 이들을 농촌에서 추방하여 프롤레타리아로 전락시켰다. 이렇게 창출된 대규모의 무산자들은 기계제 대공업제도에서의 근대적 임금노동자로 전화해 갔다.

자본주의는 이와 같이 자본-임노동 관계를 창출하는 최초의 과정을 필요로 한다. 자본주의가 형성된 지역에서는 어떤 형태로든 직접생산자를 생산수단으로부터 분리

시키는 이러한 과정을 거쳐 갔다. 자본주의 이전의 사회에서 가장 주요한 생산부문으로서 직접생산자의 대부분이 종사하던 농업부문과 토지에서의 농민층 분해야말로 자본주의 성립의 전제조건이다. 영국에서 가장 먼저 자본주의가 성립된 것은 이러한 의미에서 농업의 자본주의적 분해, 즉 지주, 차지농업가 혹은 농업자본가, 농업노동자라는 농업에서의 계급분화가 가장 먼저 가장 순조롭게 진행되었기 때문이다.

영국에서는 농민적 국내시장에서의 변화를 바탕으로 지대금납화가 나타난 14세기 후반에 이미 사회적 분업이 상당히 진행되고 있었다. 특히 14세기 농민봉기의 중심지로서 농촌공업 집락지가 많이 형성되었던 동부의 여러 주에서는 사회적 분업이 현저히 진전되어 있었다. 서편의 모직물공업 집락지에서는 13세기 초에 이미 농촌시장이 성립하였는데, 14세기 말경에는 모직물공업에 종사하는 자가 성년남자 3인 가운데 한 사람의 비율로 나타날 정도로 경이적인 분업의 발전을 이루었다. 1381년의 〈인두세징수보고서 Poll Tax Return〉에 나타난 인두세 부담액의 격차는 사회적 빈부의 격차가 상당히 널리 확산되고 있었음을 보여 준다. 이 기록은 최하층에 다수의 농노가 존재하고, 그 위에 농민이나 각종 직인에 의하여 구성되는 표준적 중산층이 있으며, 또 그 위에는 상인이나 상층농민과 모직물공업에 종사하는 자가 많았다는 사실을 보여 준다. 15세기가 되면 이러한 공업 집락지에서는 광범한 자본가적 모직물상인인 클로우디어 clothier의 출현과 더불어 선대제先貸制 생산방식이 등장하게 된다. 이와 같이 선진지역의 국지적 시장권이 확대되면서 봉건제는 점차 붕괴되기 시작하였다.

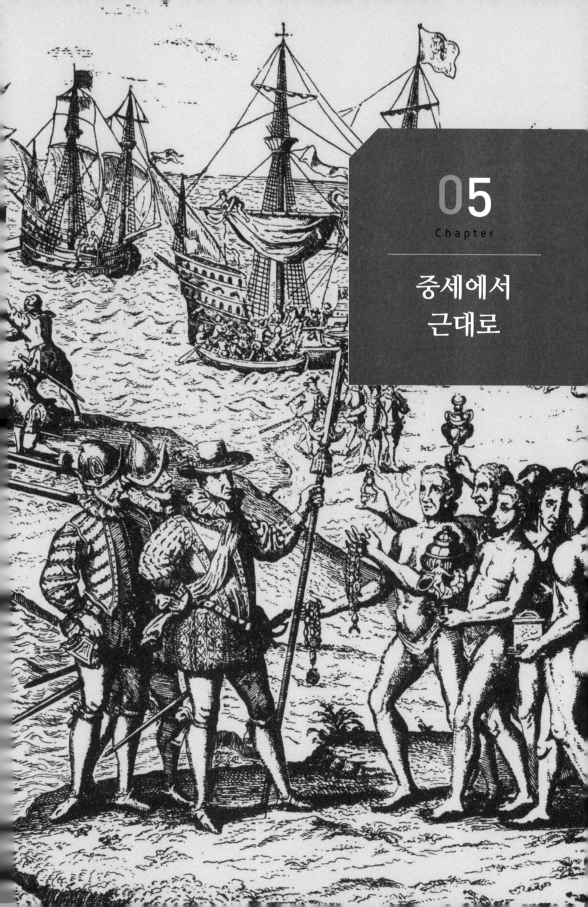

05
Chapter

중세에서
근대로

제 **1** 절

절대주의의 성립

15세기부터 18세기까지의 유럽사회는 산업혁명을 통한 자본주의가 확립되기 이전으로, 내부적으로 봉건제의 쇠퇴와 자본주의적 생산양식의 성장, 대외적으로는 팽창이 가속화되던 시기였다. 이 시기 유럽의 대외팽창의 배경은 두 가지 측면에서 이해될 수 있다. 첫째, 국민국가의 등장이다. 유럽의 봉건적 생산체제의 약화와 자본주의적 발전이란 내부적 변화에 따라 중앙집권적 국민국가가 탄생하게 되었는데, 이를 절대주의 국가라고 한다. 중세의 사회경제생활은 자연적·사회적인 여러 가지 제약에 의하여 민족 전체로서의 조직을 갖지 못하고 국지적인 촌락과 도시를 중심으로 한 한정된 범위 안에서 영위되고 있었다. 경제생활을 지배하는 원칙은 공동체적 질서를 유지하기 위한 방향에서 설정되었다. 그러나 15세기 이후부터 이 공동체적 원칙은 서서히 사라지기 시작하였다. 즉 15세기 중엽부터 16세기 중엽에 걸친 약 1세기 동안에 봉건적 요소들이 쇠퇴하면서 국민적 경제조직과 자본주의 경제체제가 발달하였다.

민족 전체를 하나의 경제조직에 포섭하는 국민경제는 국민국가 또는 민족국가의 성립을 전제로 하는데, 이 국민국가는 15세기 후반에서 16세기 초반 사이에 절대왕정에서 발전해 왔다. 최초의 근대국가인 절대주의적 국민국가는 중세 봉건체제가 갖는 정치적·경제적 분립주의의 극복과 민족적 통일을 일차적 과제로 삼았지만, 경제적인 면에서는 봉건사회의 공동체적 질서가 여전히 견고하게 남아 있었다. 그러나 절대주의는 시민혁명으로 붕괴되고 경제생활을 지배하는 질서와 원칙도 자본주의적으로 변화하였다. 국민경제는 시민혁명을 계기로 봉건적 경제원칙을 폐기함으로써 순조롭게 발전하였다. 그러나 산업혁명 이전의 국민경제조직은 이행기의 과도적 경제조직으로서 산업혁명 이후에 확립된 자본주의와는 다른 성격을 가지고 있었다. 이 시기에는

절대주의(Absolutism) 중세에서 근대로의 이행기에 유럽에서 보인 전제적 정치형태. 대개 군주정을 채택하였으므로 절대왕정이라고도 불린다. '절대'라는 말은 국왕이 봉건귀족과 부르주아 등 어느 누구에게도 제약을 받지 않는 절대적 권력을 가졌다는 것을 의미한다. 왕권신수설이 절대주의의 사상적 근거였다. 절대군주는 토지영유권자와 교회를 자신에게 종속시키면서 동시에 시민계급의 지지를 얻으려 하였다. 정치 형태에서 중앙집권적 통일국가였다는 점에서 분권적인 중세 국가와는 다르고, 인민의 권리를 부정하고 신분적 계층제를 유지했다는 점에서 근대국가와도 구별된다.

국민국가(national state)

민족을 전제로 하고 이를 기반으로 설립된 국가. 혈연적 근친의식에 바탕을 두고, 공동의 사회경제생활을 영위하며 동일한 언어를 사용하고 동일한 문화와 전통적 심리를 바탕으로 하여 형성된 인간 공동체로 민족국가라고도 한다. 이러한 국가는 중세 말기에 자연경제의 붕괴, 상업의 발달, 자본주의적 생산의 발전과 더불어 출현하였다. 서유럽 국가들의 왕권은 14~15세기 무렵부터 급속히 세력을 신장하여, 생산과 교환의 자유를 바라던 신흥상공업자와 손을 잡고 봉건귀족의 세력을 눌러, 민족의 국가적·정치적 통일을 성취하였다. 당시에 자주 발생한 대외전쟁도 국민의식을 성장시켰고, 또 신분제 의회 역시 국내의 여러 정치세력 사이에서 국민 단결의 감정을 불러일으켜 중앙집권적 통일을 촉진했다. 그러나 이렇게 하여 근대 국민국가의 형식이 마련되기는 하였지만 그것은 어디까지나 봉건적 사회질서를 기반으로 하는 것이어서 귀족은 문벌적 특권에 의하여 국가의 주요 직위에 참여할 수 있었으나 평민은 조세의 부담자로서 국가의 중요한 기반이 되고 있으면서도 정치적으로는 거의 권리를 가지지 못하는 위치에 머물렀다. 자본주의가 한층 성숙하여 시민계급이 성장하자 그들은 노동자·농민과 함께 정치적 자유의 획득과 봉건적 사회질서의 변혁을 외치면서 보수적 세력에 도전하였다. 이것이 시민혁명이었고, 이어서 참다운 근대사회가 성립하여 입헌정치와 의회제가 실현되었다. 이것이 국민국가의 더욱 발전된 모습인데 영국에서는 17세기, 프랑스에서는 18세기 말 이후가 해당한다. 이에 비하여 독일과 이탈리아는 19세기에 들어서면서 국가통일을 바라는 민족주의운동과 정치적 자유를 바라는 민주주의운동이 서로 얽히며 발전하다가 19세기 후반에 민족국가를 만들기는 하였으나, 매우 불완전하여 봉건적 성격이 남아 있었다. 한편 선진 자본주의 국가들의 압박에 시달리던 식민지·반식민지에서는 민족자본가의 성장과 더불어 민족해방과 독립을 요구하는 민족주의운동이 일어났고, 이를 바탕으로 새로운 국민국가를 건설하였다.

아직 국민경제나 자본주의적 경제질서가 모두 형성기에 있었기 때문이다.

절대주의 시대는 자본주의로 이행하는 과도기로서 봉건적인 이해관계와 근대적인 생산관계 사이에 첨예한 대립이 나타나게 된다. 절대주의는 봉건사회의 마지막 단계이다. 절대주의가 등장하게 된 배경은 영주적 지배가 쇠퇴하고 상인계급이 성장한 데에 있었다. 14세기 후반에서 보듯이 지역적 경계선을 넘어선 농민들의 봉기와 농민경제의 성장에 대하여 개별 영주들의 힘으로는 대응이 불가능했기 때문에 국왕을 정점으로 뭉칠 필요가 점차 증대하였다. 왕권은 영주계급의 지배력이 떨어진 틈을 타서 절대주의 정권을 세웠다. 절대주의 시대의 가장 두드러진 특징은 왕권과 상공업자 사이의 결탁이다. 도시의 상공업자는 도시경제를 위협하는 농민경제와 농촌공업의 성장, 그리고 날로 심화되는 해외시장을 둘러싼 패권을 장악하기 위해서 국가권력의 강력한 지원을 필요로 하였다. 이를 위하여 상공업자는 국왕에게 여러 가지 재정적·금융적 지원을 아끼지 않았다. 도시상공업자의 지원을 받은 절대왕정은 후원자들에게 각종 특허권과 독점권을 부여하였다. 상인들은 이를 빌미로 국내시장에서 생산과 유통을 장악하려 시도하였다.

상인의 재정지원을 배경으로 절대주의 시대의 국왕은 관료집단과 상비군을 거느릴 수 있게 되었다. 종래의 봉건체제에서는 행정기구와 군사력이 제후와 지방영주들에게 분할되어 있었다. 그러나 절대주의 시대에는 국왕이 이 두 가지 기구를 완전히 장악하였다. 그런 의미에서 관료군과 상비군은 절대주의 국가권력을 지탱하는 두 기둥이었다. 국왕은 이 두 기구를 장악함으로써 국내에서의 권력을 강화하였다.

절대주의는 대체로 15세기 후반에서 18세기까지 존재하였다. 최초의 절대주의 국가는 에스파냐에서 형성되었다. 당시 이베리아반도는 카스티야와 아라곤, 포르투갈 등으로 나뉘어 있었는데, 카스티야의 여왕 이사벨라 1세 Isabel I, 1451-1504, 재위 1474-1504와 아라곤의 황태자 페르난도 2세 Fernando II, 1452-1516, 재위 1479-1516가 결혼함으로써 에스파냐가 탄생하였다. 이사벨라와 페르난도 두 사람의 결혼은 에스파냐라는 통일국가를 건설하였고, 콜럼버스로 하여금 신대륙을 발견하게 했으며, 유럽 최초의 강력한 절대주의 국가를 건설하였다. 특히 이사벨라와 페르난도 부부는 그라나다에서 이슬람 세력을 몰아냄으로써 교황으로부터 '기독교의 수호자'라는 칭호를 받았다.

프랑스에서는 백년전쟁 후 루이 11세 때 벌써 절대주의의 경향을 보이는데, 16세기 후반의 위그노전쟁(1563~89)을 통해서 귀족세력이 약화되자 16세기 말부터 부르봉왕조의 절

위그노전쟁 신·구교도 간에 벌어진 전쟁으로서, 이 전쟁기간 중인 1589년 발루아왕조의 앙리 3세가 암살당하고, 부르봉의 신교파 앙리 4세가 왕위에 올랐다. 그는 혼란을 수습하기 위하여 「낭트칙령」(1598)을 공포하고 왕권강화에 힘썼다.

루이 14세(Louis XIV, 1638-1715, 재위 1643-1715) 프랑스 국왕. 부르봉왕조 절대왕정의 전성기를 대표하며, 루이대왕 또는 '태양왕'이라는 별명으로 유명하다. 1661년 정치를 독단하던 재상 마자랭(Jules Mazarin, 1602-1661)이 죽자 왕의 친정이 시작되어, 스스로 "짐은 곧 국가이다"라고 할 만큼 절대주의 시대의 대표적 전제군주가 되었다. 유럽의 열강을 상대로 플랑드르전쟁(1667~68), 네덜란드전쟁(1672~78), 팔츠 계승전쟁(1689~97), 에스파냐계승전쟁(1701~14) 등을 강행하여 유럽의 주도권을 완전히 장악하였다. '하나의 국가에 하나의 종교'를 표방하면서, 1685년에는 「낭트칙령」을 폐지하고 신교도를 박해하였다. 이로 인해 상공업에 종사하던 신교도들이 국외로 이주함으로써 프랑스의 산업은 타격을 받았으며, 여러 차례의 대외전쟁과 화려한 궁정생활로 프랑스 재정의 결핍을 초래하고 절대왕정의 모순이 증대하여, 뒤에 프랑스혁명이 일어나는 한 원인이 되었다.

대주의가 본격적으로 성립하였다. 프랑스의 절대주의는 '태양왕'으로 불리는 루이 14세 때 전성기를 이루었다. 루이 14세는 콜베르를 재무장관으로 등용하여 강력한 중상주의 정책을 실시함으로써 프랑스의 절대왕정을 확립하였다. 흔히 콜베르티즘이라고 불리는 이 정책의 주요한 특징은 국가와 왕실이 직접 특권매뉴팩처를 설립하거나 보조금을 지급하고 외국의 기술자를 초빙하여 공업의 발전을 도모하고, 인두세와 같은 직접세를 경감하는 대신 간접세를 창설하여 산업자본의 조세부담을 경감해 주며, 외국제품의 수입에 대해서는 무거운 세금을 부과함으로써 국내시장의 확장과 산업의 발전을 도모한다는 것이었다.

영국에서는 **장미전쟁**으로 귀족이 대거 몰락한 틈을 타 정권을 장악한 튜더가의 헨리 7세 Henry VII, 1457-1509, 재위 1485-1509에 의해 절대주의 왕정의 기초가 확립되었다. 헨리 7세는 가신단을 해체하고 귀족의 소유지에 인가세를 부과하였다. 그의

장미전쟁 1455~85년에 벌어진 영국의 내란. 장미전쟁이라는 이름은 랭커스터가가 붉은 장미, 요크가가 흰 장미를 각각 문장으로 삼은 것에서 유래한 것이다. 초반에는 요크가가 우세하였으나 랭커스터가의 리치먼드 백작 튜더가 요크가의 리처드 3세를 굴복시키고 헨리 7세라 칭하면서 튜더왕조를 열었다.

헨리 8세(Henry VIII, 1491-1547, 재위 1509-47) 잉글랜드의 왕. 원래 헨리 8세는 독실한 가톨릭이었으며 교황청과의 관계도 매우 좋았다. 그러나 왕위를 계승할 아들을 낳지 못한 그의 왕비 캐서린과 이혼이 허락되지 않자 궁녀 앤 불린과 결혼하려 하였으나 교황이 이를 인정하지 않아 가톨릭교회와 결별하고 「수장령」으로 영국국교회를 설립하여 종교개혁을 단행하였다. 「수장령」은 국왕을 '영국국교회 유일의 최고수장'으로 선언함으로써 교황과 공의회가 가지고 있던 법률제정권이나 사교임명권을 국왕이 장악할 수 있도록 했다.

중상주의(Mercantilism) 절대주의 국가의 성립기로부터 영국에서 산업혁명이 시작되기까지, 즉 15세기 말에서 18세기 말에 이르는 300여 년간 유럽 제국을 지배하였던 경제정책, 경제사상, 경제이론 등을 총칭하는 개념. 오늘날의 체계화된 경제학과 같이 일관된 사상적 기초와 이론적 체계, 그리고 공통의 방법론 등을 가지고 있지는 못하였으며, 이론적이기보다는 현실문제의 실천적 해결을 지향하였다. 중상주의라는 용어가 본격적으로 사용되기 시작한 것은 애덤 스미스(Adam Smith, 1723-1790)의 「국부론」에서이다.

뒤를 이은 **헨리 8세**는 자신의 이혼문제를 계기로 〈수장령〉을 발포하여 영국국교회를 창설하고 수도원을 해산하였다.

영국의 절대주의는 엘리자베스 여왕을 거쳐 시민혁명이 일어나는 찰스 1세까지 이어졌다. 장미전쟁이나 위그노전쟁은 왕위계승문제 혹은 종교 선택의 문제가 표면상의 이유이지만 사실은 국가통일을 앞두고 귀족들 사이에 벌어진 권력쟁탈전이었다. 장미전쟁은 에드워드 3세 이후 플랜태저넷 왕가가 랭카스터가와 요크가로 분열, 랭카스터가에서 헨리 4세부터 헨리 6세까지 3대에 걸쳐 왕위를 독점한 데 원인이 있었다. 오랜 전쟁으로 귀족들은 싸울 기력을 잃고 화해할 수밖에 없었다. 반대로 왕실은 반대파 귀족들의 재산을 몰수하고, 수출입관세를 장악함으로써 정치적으로는 물론 경제적으로도 권력을 집중시켜 나갔다.

자본주의적 발전과 강력한 중앙집권적 국민국가의 등장을 계기로 유럽 각국은 **중상주의** 정책을 추진하였다. 중상주의는 영국의 경우에서 보는 바와 같이 시민혁명 이후에는 보다 개방된 형태로 국가의 산업생산력을 발전시키는 방향으로 실시되었다. 그러나 대체로 15세기 중엽부터 18세기 중엽까지 거의 300년에 걸쳤던 중상주의는 국가와 시대에 따라서 차이가 있기는 했지만, 국가의 강력한 통제력 아래서 대외팽창을 통하여 국내의 생산자본에 시장을 제공했다는 점에서 기본적으로 동일하다.

국가의 통제와 지원 아래 실시된 중상주의는 원래 안정적인 해외시장의 확보를 목표로 한 것이었지만, 유럽 국가들 사이에 경쟁적으로 채택되어 해상패권을 둘러싼 다툼으로 확대되는 과정에서 식민지 지배 특히 아메리카에 대한 지배를 낳았다. 아메리카에서 약탈한 보물, 아프리카의 노예무역으로부터 나오는 잉여노동의 착취, 강제노동에 의한 아메리카의 광산물과 농업생산물 등 대외적 수탈로부터 오는 엄청난 부는 자본주의 이행기의 과도적이고 불완전한 경제를 밖으로부터 보완하고 자극하

엘리자베스 1세(Elizabeth I, 1533-1603, 재위 1558-1603)

잉글랜드의 여왕. 영국 절대주의의 전성기를 이루었다. 헨리 8세와 두 번째 왕비 앤 불린의 딸이다. 어머니가 간통과 반역죄로 참수된 뒤 궁정의 복잡한 세력 다툼의 와중에서 왕위계승권이 박탈되었다. 이복언니 메리 1세의 가톨릭 복귀정책이 불만을 사게 되어 와이어트반란으로까지 확대되었을 때, 그녀도 반란가담의 혐의를 받아 런던탑에 유폐(1554)되는 등 다난한 소녀시절을 보냈다. 메리 1세가 죽자 뒤를 이어 25세에 즉위하였다. 종교정책에서 메리 1세의 가톨릭적 반동에 의해서 신구 양파의 항쟁이 격화되었을 때 「수장령」과 「통일령」(1558)을 부활시켜 종교적 통일을 꾀하였다. 또한 '그레셤의 법칙(Gresham's law)'으로 유명한 재정고문 그레셤(Thomas Gresham, 1518-1579)의 제안에 따라 화폐제도를 개혁하고, 물가의 앙등을 억제하였다. 「도제조례」(1563)에 의하여 노동시간과 임금 등을 정하였으며, 「구빈법」(1601)을 제정하여 토지를 잃은 농민의 무산화를 방지하였다. 대외적으로는 동인도회사를 설립하는 등 강력한 중상주의 정책을 펼쳤다. 에스파냐의 압력에서 벗어나기 위하여 펠리페 2세의 구혼을 거절하는 한편 네덜란드의 독립을 도왔으며, 에스파냐의 미국과의 무역선을 습격함으로써 에스파냐의 해상지배를 위협하였다. 1588년 에스파냐의 무적함대를 패퇴시킴으로써 잉글랜드가 변방의 섬나라에서 대해상국으로 성장할 기초를 만들었다. 문화 면에서도 영국 르네상스라고 불리는 국민문학의 황금시대가 도래하여 셰익스피어, 스펜서, 베이컨 등의 대학자와 문인들이 활동하였다.

는 역할을 하기에 충분한 것이었다. 즉 이것은 생산에 필요한 여러 가지 원료를 제공했을 뿐만 아니라 신흥자본가들의 수중에 엄청난 화폐자산과 시장을 제공함으로써 생산을 자극하였다. 요컨대 중상주의는 부르주아지가 상업적 부를 집적하는 데 이제껏 경험하지 못했던 새로운 방법으로서, 유럽의 경제발전과 자본주의적 생산양식의 형성에 크게 기여하였다.

15세기부터 18세기에 걸친 중상주의 정책은 유럽이 비로소 대륙을 벗어나 역사상 처음으로 세계를 지배하게 되었음을 의미하였다. 물론 유럽 문명에 의한 세계지배는 고대 그리스나 로마에서도 이루어진 적이 있었다. 그러

부르주아지(Burgeoisie) 근대 민주주의혁명, 즉 부르주아혁명의 담당계급. 원래는 중세부터 도시에 거주하던 시민을 뜻한다. 이들의 투쟁은 시민적 자유인 기본적 인권과 시민적 국가인 주권재민의 확립을 요구하는 것이었으며, 사제 및 귀족과 대치된 의미에서 '제3신분'임을 자처하였다. 이들이 봉건사회를 타도하고 봉건적 토지소유를 폐기하여 시민사회가 발전하고 자본제 생산양식에 입각한 근대사회가 형성되자 자본가계급을 형성하게 되었으며, 오늘날에는 이 자본가계급을 부르주아지라 부른다.

나 이때는 주로 지중해 연안을 중심으로 한 지역적인 지배에 지나지 않았고, 오늘날 유럽 문명의 세계적 지배와도 관계가 없다. 또한 중세 초기에 십자군원정이 이루어진 적이 있었지만, 이 역시 서아시아를 중심으로 한 일대에 대한 약탈전쟁의 성격을 크게 넘어선 것이 아니었다. 이에 비해 15세기 말에 본격화된 지리상의 대발견을 계기로 시작된 유럽의 팽창과 이를 뒷받침한 중상주의는 대내적으로는 유럽의 근대적 발전을 위한 중요한 역할을 수행하면서 다른 한편으로는 유럽의 세계지배체제를 최초로 형성하기 시작했던 것으로 평가할 수 있다. 이러한 대외팽창은 유럽의 발전을 촉진하면서 유럽과 나머지 지역을 단일한 세계로 형성해 가는 역사의 출발점이기도 하였다.

그러나 다른 한편 유럽의 침략을 받거나 식민지로 전락한 지역은 유럽의 수탈과 착취로 인하여 고유의 문명이 파괴되거나 단절되고, 기존의 경제구조가 왜곡되는 현상이 출현하였다. 이것은 오늘날까지도 식민지로 전락했던 지역의 대중적 빈곤과 사회적 혼란을 초래하는 배경이 된다. 결론적으로 볼 때 유럽의 대외팽창을 가져온 중상주의는 그 자체가 유럽 자본주의를 탄생시킨 것은 아니었다. 유럽에서의 자본주의 생산양식의 탄생과 발전은 내부 생산체제의 변혁을 전제로 한 것이기 때문이다. 그러나 자본주의 형성기의 경제는 그 과도기적 특질 때문에 국가권력과 밀착하여 보호받지 않을 수 없었다.

제 2 절

지중해에서 대서양으로

근대 자본주의의 성립과정에서 빼놓을 수 없는 것이 유럽의 대외팽창과 식민지배이다. 유럽의 대외 발전과 팽창은 대항해시대와 지리상의 발견들로부터 시작되었다. 이전의 유럽사회에서도 나름대로 상업이 발전하고 있었지만 그 영역은 대체로 지중해 세계를 중심으로 한 좁은 유럽의 경계를 벗어나지 못하였다. '상업의 부활'과 '십자군원정' 이후 동방무역이 있기는 했으나, 그 또한 주로 귀족과 부유층들이 원하는 동방산물을 아라비아상인의 손을 거쳐서 간접적으로 입수한 데 지나지 않았다. 북해나 발트해를 중심으로 한자동맹의 지배하에 놓여 있던 북유럽 상업도 역시 유럽 외부와의 교섭은 비교적 적었다. 이러한 유럽 상업의 판도를 근본적으로 바꾸어 놓은 것이 지리상의 발견이라고 불리는 신항로와 신시장의 발견이었다.

지리적으로 미지의 영역에 대한 탐색항해를 시도한 것은 고대에도 적지 않았지만, 대항해시대처럼 활발하고 대규모적인 시기는 없었다. 대항해시대란 15세기 초 포르투갈의 아프리카항로 개척을 시작으로 하여 15세기 말의 아메리카대륙 발견을 거쳐 16세기에서 17세기 초에 이르는 유럽 각국의 탐험과 항해 시대를 가리킨다. 이 시대 발견의 특색은 당시 유럽이 근대국가 형성과정에서 대규모의 항해와 발견을 통하여 시야가 넓어지고 새로운 세계관을 확립하게 된 것이다. 한편 이러한 새로운 지식과 경험을 토대로 하여 비서유럽지역에 대한 정치적·경제적 지배와 수탈의 체계가 이루어져 식민지화의 길을 걷게 되었다.

물론 대항해시대는 갑자기 나타난 사건은 아니었다. 13세기 초에서 15세기 말에 이르는 중세 말기에는 지리적 탐험의 양상이 규모와 방법 등에서 크게 변화되었다. 봉건제도의 붕괴는 신흥도시의 상공경제를 탄생시켰고, 새로운 경제활동은 시장과 판로를 구하는 원격지 상업으로 발전하였다. 12세기 후반의 **마르코 폴로**에 의한 이탈리아에서 중국까지의 내륙여행과, 14세기 중반에 북아프리카에서 소아시아와 중국에 걸친 대여행을 행한 **이븐 바투타** 등이 이 시기의 대표적인 탐험가들이었다.

서유럽의 대항해시대를 연 나라는 포르투갈이다. 포르투갈은 '항해왕' 엔히크 왕자의 적극적인 지원과 지도로 아프리카를 돌아 인도로 가는 항로를 발견함으로써 대항해시대

마르코 폴로(Marco Polo, 1254-1324) 베네치아의 상인으로 동방 여행을 떠나 중국 각지를 여행하고 원나라에서 관직에 올라 17년을 살았다. 이야기 작가인 루스티켈로에게 동방에서 보고 들은 것을 기록하게 해 『동방견문록』을 발표하였다.

이븐 바투타(Ibn Battutah, 1304-1368) 이슬람의 여행자. 모로코 탕헤르 출신으로 1325년 이집트, 시리아를 거쳐 메카로 성지순례를 하였고, 이어서 이라크·페르시아·중앙아시아·인도를 여행하였다. 1345년 중국의 취안저우를 거쳐 베이징에 이르렀고 1349년 바그다드·메카·이집트를 거쳐 돌아갔다. 그 뒤 사하라사막을 여행하여 나이저강에 이르렀으며, 30년에 걸친 여행거리 12만 km의 여행기 『도시들의 진기함, 여행의 경이 등에 대하여 보는 사람들에게 주는 선물』(1356)을 남겼다.

바스쿠 다 가마(Vasco da Gama, 1469-1524) 포르투갈의 항해자, 인도항로의 발견자. 마누엘 1세의 인정을 받아 디아스의 희망봉 발견 이후로 숙원이던 인도항로 개척의 원정대장이 되었다. 1497년 7월 4척의 선단을 인솔하고 리스본을 출범하여, 11월 희망봉을 돌아 아프리카대륙 동해안을 북상하여 모잠비크·몸바사를 통과, 1498년 4월 마린디에 도착하였다. 이슬람의 수로안내인 이븐 마지드(Ibn mājid)의 도움으로 인도양을 횡단하여 70년에 걸친 인도항로 발견의 대사업을 성취하였다.

크리스토퍼 콜럼버스(Christopher Colum
-bus, 1451?-1506) 이탈리아 제노바
출생. 1484년 포르투갈 왕 주앙 2세에게
대서양 항해탐험을 헌책하였으나 아프리
카 항로를 준비 중이던 왕이 허락하지 않
자, 에스파냐로 가서 이사벨라 여왕에게
등용되었다. 제1차 항해의 출범은 1492
년 8월 3일이었으며, 같은 해 10월 12일
에 현재의 바하마제도의 와틀링섬을 발
견하였다. 이어서 쿠바와 히스파니올라
(아이티)에 도달하여, 이곳을 인도의 일
부라고 생각하고 약 40명을 남겨 식민지
를 건설하도록 하였다. 이 항해에서 에스
파냐로 보낸 산물은 주로 노예였으며, 이
때문에 본국으로 돌아와 문책당하였다.
제3차 항해(1498~1500)에서는 트리니
다드와 오리노코 하구를 발견하였으나,
히스파니올라에서 일어난 반란이 문제가
되어 본국으로 송환되었다. 제4차 항해
(1502~1504)에서는 온두라스와 파나마
지협을 발견하고 가장 고생스러운 항해
를 마치고 귀국하였다.

의 선구자가 되었다. 1487년 바르톨로메우 디아스 Bartholomeu
Diaz, 1450-1500는 희망봉을 돌았고, 1498년 바스쿠 다 가마는
인도양 항로를 개척하였다. 그 사이에 에스파냐의 지원을 받
은 이탈리아 선원 크리스토퍼 콜럼버스는 1492년 서인도제
도를 발견했다. 이들의 탐험과 여행은 대항해시대를 연 주요
인물들에게 모험과 탐구에의 열정, 미지의 세계에 대한 동경
심, 부와 명예의 획득에 대한 열망 등을 키웠으며, 이들에 의
해 얻어진 지식들은 대항해를 가능하게 한 지식의 원천이 되
었다. 이에 덧붙여 새로운 기술의 발전과 함께 1302년의 항
해용 컴퍼스의 창조, 1471년의 원양항해에 불가결한 항해
력航海曆의 작성 등이 나타나면서 이른바 '대항해시대'가 화
려하게 개막되었다.

대항해시대는 유럽의 역사가 지중해 중심의 시대로부터 대
서양 중심의 시대로 진환해 가는 결정적인 전기가 되었다. 그리스와 로마가 유럽세

계의 패권을 지배하던 시대부터 대항해시대 직전까지 유럽세계는 지중해를 중심으로 교류하고 경쟁하였다. 중세 유럽인들이 지구를 평평하게 생각했다거나 대서양 너머로 항해해 나가면 지옥으로 떨어진다고 생각했다는 것은 어느 정도 사실이지만 반드시 옳은 것은 아니다. 많은 중세인들은 그리스의 문헌을 통해서든 경험을 통해서든 지구가 둥글다는 사실을 알고 있었고, 중세 말기에 이르면 그러한 지식이 제법 광범하게 확산되어 있었다. 콜럼버스가 서쪽으로 항해해 나가면 인도로 갈 수 있으리라고 생각했던 것은 이미 많은 사람들이 그러한 생각을 하고 있었다는 것을 의미한다.

콜럼버스 이전에 아무도 서쪽으로 항해해 인도로 갈 생각을 하지 못했던 것은 지구가 둥글다는 사실을 몰라서가 아니라 대서양이라는 거대한 바다 그 자체에 대해서 아무것도 몰랐기 때문이다. 어느 항로로 얼마를 어떻게 항해해야 동방세계에 도착할 수 있을지, 항해 도중에는 어떤 위험이 기다리고 있을지 등에 대해 중세 유럽인들은 아무것도 알지 못했고 이러한 무지는 그들에게 공포심과 불안감을 불러일으키기에 충분하였다. 서쪽으로 나아가는 것은 물론 어느 쪽으로든 대서양을 항해한다는 자체가 그들에게는 미지의 것에 대한 공포심을 주었다. 그래서 디아스와 다 가마의 항해 이전에는 아무도 서쪽으로든 남쪽으로든 대서양을 항해하고자 하는 모험을 감행하지 못했던 것이다. 요컨대 미지에의 탐험과 대항해는 바로 그 시대의 표상, 그 시대의 정신이었으며, 이러한 시대정신이 있었기에 인도항로와 신대륙의 발견도 가능했다.

유럽세계의 대서양 진출이 절대주의 국가의 출현과 밀접하게 관련된 것은 분명하다. 대서양으로의 진출은 당시로서는 너무나 거대한 사업이어서 이전까지의 분권적인 영주들이나 도시의 힘으로는 추진할 수 없었다. 정치적·경제적·기술적 힘의 집중만이 이러한 프로젝트를 가능하게 했는데, 국왕으로의 권력집중과 절대주의 국가의 출현이 바로 그것이었다. 그러나 국가의 필요나 지원만으로 미지의 세계를 향한 모험이 가능한 것은 아니다. 대서양시대를 가능하게 한 보다 실질적인 요인은 대항해에 필요한 새로운 기술과 지식의 보급이었다. 보다 많은 거리를 보다 빠르고 안전하게 항해할 수 있는 배의 건조, 항해용 컴퍼스나 나침반과 같은 항해기구의 보급, 항해기술의 향상, 해류 및 여러 자연현상에 대한 새로운 지식, 그리고 미지의 세계와 항로에 대한 더 많은 정보가 바로 그것이다. 여러 분야에서 얻어진 새로운 지식과 정보가 없었다면 대서양으로의 진출은 불가능했을 것이다.

그렇다면 이러한 지식과 정보는 어디로부터 어떻게 해서 유럽세계로 전파되었는가? 당시 유럽세계에 새로운 지식을 전한 가장 주요한 원천은 역설적이게도 이슬람세계의 아라비아상인들이었다. 당시의 이슬람은 유럽세계보다 훨씬 높은 지식과 기술 수준을 가지고 있었다. 뿐만 아니라 그들은 인도 및 중국 문명과 유럽세계의 중간에 위치하면서 두 세계의 여러 지식을 모두 습득할 수 있었고, 때로는 두 세계 사이의 교류에 결정적인 중개자로서의 역할을 담당했다. 중세의 3대 발명품이라고 일컬어지는 종이, 화약, 나침반은 모두 중국에서 발명되어서 이슬람을 거쳐 유럽으로 전달된 것들이었다. 대항해에 사용된 배의 건조술이나 항해력과 천체관측기술 등도 모두 이슬람세계가 유럽에 전해 준 지식이었다. 더욱 중요한 것은 항로에 대한 지식이었다. 바스쿠 다 가마가 발견한 새로운 인도항로는 사실 북아프리카 일대의 아라비아상인들에게는 이미 잘 알려져 있었고, 실제로 그들은 이 항로를 따라 여러 번 대서양을 항해하기도 했었다고 한다. 바스쿠 다 가마 자신도 이븐 마지드라는 이슬람 여행자의 안내를 받아 단지 그의 뒤를 따르기만 했을 뿐이라고 주장하는 사람들도 적지 않다. 아무튼 이슬람세계가 발견하거나 동방에서 서방으로 전파한 이러한 지식이 없었다면 대항해시대는 물론이거니와 오늘날 우리가 알고 있는 유럽의 근대문명 자체가 존재하지 못했을 것이다.

그렇다면 여기서 생기는 의문은 왜 이슬람세계나 동방세계가 이러한 지식을 이용하여 스스로 새로운 진보의 주인공이 되지 못했는가 하는 것이다. 이 의문에 대한 대답은 안다는 것과 한다는 것은 다르다는 말로 요약할 수 있다. 더 정확하게 말하면 어떤 지식을 가지고 있다는 것과 그 지식이 가지는 의미를 이해한다는 것은 다르다는 뜻이다. 전자는 지식에 관한 것이며, 후자는 지식체계에 관한 것이다. 이븐 마지드는 아프리카 남단을 돌아 인도로 가는 항로는 알고 있었지만 그 항로가 가지는 중요성은 알지 못했다. 이는 이슬람세계가 가지고 있던 다른 지식들에 대해서도 똑같이 말할 수 있다. 물론 다른 한편으로 생각해 보면 이슬람상인들은 육로를 통해 얼마든지 인도로 갈 수 있었으므로 자신들이 가지고 있는 지식의 의미를 충분히 이용하지 못했다고도 할 수 있겠다.

대항해를 가능하게 한 것은 새로운 지식이 아니라 새로운 지식체계의 출현이었다. 새로운 지식체계는 항해술이나 항로의 특성과 같은 지식을 안다는 것만으로는 부족하다. 그것은 지식들 사이의 연관, 지식과 그 응용 사이의 연관에 대한 새로운 관점과 이해를 필요로 하기 때문이다. 물론 이 새로운 지식체계는 반드시 새로운 지식만으로 이루어지는 것은 아니며, 때로는 이미 알고 있던 지식 속에서도 그 의미가 새롭게 이해되기만 한다면 새로운 지식체계가 만들어질 수 있다. 이슬람세계는 지식을 가지고 있었으나 그것들 사이의 연관을 충분히 이해하지는 못했으며, 무엇보다도 그것을 기존의 방법이 아닌 새로운 방법으로 응용할 수 있는 가능성과 그 의미에 대해서 생각해 보지 못했던 것이다. 그 이유를 한마디로 단언하기는 어렵지만 그것은 아마 이슬람세계가 이미 오래전부터 그러한 지식과 그것의 낡은 체계에 익숙해져 있었기 때문일 것이다.

낡은 지식체계가 주는 고정관념에 매몰됨으로써 지식의 새로운 가능성을 생각하지 못한 것은 비단 이슬람세계만이 아니었다. 지중해 시대 유럽세계의 중심은 베네치아나 제노바와 같은 이탈리아의 도시들이었다. 그러나 대서양을 향해 나아간 것은 이들이 아니라 포르투갈이나 에스파냐와 같은 새로운 주인공들이었다. 그 이유가 단순히 포르투갈이나 에스파냐가 대서양에 보다 더 가까이 위치하고 있었기 때문일까? 그런 점도 전혀 없지는 않았을 터이다. 그러나 그보다 더 중요한 이유는 지중해를 중심으로 번영을 누렸던 이탈리아의 도시들은 이미 낡은 지식체계에 지나치게 익숙해져 있었기 때문에 새로운 지식을 받아들이려고 하지 않았다는 것이다. 지중해를 항해하던 돛대 1~2개의 선박으로는 대서양이라는 더 넓고 더 거칠고 더 위험한 바다를 항해할 수 없었다. 그러나 이탈리아인들은 더 많은 돛대를 달고 대서양으로 나아가기보다는 지중해 안에 머물러 있기를 선택하였다. 무엇보다도 그들은 이 새로운 배를 이해하지 못했다. 콜럼버스가 이탈리아 출신이면서도 후원자를 찾기 위해 포르투갈과 에스파냐를 돌아다녀야 했던 이유도 이 때문이다.

물론 새로운 지식체계는 우연이나 자연발생적으로 나타난 것은 아니었다. 우선 이 무렵의 유럽세계가 쿠텐베르크^{Johannes Gutenberg, 1397-1468}의 금속활자 발명 이후 각종 서적과 팸플릿의 출판과 보급이 급속히 확산되는 등 새로운 지식의 보급과 이를 토대로 더 새로운 지식에의 욕구가 전례 없이 폭발적으로 이루어지던 시기였다는 점을 지적하지 않으면 안 될 것이다. 1460~1500년 사이 40년 동안 유럽에서는 지난 1,000년 동안 출판된 책의 40배에 달하는 책이 출판되었다.

그러나 새로운 지식체계의 확립에 직접적으로 기여했던 것은 역시 절대주의 국가였다. 포르투갈이 가장 먼저 대서양으로 진출할 수 있었던 것은 바로 항해왕이라 불렸던 엔히크 왕자를 중심으로 국가가 이 새로운 지식체계의 확립과 보급을 적극적으로 지원했기 때문이다. 포르투갈의 대항해시대를 연 엔히크는 포르투갈 서남단 사그레스에 자신의 성채를 건설하고는 여기에 각지의 우수한 조선기술자, 토목기사, 항해사, 선원, 탐험가, 지리학자, 천문학자 등을 집결시켜 대항해에 필요한 지식을 연구하고 교류하게 하였다. 이것은 당시로서는 가장 선진적인 정보공동체였다.

새로운 지식에 대한 유럽세계의 태도는 이슬람 및 중국에서와 현저한 대조를 이룬다. 중국은 근대 세계를 탄생시킨 주요한 발명을 스스로의 손으로 이루었지만, 이 새로운 지식이 대중적으로 확산되고 이용됨으로써 다시 새로운 지식을 창조하도록 하기보다는 특수한 목적과 범위에 속박시켜 놓으려고 했다. 물론 여기에는 새로운 지

영화 〈1492 콜럼버스〉(1992)의 마지막 장면에서 당신은 몽상가라고 말하는 대신에게 콜럼버스는 창 밖을 보라고 말한다. 무엇이 보이느냐고 묻자 대신은 건물과 첨탑들, 문명이 보인다고 대답한다. 콜럼버스의 마지막 대사는 이렇다. "바로 저 같은 몽상가들이 만든 것입니다."

식체계가 필연적으로 초래할 변화에 대한 위기의식이 강하게 작용했을 것이다. 하지만 바로 그러한 위기의식과 불안감 때문에 많은 지식을 가지고서도 새로운 지식체계를 발전시켜 나가는 데 실패했기 때문에 그들은 세계사의 중심에서 멀어져 가고 말았다.

제 **3** 절

콜럼버스는 왜 바다로 갔는가?

대항해시대에 수많은 국가와 항해자들이 신항로 개척과 신대륙 발견에 나선 이유는 '복음과 명성과 금gospel, glory, gold'이라는 말로 요약된다. 먼저, '복음'이란 종교적, 사상적으로 기독교로 무장된 유럽 교회가 전도를 통해 유럽 바깥의 이교도까지도 개종시키려고 한 것을 의미한다. 둘째, '명성'은 정치적 지배를 확대시키려는 욕구로서 국력의 확대를 위해 절대주의 국가들이 다투어 새로운 영토를 획득하려고 했던 것을 가리킨다. 끝으로 '금'은 말할 것도 없이 남아메리카의 금·은과 함께 동방물자의 획득을 의미하며, 아프리카의 노예무역까지도 포함된다. 동방물자는 이미 십자군에 의하여 소개되었으나, 유럽인들은 그것에 직접 접근하고자 하는 강렬한 욕망을 지니고 있었다. 이 부정하고 부당한 부의 추구를 정당화시켜 준 것은 이교도를 기독교로 개종시킨다는 종교적 열망이었다.

유럽세계가 대서양으로 진출하게 된 결정적인 계기는 이슬람 세력이 지중해를 압박하면서 동방무역의 곤란이 증대한 문제였다. 이 시대의 많은 유럽인들이 대항해를 떠나게 된 가장 실질적인 동기는 바로 인도로 가는 새로운 항로를 개척함으로써 많은 이익과 부를 차지하고자 한 것이었다. 콜럼버스의 항해에 자금을 지원하거나 동참한 상인들, 선주와 선원들의 목적도 바로 여기에 있었다. 특히 콜럼버스가 1차 항해에 성공한 이후 2차, 3차 항해에는 일확천금을 노리고 대서양을 건너겠다는 지원자들이 너무 많아 그들 가운데서 항해자를 선발해야 할 지경이었다.

신항로가 주는 경제적 이익에 주목한 것은 물론 개인들만은 아니었다. 당시의 에스파냐는 이베리아반도의 패권을 둘러싸고 포르투갈과 경쟁하는 관계였다. 콜럼버스가 이사벨라 여왕의 지원을 얻게 된 결정적인 계기도 디아스가 희망봉을 발견한 사건이었다. 이제 포르투갈이 인도로 가는 새 항로를 발견하는 것은 시간문제로 보였고, 그렇다면 동방무역에서 나오는 막대한 이익은 포르투갈이 독점하게 될 것이 명백했다. 이런 이유에서 이사벨라 여왕은 콜럼버스의 대서양횡단 항해를 승인하고 지원을 약속했던 것이다.

포르투갈이나 에스파냐가 경쟁적으로 대서양 개척에 나서고 항해를 지원한 직접적인 이유 역시 그로부터 얻어질 경제적인 이익 때문이었다. 동방무역은 상인들에게만이 아니라 국가로서도 막대한 이익이 남는 사업이었다. 게다가 당시 새롭게 출현하고 있던 절대주의 국가는 많은 재정을 필요로 하였다. 그러나 국가와 왕실의 입장에서 보면 신항로의 개척은 단순히 상업적인 이익만을 주는 것이 아니라 동시에 정치적인 것이기도 하였다. 새로운 영토의 발견은 국가와 국왕의 권위를 높이고 국민들에게 그 존재를 각인시키는 데 매우 효과적이었다. 국가들 간의 경쟁은 새로운 영토에 대한 갈망을 더욱 크게 했다. 물론 새로운 영토의 확보는 그로부터 얻어질 경제적 이익을 영구화하는 데에도 중요했다.

당시 유럽의 금 생산량은 대단치 않았고, 고대 지중해 시대의 금도 대부분 아프리카나 동방에서 강탈한 것에 불과했다. 그런데 중세 초기 이슬람교도의 지배를 받았던 이베리아반도의 유럽인들은 아랍인이 소유하고 있는 금의 대부분이 아프리카 중서부에서 산출되었다는 사실을 알게 되었다고 한다. 유럽 전체의 동방무역을 자극한 것은 후추·박하·키나·육계·장뇌 등의 향료였다. 향료거래는 매우 큰 이익을 남겼기 때문에 아랍인을 통해서 유럽으로 수입되는 이들 상품을 직수입하려는 열망은 지중해를 거치지 않는 동방항로의 개척을 촉진하였다.

이러한 부에 대한 열망을 성취하기 위하여 탐험을 시작한 국가가 에스파냐와 포르투갈이었다. 에스파냐의 학살자 코르테스는 마야 문명의 후신인 멕시코의 아즈텍왕국의 아스테카를 정복하였다. 또 다른 정복자 피사로는 페루고원을 중심으로 태평양 연안까지 뻗어 있던 잉카제국의 멕시코 문명을 약탈·파괴하였다. 에스파냐는 잉카제국에 있던 기존의 보물을 약탈한 것은 물론 새로운 금·은 광들을 개발하였다. 1521∼1660년 사이에 에스파냐가 남아메리카로부터 가져간 금·은의 양은 최소한 은 18,000톤, 금 200톤 이상이었다고 한다. 아마 실제 약탈물은 그 2배가 넘었을 것이다. 에스파냐는 금·은광 외에도 럼주·당밀·설탕 생산을 위한 사탕수수 등의 농장경영을 통해 막대한 수입을 얻었다.

엄청난 학살과 노예 노동에 의한 착취로 남아메리카에서 원주민의 숫자는 격감하였다. 유럽인들이 진출한 지 100년이 채 되기도 전에 멕시코에서는 인디오가 2,500만 명에서 150만 명으로 90%가 감소하였고, 페루에서는 95%가 감소하였다. 이 공백을 메우기 위해서 서부아프리카로부터 인간사냥에 의한 노예가 공급되기 시작했는데, 이 또한 매우 중요한 부의 축적수단이 되었다. 이를 계기로 아프리카로부터 노예·상아·황금을 직수입하려던 열망은 노예무역과 상아무역을 중심으로 전환되었다.

동방항로에서는 포르투갈이 우위를 점하였다. 그때까지 동방의 향료무역에서는 아랍상인들이 인도의 해안도시 및 말라카해협 부근 지역에서 향료를 수입하여 인도양과 아라비아해를 거쳐 주로 베네치아의 상인들에게 중계하고 있었다. 포르투갈은 인도양에서 이슬람세력을 몰아내는 데 전념하여 인도양의 아프리카 동해안 마다가스카르·모잠비크·소코트라·킬와·소팔라, 인도 말라바르해안의 코친·칸나노레, 인도 중서부의 고아, 페르시아만 입구의 요지 호르무즈 등 인도양과 아라비아해 지역을 거의 다 제패하였다. 나아가 인도양·페르시아만·홍해를 연결시키는 무역의 중계점 말라카를 차지하고 샴과의 통상에 성공하고 중국의 마카오, 일본에 이르기까지 해상 판도를 확대하였다.

세계시장의 갑작스러운 확장, 유통되는 상품의 배가, 아시아의 산물과 아프리카의 재보를 지배하려고 했던 유럽 국가들 간의 경쟁과 식민제도의 확립은 봉건적 한계를

코르테스(Hernán Cortés, 1485-1547) 에스파냐의 멕시코 정복자. 식민지 탐험 대장으로 파견되어 1519년 병사 508명과 말 16필을 거느리고 유카탄반도에 상륙하였다. 아즈텍왕국에 들어가 황제 몬테수마 2세에게 에스파냐왕에 대한 충성서약을 받아냈다. 1520년 노바에 에스파냐 식민지를 건설하고, 1523년 총독으로 임명되었다.

피사로(Francisco Pizarro, 1475?-1541) 에스파냐의 잉카제국 정복자. 신대륙으로 건너가 1513년 태평양을 발견하였으며 잉카제국의 정보를 입수하여 일시 귀국 후 에스파냐왕실의 원조와 코르테스의 조언을 받아 완전한 준비를 갖추고 1531년 부하 180명, 기마 27두와 함께 에콰도르에 도달하였다. 다음 해 잉카의 내란상태를 탐지하고 황제 아타우알파와 회견하는 자리에서 기습적으로 황제를 체포하여, 1533년 반역죄로 처형하였다. 1535년부터 새 수도 리마의 건설을 시작하였으며, 동료와의 싸움에서 피살되었다.

상업혁명 15세기 말 신대륙 발견과 신항로 개척으로 상업자본의 활동영역이 확대됨으로써 일어난 상업활동의 변혁과 이에 따른 사회경제적 변화. 11~13세기 십자군 이후의 유럽에서는 원격지 상업이 혁명적으로 발전하였다. 그 후 15세기 초엽부터 대항해시대에 콜럼버스는 신대륙으로의 항로를, 바스쿠 다 가마는 아프리카 남단을 회항하는 인도항로를 개척하였다. 그 결과 지중해·북해·발트해를 중심으로 이탈리아 상인들이 활약하던 상업권이 구조적으로 쇠퇴하고, 에스파냐의 서인도무역과 포르투갈을 중심으로 하는 동인도무역이 활발해졌다. 이와 같은 변화를 상업혁명이라 한다.

가격혁명 16세기 초부터 약 1세기 동안 중남미에서 생산된 값싼 은이 에스파냐를 통해 유럽 각국에 대량으로 유입되어 물가가 2~3배나 상승한 일. 물가상승은 각국의 경제사정에 따라 양상을 달리했으나, 중대한 영향을 끼쳤다는 점에서는 동일하다. 영국에서는 물가상승에도 불구하고 임금상승은 정체되어 노동자의 생활수준이 저하된 반면 기업경영자나 상인의 이윤은 늘어나 자본축적과 경영규모의 확대를 촉진하여 자본주의적 생산발전의 한 요인이 되었다.

무너뜨리는 데 크게 공헌하였고, 근대 자본주의의 발달에도 커다란 영향을 끼치게 되었다. 이를 **상업혁명**이라고 부른다.

상업혁명이 전개되는 과정에서 나타났던 중요한 현상으로 **가격혁명**이 있다. 가격혁명은 신대륙 발견 후 페루·멕시코 등지로부터 대량의 은이 유럽대륙에 유입되어, 1720년대 이래 유럽 각국에서 물가의 지속적인 등귀현상이 일어났던 것을 가리키는 말이다. 서유럽에서는 16세기 초엽부터 중반까지 아주 미미한 상승을 보이던 밀의 평균가격은 16세기 말까지 4배로 뛰었다. 이탈리아에서는 1520~99년 사이에 3.3배 뛰었고, 영국에서는 2.6배, 프랑스에서는 2.2배 올랐다. 화폐임금의 상승은 상대적으로 속도가 느렸지만, 그 실질가치는 16세기 동안에 50% 정도 하락한 것으로 추산된다. 이 때문에 당시에는 대중의 불만이 심화되었고 빈민들의 소요 사태가 빈발하였다. 각국의 사정에 따라서 달랐으나 대체로 16세기 후반부터 17세기에 걸친 약 100년 동안에 3~5배의 등귀율을 나타냈다.

이 같은 물가상승은 포르투갈과 에스파냐를 통해서 유입된 귀금속이 서유럽 국가들에게 확산된 결과였다. 에스파냐는 금·은의 유출을 막기 위하여 16세기 초부터 이를 빼돌리는 자를 사형에 처하였지만 그다지 효과가 없었다. 에스파냐 국왕 자신이 식민지에서 수탈한 재보로 해외 부채를 탕감하거나 전쟁 비용을 조달하였다. 에스파냐의 화폐자산이 빠져나간 보다 주된 이유는 생산력의 차이에 있었다. 부를 축적한 모험가와 귀족·상인들은 이탈리아·프랑스·네덜란드·영국으로부터 모직물을 비롯한 많은 물품을 도입하였던 것이다.

에스파냐는 자국산 제품으로써 국내수요를 충당하려는 움직임을 보였지만, 16세기 중반부터 영국은 값싼 모직물을 수출하여 은의 배당에 본격적으로 참여하였다. 이러한 교역은 밀무역의 형태로 진행되어 에스파냐의 은 유출이 계속되었다. 뿐만 아니라 영국은 해적활동으로 에스파냐의 선대를 공격하기도 하였다. 엘리자베스 여왕 치경제학의 아버지로 불리는 애덤 스미스의 『국부론』이 출판된 것은 1766년이다. 그런데 이보다 200년 전에 이미 수요와 공급, 그것도 상품경제에서는 물론 화폐경제에서도 수요와 공급이 화폐의 가치(가격)를 결정한다는 이론을 편 사람이 있다. 사제 출신으로 에스파냐 살라망카대학의 신학교수였던 아스필쿠에타(Martin de Azpilcueta, 1491-1586)가 바로 그 사람이다. 아스필쿠에타는 1556년 펴낸 『신지침서』의 보론 「환전에 대한 죄 사면 해설」 항목에서 화폐와 물가의 상관관계를 수요공급 측면에서 풀었다. '수요가 많고 공급이 달리면 가격이 올라간다. 상품의 일종인 화폐도 마찬가지다. 돈이 풍부하면 물건값과 임금이 상승한다'는 것이다. 특히 신대륙에서 금과 은이 대량 유입된 후 에스파냐에서 일어난 인플레이션의 원인을 수요와 공급으로 해석하고 프랑스 등과 비교해 설명한 점은 국제자본이동과 상업혁명의 전조에 대한 고찰로 평가된다.

하의 해군 제독과 해군은 특별한 임무가 있을 때를 제외하고는 끊임없이 에스파냐의 은 선대를 약탈하였는데, 드레이크·호킨스·플로우비서 등의 유명한 제독들은 사실상의 모험적 해적기업을 설립하였고 여왕은 여기에 출자까지 하였다.

이처럼 에스파냐와 영국의 경제적 대립은 점점 무력대립으로 격화되어 양국의 해전은 1588년 에스파냐의 무적함대의 패배로 끝나게 되었다. 무적함대의 패퇴로 제해권이 점차 영국과 네덜란드로 옮겨지면서 에스파냐가 획득했던 화폐자산과 부는 영국을 비롯한 네덜란드와 프랑스로 유입되어 생산을 자극하였다. 보다 중요한 것은 이러한 화폐자산이 구매력으로 방출되어 특히 농촌지역에 거주하는 중소생산자들의 부를 축적시키고 이들의 양극 분해를 도왔다는 점이다.

가격혁명이 여러 계층들 간의 상대소득에 끼친 영향은 다음과 같이 요약된다. 첫째, 가장 불리한 입장에 놓이게 된 계층은 지대와 정액소득을 취득하던 귀족과 지주들이었다. 쇠퇴한 옛 지주층을 대신해서 신흥상공계층이 새로운 지주로서 등장한 것도 이 시기 특징의 하나이다. 둘째, 물가상승에 대한 실질임금의 저하에 의하여 노동자계층의 직접생산자들이 여러 가지 불리한 영향을 받았다. 셋째, 그와 반대로 고용주와 상인이 유리한 입장에 서게 되었다는 것은 쉽게 추론할 수 있는 일이다. 기업은 노동자의 실질임금 저하에 기인하는 높은 이윤에 의하여 자본축적을 추진해 갈 수 있었다. 이렇게 볼 때 상업혁명은 서유럽의 자산가에게 화폐자산을 집적시키고, 직접생산자의 양극 분해를 촉진했다는 면에서 이른바 '자본의 본원적 축적'의 기본적 과정의 하나였다고 할 수 있다. 지리상의 대발견 이후 전개된 16세기부터 18세기에 이르는 중상주의와 대외팽창은 유럽의 정치경제사에서 가장 중요한 국면이었으며, 근대국가의 형성 및 자본주의 발전과 밀접한 관련을 맺고 있었다.

산업혁명,
자본주의를 열다

땅에서 추방되는 농민들

젠트리(Gentry) 영국 젠틀맨계층의 총칭. 원래의 뜻은 '가문이 좋은 사람'에서 유래하며, 귀족의 작위가 없는 자유인으로서 특히 문장이 허용된 자를 지칭한다. 그러나 이러한 좁은 의미로 사용되는 경우는 드물고, 일반적으로 귀족과 요면 중간에 위치하는 중산계급 상층부를 포함한 사회층을 가리킨다. 즉 '요면보다는 높고 귀족보다는 낮은 토지소유자, 과거 직영지의 차지인으로서 소농을 계승한 부유한 차지인과 그들의 친척, 그리고 유능한 법률가, 성직자, 의사와 같은 전문직업인 및 부유한 상인'들이 바로 젠트리이다. 16세기 종교개혁으로 수도원이 해산된 후 1세기 동안 귀족과 요면의 쇠퇴와는 달리 젠트리는 발흥의 시기였다. 이 시기에 영국의 지배사회계층의 교체가 있었고 젠트리가 새로운 변화의 기수로서 실권을 잡았다. 시대가 흐름에 따라 상공업분야에서 부를 축적한 사람이 토지를 구입하여 젠트리로 인정받는 경우가 많아지면서 점차 본래의 신분계층적 개념이 희박해졌고, 오늘날 예의 바른 교양인, 즉 신사(gentleman)라는 의미로 확대되기에 이르렀다.

영국에서는 14세기 후반부터 농민들의 경제적 지위가 획기적으로 향상되었다. 특히 16세기에는 독립자영농민, 즉 요면층이 영국 농민의 대부분을 차지할 정도로 성장하였다. 요면은 젠트리의 하위에 있는 부유한 농민을 가리키는 말로, 자유보유농은 물론 그 밖의 일반적인 토지보유농민층이 포함된다.

16세기의 농민층을 토지보유의 법적 형식에서 보면 자유보유농과 관습보유농 및 정기차지농민으로 분류할 수 있다. 요면은 저액의 고정 화폐지대를 지불하는 자유보유농과 예농에서 부유해진 관습보유농, 일부의 정기차지농민을 포함한 농촌의 중산계급으로 구성된다. 그런데 16세기에 접어들면 영국에서는 농민보유권의 종류만으로는 농민이 경영하는 농업의 종류나 보유지의 규모 등 경제적 지위를 파악할 수 없을 정도로 농민층의 분해가 진행되었다. 특히 선진지대로서 대륙과 상업적으로 연결되어 있고 경쟁적 산업이 발달한 잉글랜드 동남부지방에서 보유지 규모의 불평등화가 심하게 나타났다.

이러한 변화는 토지매매를 통해서 이루어졌다. 영국에서는 튜더왕조 훨씬 이전인 13세기에 이미 농민들 상호 간에 토지의 매매와 차지가 이루어졌지만, 이 당시에는 강력한 공동체 규제와 생산력의 부실이 토지거래를 억압하였다. 농민 간의 보유지 이동과 소유권의 집중은 페스트 이후에 활기를 띠기 시작했는데, 이는 농민경제 및 농촌공업의 발전으로 고립되어 있던 개별 경영이 시장에서 대립·경쟁하게 되었기 때문이다. 15세기 이후에는 토지거래가 지속되었으며, 특히 16세기에는 농민 간에 자유로운 토지시장이 확립되어 토지를 집적한 상향형 농민과 토지를 상실한 하향형 농민이 명확하게 드러나기 시작하였다.

　영국에서 자본주의 성립기에 일어난 농업체제의 변혁은 인클로저운동을 중심으로 전개되었다. 이 운동은 16세기부터 18세기까지 지속되어 18세기 말에 이르러서는 농업체제를 완전히 자본주의적 경영 형태로 바꾸어 놓았다. 인클로저운동의 의미는 시대에 따라 여러 가지 특징을 가지고 있기 때문에 한 가지로 말할 수는 없으나, 가장 일반적인 측면을 요약한다면 봉건적 농업체제의 기본에 존재하는 '개방경지제' 혹은 '공동경지농업'의 폐기를 의미한다. 봉건적 농업체제에서는 분할적인 소보유지의 혼재와 경지강제와 같은 공동체적 관행으로 인하여 농업생산력의 발전이 저해되었다. 그러나 농업경영과 토지이용으로부터 이윤을 획득하려고 하는 요구가 높아 감에 따라 그 비합리성이 지적되었고, 봉건적 농업체제를 변혁하려는 움직임이 구체화되기

인클로저운동(enclosure movement)

미개간지나 공유지 등 공동이용이 가능한 토지에 담이나 울타리 등의 경계선을 쳐서 타인의 이용을 막고 사유지로 만든 사건. 주로 영국에서 볼 수 있었던 토지경영의 근대화 현상으로, 둘러치는 토지의 종류·목적·방법도 여러 가지였다. 영국 인클로저의 역사는 매우 오래되었는데, 중세 때 이미 시작되어 19세기까지 끊임없이 계속되었다. 가장 활발하게 시행된 것은 15~16세기와 18~19세기의 두 시기였고 이것이 크게 사회문제화된 것은 15세기 말 이후였다. 일반적으로 그 첫 번째 시기를 제1차 인클로저, 두 번째 시기를 제2차 인클로저라고 한다. 제1차는 곡물생산보다는 당시 이미 농촌에서 널리 전개되고 있던 모직공업을 위한 양모생산이 더 유리한 데서 경지를 목장으로 전환, 그리고 그것을 위해 공유지와 농민보유지를 둘러싸는 일이 주류를 이루었다. 이로 말미암아 파생된 농민의 실업과 이농현상, 농가의 황폐, 빈곤의 증대는 인클로저에 대한 격렬한 비난을 불러일으켰다. 그런데 17세기 중엽 이후에는 경작능률을 증진시키기 위해 개방경지와 공유지 둘러싸기와 식부면적을 늘리기 위한 미개간지 둘러싸기가 대규모로 행해졌는데, 특히 18세기 중엽 이후에는 산업혁명으로 농산물 수요가 급증하여 이런 방법의 둘러싸기가 더욱 촉진되었다. 특히 제1차 때와 달리 정부는 그 촉진을 위해 힘썼고, 의회를 통해 합법적으로 시행되었기 때문에 의회인클로저라 불리기도 한다. 1760년대부터 급격히 증가하여 1840년대까지 계속되다가 1845년 이후 쇠퇴하였다. 인클로저운동의 급증기는 이른바 농업혁명의 시기와 일치하며, 농업혁명의 일환을 구성하고 있었다. 인클로저에 의해서 중소농들은 몰락의 길을 걸어 농업노동자가 되거나 농촌을 떠나 공업노동자가 되기도 하였다. 그리하여 영국에서는 지주·농업자본가·농업노동자의 세 계급에서 이른바 삼분할제가 18세기 후반 이후 점차 나타나기 시작해 19세기 중엽에 확립되었다.

시작하였다. 이것이 인클로저운동이 나타나게 된 배경이다.

최초의 인클로저는 흔히 소농小農 인클로저라고 부른다. 촌락공동체 내부에서 개인의 농업경영이 발전하여 개방경지제의 불합리성이 두드러지자 농민 간에는 일찍이 교환과 매매에 의한 토지통합을 통해서 경지와 공동지를 잠식하는 인클로저가 진행되었다. 이러한 과정은 과거의 개방경지제 내부에 곡초식 농법이 도입되어 개별경영화가 진행됨으로써 더욱 촉진되었다.

인클로저에는 두 가지 유형이 있다. 첫째는 공동경지 농업의 비합리성을 자각한 관습보유농들이 장원재판소에서 토론과정을 거쳐 상호 합의에 도달하는 유형이다. 이 경우 농민들은 자발적으로 경지·목장 및 목양지에 대해 갖고 있는 지분을 한데 모아서 촌락 전체의 토지를 공간적으로 재배치·재분배했으나 경제적 배분에는 변함이 없었다. 보유농들은 종전보다 더 작은 규모의 공동경지·목초지·방목지를 가지게 되었지만 그 가치는 이전보다 훨씬 커졌다. 둘째는 촌락 전체의 합의 없이 보유농들이 개별적으로 실시하는 경우로 이쪽이 보다 더 일반적이었다. 이런 유형의 인클로저는 주로 공동방목지나 공동목초지에 대해서 이루어졌는데, 열악한 지위에 있는 농민들은 공동권을 행사할 수 없었다. 따라서 부농들이 점차 다른 농민의 보유지를 병합하고 자기 경영을 개별화함으로써 경제적 지위를 강화해 갔다.

본격적으로 대규모의 인클로저운동이 일어난 것은 일부 영주와 젠트리를 비롯한 대차지농들이 실시한 목양인클로저이다. 흔히 이를 1차 인클로저라고 부른다. 17세기까지 대규모로 계속된 이 인클로저의 근본적인 배경은 상업발달과 토지소유자의 교체 및 그에 따른 토지이용에 대한 사고의 변화에서 찾을 수 있다. 그러나 직접적인 계기는 모직물공업의 발전과 그에 의한 양모 수요의 급격한 증대였다. 신대륙 발견에 따른 모직물 수요의 증대는 지주와 차지농으로 하여금 목양업으로 토지이용을 전환하도록 자극하였다. 새로 장원 소유자가 된 신흥 지주층이나 이들로부터 직영지를 대규모로 임차하여 농업을 경영하고 있던 차지농업가들이 이러한 사정에 자극을 받아 비용이 적게 들고 이윤이 높은 목양경영으로 전환해 간 것은 당연한 결과였다. 그들은 농민들에게 분할되고 있던 공동경지를 강제적으로 회수하고 농민의 생활기초인 공동지까지도 사유화하여 토지 주변을 울타리로 둘러쳤다. 농민은 사실상 소유하던 토지로부터 추방되었으며, 농민이 경작하던 농지는 몇몇 노동자와 수많은 양떼가 있는 목장으로 변하였다. 농민들은 부랑자로서 농촌에서 쫓겨나게 되었으며, 이 때문에 이른바 '농촌의 쇠퇴'로 불리는 사회현상이 나타났다.

구빈법(Poor Law) 중세의 빈민구제는 교회·수도원·장원·길드 등에서 실시하였으나, 16세기 인클로저법과 물가앙등의 영향으로 거지와 부랑자가 늘어나고 수도원이 해산되었기 때문에 교구가 구빈사업을 책임지게 되었다. 이에 따라 구빈세가 부과되고 구빈위원회도 설치되었다. 이러한 제도들이 1601년 「구빈법」으로 통합되었으며 그 후 여러 번의 개정을 거쳤다.

경작하던 토지에서 밀려난 농민의 일부는 인클로저가 시행되지 않는 다른 농촌으로 이주하거나 도시로 유입되었지만, 어느 경우나 이들을 모두 받아들일 만큼의 여유는 없었다. 이러한 실업자들은 절대왕정의 지배체제를 대단히 불안하게 하는 요소일 뿐만 아니라 여러 가지 사회문제를 야기했기 때문에 국가도 대책을 세우지 않을 수 없었다. 절대왕정은 늘어나는 부랑민에 대해서 교구를 한정하여 그곳을 벗어나지 못하게 했지만, 토지를 빼앗긴 힘 없는 농민으로서는 유랑·걸식하지 않을 수 없었다. 사태가 심각해지자 절대왕정은 「구빈법」을 실시하였다. 왕정은 「구빈법」을 통하여 구빈세를 강제로 부과하여 구빈 기금을 조성하도록 하거나 교정원을 세우기도 하였다. 동시에 건장한 부랑민의 걸식행위를 금지하고 이를 반복해서 어길 때는 사형에 이르는 중벌을 내림으로써 농민이 토지를 포기하지 못하도록 강제하였다. 절대왕정의 이러한 대책은 빈민의 취급이나 강제노동의 면에서 매우 잔혹한 조치였다. 이러한 입법은 빈민을 구제하기보다는 희생을 요구하는 것이었으므로 '피의 입법'이라 불리기도 하였다.

인클로저는 당시의 농민을 고통과 기아·죽음으로 몰아넣었기 때문에 지식인들의 비난의 표적이 되었다. 당대의 양심적 지식인이었던 토머스 모어는 유명한 저서 『유토피아』에서 "원래 온순하고 얌전한 소식 동물이었던 양이 갑자기 대식 동물이 되고 난폭하게 되어서 인간까지도 먹어 치우고 있다"고 어려움에 처한 농민들의 입장과 사회상을 묘사하였다.

16세기의 인클로저, 특히 목양인클로저는 봉건적 농업체제의 해체와 자본주의의 성립을 가져오게 된 임금노동자층을 대량으로 창출하였다. 그러나 개방경지제는 어느 정도 폐기되었지만, 전근대적 경영방식은 여전히 잔존하였기 때문에 농업에서의 자본주의적 생산체제가 완전히 정착한 것은 아니었다. 인클로저운동에도 불구하고

토머스 모어(Thomas More, 1478-1535)

영국의 르네상스 운동을 대표하는 인문주의자이다. 옥스퍼드대학에서 수학한 뒤 법률가로 입신하여 대법관의 지위에까지 올랐으나, 헨리 8세의 영국국교회 설립에 반대하였다가 처형되었다. 그가 살던 시대는 바로 영국에서 절대주의의 기초가 형성된 시기로서, 봉건적 질서가 붕괴되고 자본의 본원적 축적이 폭력적으로 진행되면서 사회에는 무질서와 퇴폐, 빈곤이 넘치고 있었다. 특히 지주와 농업자본가들에 의해 추진된 인클로저운동은 전통적으로 토지에 대한 권리를 인정받고 살아온 수많은 농민들을 강제적으로 추방시킴으로써 그들을 빈민으로 전락시켰다. 『유토피아』는 당시 영국의 참상을 독실한 가톨릭적 보수주의의 입장에서 비판하고자 한 목적에서 쓰였다. 그림 속 왼쪽에 있는 초상화가 헨리 8세이다.

경지의 태반은 여전히 농경지로 남아 있었고 개방경지제나 공동방목제가 상당 부분 그대로 유지되었기 때문에 영리 목적의 개인적 농업경영이나 가축의 품종개량 등은 저해되었다.

그런데 시민혁명을 계기로 전기적 독점과 봉건적 토지소유가 일소되자 토지소유와 농업경영의 측면에서 17세기 이후에는 자본주의화가 빠른 속도로 진행되기 시작하였다. 이 시기에 이르러서는 인클로저를 둘러싼 사회적 소란도 어느 정도 잠잠해지게 되었는데, 이는 17세기에 이르러 인클로저가 중단되었기 때문이 아니라 이 시기에 와서 인클로저의 내용이 점차 변화하기 시작했기 때문이다. 17세기에 와서 목양을 위한 목적과 더불어 곡물생산을 위한 인클로저, 즉 2차 인클로저운동이 일어나기 시작하였고 18세기에 이르면 이런 과정이 일반화하여 영국의 농업체제를 완전히 자본주의화하기에 이르렀다. 이 과정 속에 일어난 변혁이 본래의 농업혁명이다. 이 농업혁명은 시기적으로 오히려 18세기 말엽 이후의 산업혁명과 밀접한 연관을 가지며, 어느 의미에서는 그것과 병행해서 진행된 것이라고 볼 수 있다. 이러한 의미에서 산업혁명과 농업혁명, 즉 경제사상의 양대 혁명을 병립혁명 혹은 쌍생혁명이라고 부르기도 한다.

18세기에 일어난 인클로저는 두 가지 점에 그 특색이 있다. 첫째는 식량증산에 의한 이윤획득이 주된 계기가 되어 소유지의 집중이 일어났다는 점이다. 소유지의 집중은 토지의 생산력을 증대시키기 위한 자본투하의 전제이기도 했다. 자본가적 지주는 이윤추구라는 자본가적 목적과 곡물증산이라고 하는 국민적 요구를 인클로저를 통해 동시에 실현할 수 있었다. 이 시기에 이르러 농산물 특히 곡물에 대한 수요가 대폭 증대된 것은 16세기 후반 이후 상공업의 발달과 직접생산자의 양극 분해 등으로 비농업 인구가 크게 증대하였기 때문이다. 곡물가격의 등귀는 필연적으로 농업생산력의 증대를 자극하였다.

둘째는 그 전개방법에서 찾아볼 수 있다. 곡물생산을 위한 인클로저에서는 울타리를 치려 할 때 지주, 대개의 경우는 자본가적 차지농업가가 그 지역의 농경지에 권리를 가지고 있는 농민들의 동의를 얻어 의회에 청원을 냈다. 의회는 법률로 울타리치기를 강제하였다. 이처럼 의회가 적극적으로 지지했기 때문에 18세기의 인클로저는 '의회인클로저'라고도 불린다. 의회가 인클로저를 지지한 명분은 국민적 이익을 위한다는 것이었지만 이때의 의회는 사실상 지주와 상인이 지배하고 있었다. 법률청원을 위해 필요한 조건이었던 농민의 동의는 거의 강제적으로 요구되었다.

농업혁명기에는 개방경지 및 공유지, 황무지 등의 종획도 급속히 진행되었다. 1720년대 말에는 종획 관련 법령건수가 전국에서 불과 30건 정도였던 것이 그 후 1760년대까지는 230건으로 늘어났다. 그 결과 19세기 후반에는 개방경지가 잉글랜드에서 거의 완전히 모습을 감추었으며, 공유지와 농민과의 관계도 없어지게 되었다. 이렇게 해서 소보유지 및 소농경제와 밀접히 결합되고 있던 공유지는 수탈되어 지주와 대차지농업가의 수중에 귀속하게 되었다. 이와는 반대로 경제적 독립을 유지하고 있던 중산농민들은 대거 몰락하게 되었고, 소농들은 무산자가 되었다. 이전부터 농촌에서 약간의 토지를 보유하면서 임노동자로 고용되던 소농과 토지를 가지지 못한 농민은 인클로저로 토지나 공유지에 대한 권리를 박탈당하여 완전히 일용노동자가 되었다.

독립자영농민인 요먼의 대다수는 거의 모든 토지를 지주에게 병합당하고 그 대가로 약간의 돈을 받았다. 그 돈을 자금으로 공업경영에 전신하여 독립경영자가 되거나 나아가서는 공장주가 된 자도 있었으나, 이들의 대부분도 노동에 의하여 생계를 유지해야 하는 일용노동자가 되었다. 이리하여 지주, 지주로부터 차지하여 스스로의 자본을 투하하여 농업경영을 하는 차지농업가, 그들에게 고용되어 노동하는 농업노동자의 세 계층이 농촌의 기본계층을 구성하는 '삼분할제'가 확립되고 영국의 전형적인 자본주의적 농업체제가 성립하였다. 이는 저임금의 풍부한 공급원천으로서 산업혁명의 전제조건을 갖추어 가는 과정이기도 하였다.

이와 같이 곡물인클로저도 직접생산자를 생산수단으로부터 분리시켰다는 점에서 본원적 축적의 기능을 수행하였다. 자본주의적 생산양식의 기초는 생산수단의 소유자와 자유로운 노동자 사이에서 성립한다. 따라서 18세기의 곡물인클로저는 이전의 그것과는 실시과정이나 배경에는 커다란 차이가 있었지만, 가장 중요한 생산수단인 토지로부터 자유로운 노동자를 대량으로 창출하였다는 점에서 역시 자본-임노동 관계를 형성하는 과정이었다. 역사상 이와 같은 과정은 여러 가지 계기에 의하여 이루어지지만, 농업에서의 본원적 축적과정이 전형적, 전면적으로 급격하게 이루어졌다는 점이 봉건체제가 강고하게 존재하고 있던 후발국가들과 대비되는 영국 농업혁명의 특색이다.

18세기 영국에서는 이러한 농업체제의 근대화를 바탕으로 농업기술의 개량과 발달이 이루어져 농업생산력이 획기적으로 향상되었다. 다수자의 권리가 병존하는 종래의 공동체적 소유의 비합리적 요소가 사라짐으로써 농업자본가의 개별 경영이 비로소 가능하게 되었다. 곡물수요의 증대와 곡물인클로저는 농업기술의 개량을 촉진하였다. 18세기 농업기술개량의 중심을 이룬 개혁 가운데 대표적인 것은 '노펵식 농법'이다. 노펵식 농법은 기술적으로는 작물의 윤재輪裁, 순무·클로바 등 새로운 목초의 재배, 소의 사육 등을 포함하며, 경영 면에서는 장기차지에 의한 대규모 경영을 토대로 하였다. 이 방법에 의하여 곡물이 증산되었을 뿐 아니라 가축의 겨울용 사료가 확보되었기 때문에 식용가축의 생산도 대폭 증대하였다. 또 농법이 개량됨으로써 동곡·하곡·휴한의 순환적 농법인 삼포제를 대신해 순무·보리·클로바·밀을 차례로 재배하는 윤재법이 채용되었다. 이와 같이 곡물생산을 통해 이윤을 획득하려 했던 농업경영의 합리화와 더불어 진행된 농업기술의 발달은 당시의 농업생산성을 크게 향상시켜 거의 동시에 진행된 산업혁명에 큰 도움을 주었다.

농촌공업의 발달

중세도시는 상공업의 중심지로서 경제적으로는 여러 종류의 길드로 구성되어 있었다. 그러나 길드는 상공업과 도시의 발달과정에서 점차 그 성격이 변질되면서 존재의의를 상실하게 된다. 수공업자길드는 공동체적 조직으로 출발하였으며, 장인·직인·도제라고 하는 구분은 주로 기술과 경영 면에서의 단계적 차이에 불과하다. 중세도시는 이러한 길드조직을 기반으로 중세의 상공업을 주도하였다. 그러나 14세기 중엽 이후 길드가 독점적 성격을 강화함에 따라 내부적으로 분열하게 되었을 뿐만 아니라 생산체제도 점차 변화하였다. 그 이유는 대내외적으로 상품화폐경제 및 시장의 확대와 더불어 장인의 지위가 완전히 독점화되어 간 반면 길드 자체는 생산력의 한계를 극복하지 못하고 쇠퇴할 수밖에 없었기 때문이다. 길드의 이러한 독점적 경향은 모직물공업과 같이 외국무역과 관련이 있는 도시 및 직종에서 두드러지게 나타났다.

길드조직의 독점성이 심화되어 도시 내에서의 영업활동에 방해를 받게 되자 길드에서 제외된 장인과 직인들은 새로운 산업입지를 찾아서 도시 근교와 농촌으로 이주하기 시작했다. 당시의 농촌에는 지대금납화로 인하여 부농층이 형성되고 있었을 뿐만 아니라 농민층의 분해로 자급자족체계가 붕괴하면서 충분한 시장수요가 있었다. 또한 양모를 비롯한 생산원료의 가격·지대·임금 등의 비용이 저렴하고 특권도시의 산업규제, 즉 길드규제가 미치지 않아서 산업상의 자유가 보장되었다. 이에 따라 농촌공업이 새로운 시장권으로 발돋움하게 된 반면, 길드체제의 도시공업은 점차 쇠퇴하였다.

지대금납화 이후 영국에서는 농촌공업이 활발하게 전개되었는데, 그 중심이 된 것은 모직물공업이었다. 모직물은 유럽에서 일찍부터 일반대중이 가장 널리 사용하는 옷감이었고, 근대 초기의 상업혁명 이후 모직물공업은 국제경제적인 면에서도 가장 중요한 산업이었다. 따라서 모직물산업에서 근대적 산업체제로의 이행과정에서 나

매뉴팩처(Manufacture) 자본주의 생산의 초기 발전과정에서 성립한 과도적 경영양식인 공장제 수공업. 생산기술의 기초를 수공기술에 두고 있는 점에서는 수공업에 가까우나 임금노동자의 고용을 기반으로 하는 대규모 생산이라는 점에서는 대공업에 가깝다. 매뉴팩처는 역사적으로 이중 경로를 거쳐 발생하였다. 생산물의 완성에 필요한 서로 다른 종류의 작업을 하는 독립된 수공업자가 자본가의 관리하에 작업장에 결합되는 경우와 같은 작업에 종사하던 노동자 사이에 분업이 도입되는 경우이다. 매뉴팩처는 노동과정의 일부분만을 담당하는 부분노동자와 분업을 기초로 하는 협업이라는 생산양식을 취함으로써 단순 협업에 비해 노동생산성을 크게 향상시켜 상대적으로 보다 많은 잉여가치의 생산을 가능하게 하였다. 부분노동자의 합리적인 배치, 작업의 전문화에 의한 숙련도 향상, 작업 전환에 따르는 노동시간 손실의 방지, 부분노동자에게 적합한 도구의 단순화·개량화·다양화 등이 이를 가능하게 하였다. 매뉴팩처가 자본주의 생산의 지배적인 형태였던 '본래의 매뉴팩처 시대'는 영국의 경우 1550년경부터 1760년경까지 계속되었는데 복잡한 도구나 고도의 숙련을 요하는 등 기술적 요건의 어려움 때문에 생산력은 한정될 수밖에 없었으며, 소규모생산이나 자본제적 가내공업을 완전하게 몰아낼 수 없었을 뿐만 아니라 오히려 이들을 존립기반으로 하고 있었다. 따라서 농업과 공업의 완전분리와 국내시장형성의 추진이 지연되었고, 완성을 위해서 기계의 출현을 기다릴 수밖에 없었다. 그러나 부분노동자의 출현과 도구의 분화는 산업혁명에 의한 기계제 대공업의 창출을 준비하는 조건이 되었다. 기계의 발명은 매뉴팩처가 지니는 기술적 기초의 한계를 일소하였고, 기계를 생산용구로 하는 공장제의 출현은 이들 과정을 완성시켜 산업자본을 기축으로 하는 자본주의 경제를 확립하였다. 산업혁명이 방적공정과 방직공정을 기계화함으로써 이와 같은 매뉴팩처의 존재는 변혁되어 기계제 공업을 확립하게 되었다. 한편 영국보다 뒤늦게 공업화를 시작한 프랑스나 독일에서는 농촌공업을 기반으로 해서 자생적으로 형성된 매뉴팩처와 달리 수출용 상품을 생산하기 위해 국왕이 여러 가지 특권을 주어 육성한 특권매뉴팩처가 존재했다.

타나는, 기존의 산업배치와 새로운 산업중심지 간에 대립이나 생산자 간의 이해관계의 대립이 가장 명확하게 나타났다.

영국의 모직물공업은 절대왕정이 형성된 15세기 말에서 16세기 전반에 걸쳐 이미 농촌을 중심으로 발전하였다. 농촌공업이 특권도시의 공업을 압도할 정도로 발전할 수 있었던 요인은 길드규제가 없을 뿐만 아니라 도시재정에 필요한 세금 부담도 없고, 생산비와 임금 등에서 유리한 조건을 갖추고 있었기 때문이다. 이와 같은 농촌공업의 발전을 주도한 것은 농촌에 거주하면서 경영규모를 확대해 가고 있던 소규모의 직물업자이거나 도시의 선대제적 지배로부터 독립한 사람, 도시에서 농촌으로 이주한 소장인층 등이었다.

16세기 말 모직물산업의 생산방식으로는 독립소생산 매뉴팩처와 선대제가 병존하고 있었다. 이 가운데 농촌공업의 생산력을 주도한 것은 주로 중소규모의 매뉴팩처였다. 동일 작업장 내의 분업은 재료의 이동에 걸리는 시간을 단축시켰는데, 이 점이 매뉴팩처의 주요한 기술적 이점이었다. 단일작업장에서의 생산은 가내공업이나 주문생산을 기본으로 하는 선대제보다도 노동과정을 훨씬 효과적으로 통제할 수 있었고, 노동자들의 숙련도를 용이하게 향상시킬 수 있을 뿐 아니라 생산도구나 생산방법을 개선하는 데 유리했다. 이 시대를 특징짓는 분업은 작업공정을 세분화함으로써 기계의 발명을 촉진시킨 기반을 구축해 주었다.

한편 도시의 선대주들은 모직물 상인들과 밀접한 관계를 맺거나 그들 스스로 상인으로서 활동하고 있었다. 특히 그들은 도시지역에서 컴퍼니company 를 재구성하여 생산자들에 대한 지배를 강화하면서, 도시에서는 상인귀족층을 형성하였다. 가끔 부유한 직물업자들이 직포공정을 주축으로 대규모 매뉴팩처를 경영하는 경우도 있었으나, 그것은 영속성이 없었을 뿐만 아니라 오히려 도시 직물업자의 선대제 경영과 손을 맞잡고 있었다. 이러한 상업자본은 국가권력에 의해서 길드적 특권을 재편성하고 있었으므로 전기적 성격을 띠고 있었고, 생산기술 면에서도 어떤 변화나 생산양식의 변혁을 가져온 것이 아니었다.

절대왕권과 결탁한 특권적 상업자본은 농촌공업의 발전에 대응하기 위해서 조직되었지만, 외국상인으로부터 국내시장을 보호하고 급속하게 팽창하는 해외시장을 개척했다는 점에서 반드시 국내의 산업발전과 자본축적에 부정적인 역할만을 한 것은 아니다. 외국의 상업자본을 배제하고 모직물시장을 개척했다는 점에서 절대주의시대의 특권적 상인조합은 국민적 상인이었다. 16세기에 이르기까지 도시의 선대적 자본과 농촌공업이 반드시 대립관계에만 있었던 것은 아니었다. 도시의 모직물상과 직물업자들은 상품거래를 장악할 수 있는 한 오히려 농촌 모직물공업의 발전을 장려하기도 하면서 도시를 넘어 농촌에까지 선대제를 확장하였다.

그러나 16세기 중엽 인클로저와 더불어 모직물공업이 급속히 발전하고 농촌 내부에서 자본력을 가진 직물업자들이 등장하자 도시의 선대상인들은 농촌공업을 억제하는 쪽으로 선회하게 되었다. 그리하여 절대왕정이 취한 첫 번째 조치가 길드제도의 재편성, 즉 컴퍼니의 창설이었다. 컴퍼니는 15세기 이후에 구래의 길드와는 달리 비교적 소수의 특권상인층(리버리)에 의해 구성되어 그 하부에 소장인층을 선대제적 지배하에 두고자 한 것인데 엘리자베스 여왕 치하에서 더욱 강화되었다.

절대왕정의 억제책에도 불구하고 농촌공업은 더욱 발전하였고 낡은 시장구조는 점차 해체되어 갔다. 이러한 사실은 특권상인을 대신하여 농촌 내부 혹은 농촌공업과

선대제(Putting-out System) 유통과정에 있는 상업자본에 예속된 공업. 상업자본가인 상인이 공업생산을 지배하는 양식이다. 객주제 가내공업이라고도 한다. 사회적 분업과 지역적 분업이 발달함에 따라 생산자가 상인을 가운데 두고 원료 및 제품을 사고팔게 되자 그 상인에게 소상품생산자가 점차 예속되면서 그 결과 발생한 것이다. 객주가 지배하는 가내공업의 형태에는 몇 개의 단계가 있다. 최고의 단계는 상인이 소상품생산자의 제품을 매점하여 그 소상품생산자를 판매시장으로부터 차단한 다음 그 지배력을 차츰 고도화하여 그들을 원료시장에서도 차단하여 나아가 상인이 소상품생산자에게 가공재료를 직접 대여해서 이것을 임가공시키는 형태이다. 이 경우 소상품생산자는 상인을 위하여 노동하는 사실상의 임금노동자가 된다. 이리하여 객주제 가내공업에서 소상품생산자는 상업자본가인 객주를 위하여 객주가 공급하는 원재료에 가공노동만을 행하는 사실상의 임금노동자가 되고, 반대로 객주는 이러한 가내노동자에게 원재료를 가공시켜 판매하는 사실상의 산업자본가적 관계를 가지게 된다. 이와 같은 노동 형태를 자본제적 가내노동이라고도 한다.

청교도(Puritan) 16~17세기 영국과 미국 뉴잉글랜드에서 칼뱅주의의 흐름을 이어받은 프로테스탄트 개혁파를 일컫는 말. 1559년 엘리자베스 1세가 내린 「통일령」에 순종하지 않고 국교회 내에 존재하고 있는 가톨릭적 제도와 의식을 배척하고, 엄격한 도덕, 주일의 신성화 엄수, 향락의 제한 등 칼뱅주의에 투철한 종교개혁을 주장하였다. 청교도는 점차로 절대왕정에 대한 정치적 요구와 결부하여 의회에서 유력해지고, 1642년에 일어난 청교도 혁명의 주체가 되었다. 이 과정에서 청교도 내부에서도 장로파와 독립파가 분열하였다.

명예혁명(Glorious Revolution) 1688년 영국에서 일어난 시민혁명. 유혈사태가 없었기 때문에 이런 명칭이 붙게 되었다. 1685년 왕위에 오른 제임스 2세는 가톨릭교도로서, 가톨릭교 부활정책과 전제정치를 강력히 추진하였다. 왕의 폭정에 대해 국민들의 반감이 고조되자 의회는 토리당과 휘그당의 양대정당 지도자가 협의한 끝에 네덜란드 총독 오렌지공 윌리엄과 메리 부부에게 영국의 자유와 권리를 수호하기 위하여 군대를 이끌고 귀환하도록 초청장을 보냈다. 런던에 입성한 윌리엄 부부에게 1689년 의회는 「권리선언」을 제출하여 승인을 요구하였다. 「권리선언」은 뒤에 「권리장전」으로 다시 승인을 받았다. 명예혁명은 의회정치 발달의 기초를 확립하였다.

직접 관련이 있는 새로운 상인층의 형성으로 나타났다. 국내시장에서는 팩터 혹은 호커로 불리는 상인층이, 외국무역에서는 영 머천트 혹은 인터로퍼라 불리는 밀무역상들의 활약이 두드러지기 시작하였다. 특권상업의 동요와 절대주의 왕정의 재정부족으로 독점체제는 더욱 강화되었다. 엘리자베스 여왕은 왕령지의 5분의 1을 팔았으며, 신흥산업에 부문별 독점권을 40가지나 설정하였다. 제임스 1세$^{James\ I,\ 1566-1625,\ 재위\ 1603-25}$ 치하에서는 이른바 스튜어트 코퍼레이션$^{Stuart\ Corporation}$이 형성되었고, 찰스 1세$^{Charles\ I,\ 1600-1649,\ 재위\ 1625-49}$ 때에는 독점특허권$^{Patents\ of\ Monopoly}$이 남발되었다. 이러한 절대왕정의 정책은 비특권적 상공업자들의 반발을 불러일으켜 반독점 논쟁을 야기하였다. 그러나 1625년 왕위를 계승한 찰스 1세는 무리하게 과중한 세금과 벌금을 부과하고 독점권을 판매하였기 때문에 의회와 국민의 반발을 불렀고, 1640년에는 최초의 시민혁명인 청교도 혁명이 발발하여 절대주의는 종말을 고하고 말았다.

영국에서 시민혁명은 1640년의 청교도 혁명에서 시작되어 1688년의 명예혁명으로 완성되었다. 1640년 11월 소집된 장기의회$^{Long\ Parliament}$로부터 시작된 개혁은 올리버 크롬웰의 주도하에 1648년 국왕 찰스 1세를 처형하고 혁명을 성공적으로 마무리 지었다. 의회파에 가담한 인물들은 일부 대지주와 대상공업자, 비특권적 중소상공업자, 요먼을 비롯한 부농계급, 차지농업가, 일부의 젠트리, 직인, 진보적 지식인, 빈농·빈민 등 절대주의적 정책에 불만을 품고 있던 계급으로 구성되어 있었다. 그 후 크롬웰의 독립파는 의회파에 속했던 장로파와 평등파를 제거하고 공화주의적 독재정치를 1658년까지 지속하였다.

크롬웰 사후 의회파가 분열되면서 왕정복고가 실현되었다. 그러나 찰스 2세와 제임스 2세는 청교도를 가혹하게 탄압하고 전제정치를 부활하였기 때문에 국민들의 불만을 사게 되어 1688년에는 명예혁명이 일어났다. 명예혁명으로 정치적으로는 봉건제 최후의 단계인 절대주의 정치체제가 무너졌으며, 사상적으로 왕권신수설이 폐기되었고, 경제적으로는 봉건적 토지소유와 봉건적 독점, 즉 길드체제가 일소되었다.

영국의 시민혁명에서 경제적으로 가장 격렬한 논점이 된 것은 독점문제와 왕권의 권력기초를 둘러싼 문제였다. 원래 변혁의 가장 중요한 문제가 되어야 할 봉건적 토지소유의 폐기와 농민적 토지소유의 창출문제는 전혀 논의되지 않은 채 빈농·빈민들에게 토지가 분배되지 않고 오히려 대토지소유를 인정하는 방향으로 진행되었다는 뜻이다. 영국혁명의 이러한 타협적 성격은 프랑스혁명과 비교해 보면 그 특징이 확연히 드러난다. 그러나 다른 한편에서 보면 바로 이러한 요인들 때문에 시민혁명 이후 영국에서는 전근대적 생산체제가 급속하게 사라지고 초기 자본주의적 생산체제가 순조롭게 발전하게 되었다고도 할 수 있다.

제 **3** 절

근대적 공업기술의 발전

시민혁명 이후 영국에서 공업경제는 눈부시게 발전해 갔다. 그러나 당시의 공업은 여러 가지 면에서 한계를 지니고 있었다. 자본-임노동 관계를 토대로 하는 매뉴팩처가 눈에 띌 만한 발전을 이루었지만 기술 수준이 수공업단계에 머물고 있었기 때문에 자본주의 생산체제의 확립을 달성하지는 못하였다. 매뉴팩처의 특유한 기술적 기초는 독립소생산자층을 완전히 분해하지 못하고 자신의 존립에 필요한 보충물로서 소생산자층을 광범위하게 재생산하지 않을 수 없었다. 따라서 매뉴팩처가 산업자본의 지배적인 형태로서 존재하는 한 선대제도 존속할 수 있었다.

직접생산자층의 불완전한 양극 분해로 인하여 노동자는 농업생산과 결합되지 않을 수 없었다. 이는 저임금을 유지하는 기반이기도 하였다. 산업혁명 이전의 노동자들은 영세농지의 소유나 차용, 공동지의 이용, 도구의 소유 등에 의해 임금수입을 보충하고 있었던 것이다. 다른 한편으로 매뉴팩처 경영자들도 어느 정도의 토지를 소유하거나 농업경영을 병행하였는데, 이는 경영의 불안정을 보완하는 역할을 하였다. 자본가와 노동자 모두 반농반공의 형태를 완전히 벗어나지 못하고 있었다. 이와 같이 초기의 산업자본은 노동자계급의 저임금노동에 자본증식의 기반을 두고, 산업발전은 일정한 한계에 직면하고 있었다. 이러한 한계를 완전히 극복하게 된 것은 18세기 후반의 산업혁명에 의해서이다.

　기계 도입에 의한 생산성의 급격한 상승은 수작업에 기반을 둔 경영을 소멸시켰고, 빈민과 대다수의 독립생산자를 토지와 다른 생산수단으로부터 완전히 분리함으로써 노동자는 오로지 임금소득으로만 생계를 유지하게 되었다. 그 결과 경제성장 속도는 이전의 인류역사에서 보지 못할 정도로 가속화되었다. 자본주의 생산체제의 확립은 기계제 공장생산을 급속하게 도입한 산업혁명에 의해 가능하였다.

　근대 자본주의를 특징짓는 산업자본이 최초로 확립된 것은 영국에서 산업혁명을 경과한 후의 일이었다. 방적기와 증기기관의 개량으로 18세기 후반 영국에서 일어난 일련의 생산기술의 혁신은 반세기 동안에 모든 산업분야에 급속도로 파급되어 공장제

‘산업혁명’이라는 용어는 경제학자이자 사회경제사가인 아놀드 토인비(Arnold Toynbee, 1852-1883)의 유명한 저서 『18세기 영국 산업혁명 강의』(1884)를 계기로 널리 보급되었다. 아놀드 토인비는 영국이 낳은 세계적 역사학자인 아놀드 조세프 토인비(Arnold Joseph Toynbee, 1889-1975)의 숙부이기도 하다. 토인비는 18세기 후반에서 19세기 전반 영국에서 급속한 경제발전이 이루어진 원인을 기계기술을 근간으로 하는 공장제도의 출현에서 찾았다. 기계 도입에 의한 기술진보로 인하여 대규모 생산이 이루어지고 부의 현저한 양적 증대가 달성되었다는 것이다. 그러나 토인비는 자유경쟁을 지배원리로 하는 사회가 확립되었기 때문에 중소규모의 수공업생산은 완전히 몰락하였으며, 이로 인해 수공업시대에 존재했던 온정주의적인 인간관계는 소멸되고 냉혹한 금전관계만이 존재하게 되어 이 시기에 대거 출현한 빈민들은 의지할 곳을 잃었다고 비판하기도 하였다. “산업혁명의 결과 자유경쟁이 부를 가져올 수는 있었으나 복지를 가져오지는 않았다”는 것이다.

생산을 근대공업의 지배적인 형태로 확립시켰다. 이러한 생산기술 및 산업상의 변혁은 생산·소득·소비 등에서 높은 수준의 산업사회를 출현시켰을 뿐만 아니라 그때까지 유지되고 있었던 전통적인 경제질서를 크게 변모시켰다. 영국에서는 산업상의 변혁을 초래한 공장제도의 출현에 의해 국가 전체의 사회경제조직이 변화하였다. 이같이 18세기 후기에서부터 19세기 전기의 영국에서는 급속도의 기술 진보와 경제 발전에 의하여 근대 산업주의가 탄생하게 되는데, 이 기간의 급격한 기술 및 경제 발전을 '산업혁명'이라고 부른다.

영국에서 가장 먼저 자본주의가 확립된 것은 봉건적 생산양식의 해체가 다른 나라보다 일렀기 때문이다. 14세기 후반 지대금납화가 나타난 이후 절대왕정기에는 봉건적 토지소유와 길드적 생산체제가 상당히 해체되거나 변용되었으며, 직접생산자층의 양극 분해를 통하여 새로운 생산관계가 형성되었다. 국내적으로는 생산수단의 새로운 소유자와 임금노동자 간의 계급관계를 기반으로 사회적 분업이 상당한 규모로 진행되었다. 봉건적 생산체제가 새로운 생산체제로 전환하는 결정적 계기는 1640년부터 시작된 시민혁명에서 주어졌다. 시민혁명으로 봉건적 토지소유와 길드적 독점이 완전히 철폐됨으로써 자본주의적 생산관계를 저지하는 모든 규제가 사라졌다.

이 시대의 특징적 현상으로서 산업자본의 축적에 기여한 요인 가운데 하나는 대량의 실업자군이 속출하게 되었다는 사실이다. 16세기부터 시작된 인클로저운동의 과정에서 한층 촉진된 농민층 분해는 한편으로 산업자본가나 농업기업가를 배출했지만 다른 한편에서는 자신의 노동력 이외에는 의지할 것이 없는 수많은 실업자를 창출하였다. 특히 17세기부터 서서히 진행되던 곡물 생산을 위한 인클로저운동은 18세기에 들어와 의회의 적극적 지원하에 농업의 자본주의화를 급속히 달성하면서 무산대중을 양산하였다. 이 시기에 와서 더욱 발달하게 된 상업은 매뉴팩처의 성립에 따른 사회적 분업의 점차적인 확대와 더불어 국내시장을 통일시켰으며, 매뉴팩처의 발달은 가내수공업을 중심으로 하는 독립소생산자층의 분해를 더욱 촉진하였다. 인구의 절대적 증가와 사회적 분업의 진전에 의한 도시인구의 상대적 증가는 점차 사회문제로 인식되었다. 실업자군의 창출은 초기 산업 투자에 필수요소인 저임금노동력의 공급원으로서 산업화의 전제조건을 형성하였다.

그런데 산업혁명이라고 하더라도 모든 산업부문에서 똑같이 기계화가 진행된 것은 아니었다. 기계화는 경공업 그 가운데 특히 면공업으로부터 시작되었으며, 경공업에서의 공장제가 거의 달성되면서 다시 중공업이 기계화의 길을 걸었다. 산업혁명을 주도한 면공업 부문도 공정의 기계화가 일시에 진행되지 않았다. 따라서 공업화는 불균등 성장의 형태로 이루어졌는데, 이는 이윤획득을 위한 자본의 운동원리와 밀접한 관계가 있었다. 영국뿐 아니라 그 후의 어느 나라에서나 산업혁명은 경공업의 소비재산업인 면공업 부문으로부터 시작되었다. 이것은 면직물이 가장 대중적인 소비재로서 다른 상품에 비하여 많은 수요를 잠재적으로 갖고 있었기 때문이다. 이미 17세기부터 영국에서는 모직물공업과 병행하여 면공업이 대두하였고, 맨체스터를 중심으로 빠르게 확대되고 있었다. 따라서 국민적 산업이었던 섬유공업 부문에서 최초로 기술혁신이 시작된 것은 산업혁명의 성격으로 보아 당연한 일이다.

면공업에서의 기계화는 먼저 방직기술의 개선으로 시작된다. 면공업에서 기술혁신의 계기를 최초로 제공한 것은 1733년 존 케이John Kay, 1704-1764가 발명한 비사飛梭, 즉 플라이 셔틀이라는 직포기였다. 비사는 사람의 손으로 작동하는 수직기이긴 하였으나 북을 자동으로 움직임으로써 생산성을 배가시켰다. 때문에 비사는 처음에는 직포공의 저항을 받아 그리 보급되지 못하였으나 시장수요가 급속하게 증대하면서 1750년대에는 널리 보급되었다.

비사의 보급은 그렇지 않아도 농촌의 가내부업에 크게 의존하여 농번기에 실 부족에 시달리던 상황을 더욱 악화시켰다. 방적공급이 방직공정을 따라갈 수 없게 되어 끊임없이 실 부족 현상이 뒤따르게 되었기 때문이다. 그 결과 방적공정의 기계화가 촉진되었다. 1770년 제니방적기의 특허를 획득한 하그리브스J. Hargreaves, 1702?-1778나 수력방적기를 완성한 아크라이트R. Arkwright, 1732-1792, 1779년 뮬방적기를 만든 크럼프턴S. Crompton, 1753-1827 등이 이 시대의 대표적인 발명가들이었다. 특히 뮬방적기는 나중에 와트James Watt, 1736-1819의 복동식 증기기관과 결합되어 수력에의 의존이라는 지리상의 제약으로부터 산업입지를 해방시킴으로써 원료·제품·노동력시장과 가까운 신흥공업도시에 방적공장을 집중시키게 되었다.

방적 부문의 잇따른 발명으로 이번에는 방직기술이 따라갈 수 없게 되자 1785년

카트라이트 E. Cartwright, 1743-1823 가 새로운 방직기계를 발명하였다. 뛰어난 발명가였던 카트라이트는 기술과 과학을 이론적으로 결부시켜 훗날 기계직기의 선구가 되는 역직기를 완성하였다. 동력기 부분에서 기계화의 결정적 계기는 제임스 와트의 증기기관 발명이었다. 이런 과정을 거치면서 영국의 면공업에서는 1830년경까지 기계제 대공업체제를 갖추고 그 생산물의 대부분을 해외에 수출하게 되었다. 영국의 산업혁명은 면공업을 중심으로 한 경공업에서 기계를 도입한 공장제도의 확립이 이루어진 1830년경에는 일단 마무리되었다.

제 **4** 절

분노에 찬 노동자들

산업혁명의 결과로 사회경제 관계가 자본주의적으로 완전히 탈바꿈하자 노동문제가 심각한 문제로 제기되기 시작하였다. 자본-임노동 관계가 정착하면서 자본가와 노동자 사이에서 경제잉여의 분배를 둘러싸고 본격적으로 대립관계가 전개되기 시작하였기 때문이다. 이 시기에는 노동자들의 지위를 개선하기 위한 움직임이 두 가지 방향에서 나타나기 시작하였다. 하나는 정책당국에 의해서 추진된 근대적 사회정책으로서의 노동관련 법률의 제정운동이고, 다른 하나는 노동자들 스스로가 일으킨 노동운동이다.

1802년에는 영국 최초의 「공장법」이라고 일컬어지는 「도제건강도덕법」이 제정되었다. 이 공장법은 랭커셔의 공장에서 일하고 있던 도제들의 극악한 노동상황을 상세하게 조사한 1784년 및 1796년 보고서에 자극을 받은 면업자본가 로버트 필 Sir Robert Peel, 1788-1850 의 노력으로 제정되었다. 이 법률은 교구도제에 대해서 12시간 이상의 노동과 심야노동을 금지하고, 이들에 대한 복지문제를 다루는 등 노동자에 대한 보호조치를 취하였다. 그러나 대공장에만 적용되고 벌칙도 가벼웠기 때문에 그다지 효과를 거두지 못하였다. 그 후 1833년까지 몇 가지 법률이 더 제정되었으나 역시

공장법(Factory Law) 산업혁명기에 노동력의 보전을 위해 입법된 법률의 총칭. 산업혁명으로 기계제 공업이 보급됨에 따라 공장의 노동은 단순화되어 성년남성의 수공업적 숙련의 가치가 감소되고, 그와 동시에 여성·아동 근로자가 많이 생겨났다. 근로환경은 극히 비위생적이고도 위험한 상태로 방치되어 산업혁명 후 노동자의 생활 참상은 극심하였고, 이를 방치해 둔다면 사회 전체의 순조로운 발전을 저해할 것이라는 우려를 낳았다. 따라서 국가는 체제의 유지와 발전을 위하여 노동력 보전을 위한 입법에 착수하지 않을 수 없게 되어, 1802년 영국의 입법을 시초로 각 나라에서「공장법」이 제정되기에 이르렀다. 따라서「공장법」은, 그 제정을 촉진하게 한 배경인 자유주의적 풍조의 영향을 무시할 수는 없다 하더라도 본질적으로는 자본가의 입장에서 제정된 법률이라 할 수 있다. 그럼에도 불구하고 이러한「공장법」에 대하여 무제약적인 노동력 착취와 그에 의한 최대한의 이윤획득을 꾀하는 개별 자본가들은 기업의 자유를 침해하는 것이라는 이유로 강한 반대를 표시하였다.

구빈법(Poor Law) 중세의 빈민구제는 교회·수도원·장원·길드 등에서 하였으나, 16세기 인클로저운동과 물가앙등의 영향으로 거지와 부랑자가 늘어나고 수도원이 해산되었기 때문에 교구가 구빈사업을 책임지게 되었다. 이에 따라 구빈세가 과해지고 구빈위원회도 설치되었는데, 이러한 제도들이 1601년「구빈법」으로 통합되었다. 그 후「구빈법」은 여러 번의 개정을 거쳤는데, 1723년에는 빈민을 구빈원에 수용하여 일을 시키고 거부하는 자는 구제하지 않아도 된다고 하였으며, 1782년 원외 구조가 인정되었다. 1795년에는 일정 임금 이하의 사람에게는 구빈세에서 생활보조금을 주기로 하였으나, 1834년 개정법, 즉「신구빈법」에서는 원외 구조가 완전히 폐지되었다.

노동자, 특히 아동과 부녀자들의 노동을 보호하지는 못했다.

1833년에 제정된「공장법」은 9세 미만 아동노동의 금지, 아동과 청소년 노동력에 대한 노동시간의 제한을 두었으며, 종래의 법률에 없던 공장감독관제도를 두어 그 감독결과를 정기적으로 정부에 보고하게 하였다. 이 법령에 의한 아동노동에 대한 보호조항은 비록 노동자계급 전체에 대한 것은 아니었지만 점차 청장년 노동자에 대해서도 영향력을 미치게 되었다. 그리고 1834년에는 교구에 일임되고 있던「구빈법」이「신구빈법」으로 개정되어 사회입법으로서 노동자에 대한 보호체제를 강화하였다. 한편 이러한 법률제정운동의 진행과 함께 잉글랜드 북부의 직물노동자들 사이에서는 노동시간 단축운동이 일어났다. 이 '10시간 노동운동'은 노동자는 물론 양심적인 중산층과 귀족 등 여러 사람들에 의하여 지도되었다. 1847년의「공장법」에서는 9세 이상 18세 미만의 노동자들에게는 식사시간을 제외하고 1일 10시간으로 노동시간을 규정한다는 이른바「10시간 노동법」이 제정되었다. 이 법률은 성년남성의 노동시간에도 영향을 미쳐 1870년대에는 노동조건이 크게 개선되었다.

자본주의적 생산의 발전이 급속하게 달성됨에 따라서 노동자계급의 사회경제문제에 대한 인식도 점차 성숙하였다. 노동자계급은 단일한 작업장이나 공업지대에서 일하거나 노동자 거주지역을 형성하는 과정에서 서로의 어려움을 토로하고 유대를 강화하였다. 노동자들은 이 과정에서 자신의 빈곤과 열악한 처지가 결코 자신들의 불성실이나 무능 때문이 아니라 자본주의적 생산관계 그 자체에 기인함을 깨닫게 되었다.

19세기에 전개된 노동운동으로서 첫 번째로 들 수 있는 것은 기계파괴운동이다. 이 운동은 19세기 초엽부터 20년에 걸쳐서 일어났는데, '네드 러드'라든가 '킹 러드'

로 불린 신화적 인물에 의하여 지도되었다고 하여 러다이트운동으로 불리지만 그 지도자가 누구인지는 아직도 알려져 있지 않다. 러다이트운동은 수공업·직인 노동자들이 그들의 생활을 파괴하는 기계의 도입을 반대하는 운동이었는데, 특히 1811~12년 및 1816년에 격렬하게 일어나 자동기계를 도입하는 대공장을 습격하였다. 기계파괴 그 자체는 새로 출현한 기계에 대한 본능적인 항의의 표현으로서, 1811년보다도 훨씬 이전부터 산발적으로 일어났다. 그러나 1811년 이후에 일어난 러다이트운동은 이전과는 비교되지 않을 만큼 집중적이고 조직적으로 행해졌다. 그러나 이 초기의 노동운동은 사회체제의 변화를 이해하지 못한 채 기계에 대해서만 반감을 보이는 감정적이고 복고적 성격 때문에 성공하지 못하였다. 운동방식이 기계 자체의 도입을 반대하는 대세를 거스른 것이었기 때문에 격렬하게 일어난 이 운동은 군대까지 동원되어 진압되고 난 후에는 거의 사라지고 말았다.

보다 조직적이고 지속적인 노동운동은 노동조합운동이었다. 영국에서 노동자들이 단결하여 경제적 처지를 유리하게 하려는 운동은 상당히 일찍부터 볼 수 있다. 그 원천은 14세기의 요먼 길드에까지 거슬러 올라가며, 근대 이후만 보더라도 런던에서는 17세기에 이미 노동조합과 유사한 조직이 설립되고 있었다. 이러한 조합의 선구적인 운동은 서부의 모직물 공업을 제외한 피혁·모자·조선·인쇄 등의 분야에서 볼 수 있다.

그런데 초기의 조합운동은 단결을 불법화한 「보통법common law」에 의하여 크게 억제당하였다. 여기에 18세기에 들어오면서 노동조합운동이 상호부조적 성격을 뛰어넘어 계급적 성격을 강화해 가자 여러 업종에 대하여 단결을 금지하는 법이 제정되었고, 1799년에는 「단결금지법」으로 발전하여 일체의 노동운동이 법적으로 금지되었다. 이전까지 노동조건에 관한 고용주와의 직접교섭을 목적으로 하는 노동자의 단결은 금지되었지만, 임금 수준에 관해 지방판사에게 청원하기 위한 노동자의 단결은 허가되어 있었으나 이제 모든 단결이 금지당한 것이다.

노동조합운동이 합법적으로 전개되기 시작한 것은 1825년 이후의 일이다. 1825년에 「단결금지법」이 철폐되고 조합운동이 합법화되자 노동운동은 점점 활발해졌다. 노동운동가들의 노력으로 1830년에는 전국적인 조직이 형성되게 되었다. 그 가운데

1834년에 오언의 지도하에 결성된 조합원 50만 명의 '전국노동조합대연합'이 가장 유명하다. 오언은 사회주의적 고용주로서 영국노동조합운동의 초기 조직단계에서 매우 중요한 역할을 하였다. 그의 이러한 운동도 정부의 탄압과 노동조합의 조직상의 문제 등으로 실패했지만, 영국의 노동운동은 그 후에도 계속되어 1871년 이후에는 합법화되었다.

　노동조합운동의 전국적 전개와 병행하여 일어난 주목할 만한 정치운동으로는 차티스트운동이 있다. 이 운동의 전개에 결정적 영향을 미친 것은 1832년의 선거법 개정Reform Bill이다. 당시의 의회는 사실상 지주들이 지배하고 있었는데, 선거법 개정으로 산업자본가는 참정권을 획득하여 직접 국가권력을 장악할 수 있는 계기를 마련하였다. 당시 중산층에 속한 사람들은 1832년의 「개정 선거법」에 의해 의회에서의 세력과 지위를 얻을 수 있었다. 그러나 그들과 연대하여 의회 개혁안을 지지한 노동자 계급은 이용만 당하고 선거권 획득에 실패했다. 이에 분개한 노동자들은 오언의 지도하에 전국 규모의 노동조합을 만들었으나 1년 만인 1834년 전국노동조합대연합은 붕괴되었고, 자유주의의 입장에서 이루어진 「구빈법」 개혁에 의하여 전통적인 원조마저 끊어지게 되었다. 이에 실망한 노동자들은 1839년부터 1848년에 걸쳐서 성년 남성의 보통선거권을 골자로 한 6개 항목으로 된 〈인민헌장Peoples Charter〉을 내세우고

로버트 오언(Robert Owen, 1771-1858)
공상적 사회주의의 가장 탁월한 사상가이자 실천가. 상인이었던 부친의 영향으로 어릴 때부터 상인으로서의 직업교육을 받았으며, 20세 때 맨체스터의 한 직물공장의 지배인이 되었다. 공장경영에서 얻은 이윤의 대부분을 노동자들을 위한 복지증진과 환경개선에 투자하였다. 아동노동의 금지와 임금삭감을 수반하지 않는 노동시간단축 등 오언의 활동은 노동자들의 정신적·육체적 생활개선에 크게 기여하였다. 그러나 1817년 경제공황이 발생하자 오언은 단순한 공장직공의 복지와 생활개선만으로는 해결할 수 없는 사회체제 전체적인 생산과 소비의 불균형을 목격하게 되었고, 생산과 소비를 일치시킬 수 있는 사회, 즉 소비에 합치되도록 생산계획을 수립하여 자급자족을 원칙으로 하는 화합과 협동의 공동체를 설계하게 되었다. 이를 실천하기 위해 자신의 전 재산을 들여 신대륙의 인디애나주에 뉴하모니라는 평등촌을 건설하여 이상사회를 실현하고자 했다. 그러나 이 시도는 소비의 공동화는 실현하였으나 그것을 뒷받침할 생산의 공동화를 실현하지 못함으로써 실패하고 말았다.

의회 밖에서 대규모 정치운동을 전개하였다.

차티스트운동은 운동방식에 관한 지도자들 간의 의견차로 분열되었으며, 의회의 회유와 위협을 받는 등 억압당하다가 혼란 속에서 끝나고 말았다. 10년에 걸친 이 운동은 노동자들의 새로운 공업조직에 대한 반항과 복고적인 감정이 강력히 지배하고 있었다. 그러나 이 운동은 세계사상 최초의 대중적 정치운동으로서 노동자정당의 맹아로까지 발전하였다는 평가를 받고 있다. 새로운 공업조직을 경제질서의 전제로 받아들여 운동을 현실에 적응시켜 가려고 한 영국의 제2단계 노동운동은 차티스트운동 이후에 와서야 비로소 시작되었다고 할 수 있다.

제 5 절

경제적 자유주의

산업화의 진전으로 세계 1위의 경제대국이 되면서 19세기의 영국은 모든 방면에서 자유주의가 지배하였다. 사상적으로는 자유방임주의가, 경제적인 면에서는 중상주의가 폐지되고 완전경쟁을 지향하는 국가정책 특히 자유무역주의가 표방되었다. 경제적 자유주의, 즉 자유방임주의를 대표하는 사상가는 경제학의 아버지라 불리는 애덤 스미스이다. 봉건사회 말기의 자본주의적 발전에 기원하는 계몽주의로부터 나오게 된 자유방임사상은 애덤 스미스에 의해서 완전히 체계를 갖추게 되었다. 애덤 스미스는 자연법의 입장에 서서 예정 조화론적인 낙관론을 전개하였다. 그는 주요 저서인 『도덕감정론』과 『국부론』에서 개인이 이기심에 입각하여 자기의 이익을 추구하면 '보이지 않는 손'에 인도되어 사회에 최대의 이익을 준다고 역설하였다. 이와 같은 사적 이익과 공적 이익의 일치야말로 경제적 자유주의의 이론적 핵심을 이루는 것이었다. 그의 뒤를 이은 고전학파 경제학자들 역시 같은 연장선상에서 비교우위론을 내놓고 자유무역의 실시를 강조하였다.

그러나 원래 경험을 기초로 하여 행동의 방향을 찾으려고 하는 영국인이 그와 같은 추상적인 논리를 행동원리로 삼으려 했던 것은 아니다. 사실 영국에서는 스미스가 경제적 자유주의의 이론체계를 수립하기 훨씬 이전부터 그것을 실천하고 있었다. 경제생활에 대한 국가의 간섭은 산업혁명기에 이르러 일시에 배제된 것이 아니라 약 1세기 전부터 서서히 후퇴하고 있었다. 영국인들로 하여금 이러한 자유방임주의정책을 취하게 한 참다운 원동력은 추상적인 경제이론이라기보다 오히려 영국의 경제적 현실이었다. 기술혁신이 가져온 거대한 공업생산력의 발전과 광대한 시장의 요구야말로 실천적으로나 이론적으로나 중상주의의 타파를 가져온 가장 강력한 요인이었다.

중상주의적 정책을 탈피해 국제분업의 이익을 구하려고 한 자유무역정책으로의 전환이 구체화된 것은 1786년의 영불통상조약에서이다. 모직물공업이 길드와 중세도시의 경계를 넘어 확산된 시대부터 이미 영국의 주요 산업은 해외의 수출시장에 크게 의존하고 있었다. 15~16세기에 영국의 모직물 생산은 네덜란드와 독일에서 영국 모직물 판로의 확대와 밀접하게 연관되어 있었다. 영국이 17세기 후반 해상무역에서 네덜란드를 제압하게 되자 상업 특히 해외무역은 더욱 발달하게 되었다. 이러한 발전에 큰 힘이 되었던 것은 절대주의로부터 탈피한 국민적 중상주의정책이었다. 1824년에는 직인의 이주와 양모 수출에 대한 제한이 철폐되었다. 영국의 핵심산업이며 오랫동안 보호를 받아 온 모직물공업에 대해, 보호의 구체적 정책수단이었던 양모의 수출제한 철폐는 상업정책의 일대전환이었다. 영국이 거의 독점하고 있던 기계에 대해서도 1825년 부분적으로 수출금지가 철폐되고 1843년에 최종적으로는 완전히 해금되었다. 이는 영국이 자유무역을 통하여 해외의 기계수요에 대응하면서 국내 중공업을 발전시키려 한 것이다. 정책전환의 가장 큰 계기를 마련한 것은 「곡물법」 논쟁이다. 「곡물법」의 폐지를 둘러싸고 영국의 자유무역주의운동은 최고조에 달했다. 이는 「곡물법」이 「항해조례」와 함께 중상주의 정책을 뒷받침하던 가장 중요한 기둥이었기 때문이다.

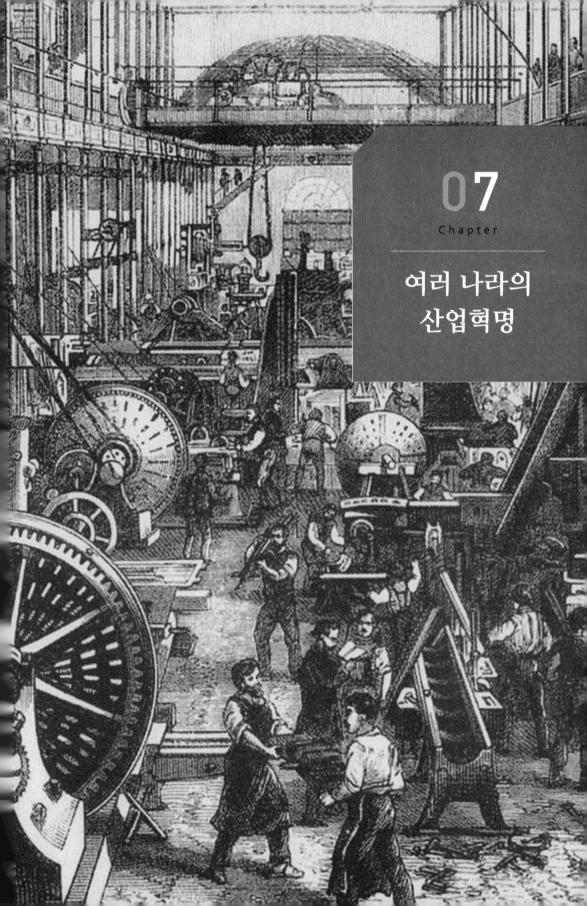

07
Chapter

여러 나라의
산업혁명

제 1 절

산업혁명, 대륙으로 퍼지다

영국 산업혁명의 세계사적 의의는 무엇보다도 세계 최초의 공업화였다는 데 있다. 18세기 후반 영국에서 산업혁명이 시작될 당시에는 아직 세계의 어느 나라에서도 공장제도가 출현하지 않았다. 그러므로 영국은 외국 공장제도와의 경쟁에 의해 경제발전이 교란되는 일이 없었다. 그러나 다른 한편에서는 외국으로부터 공장제 산업의 발전을 위해 필요한 기술을 도입할 수도 없었다. 영국은 자신들의 발전 속에서 산업혁명을 위한 모든 조건을 자생적으로 만들어 내고, 그러한 내적 조건의 성숙을 기반으로 스스로의 힘으로 산업혁명을 수행하지 않으면 안 되었다. 그런데 영국이 세계 역사상 최초로 산업혁명을 달성하자 프랑스나 독일 등 다른 국가들은 영국의 산업혁명 과정에서 창출된 여러 가지 기술적 성과를 도입함으로써 자국의 산업혁명을 추진하게 되었다.

영국의 산업혁명은 세계 최초의 가장 고전적인 산업혁명이었기 때문에 유럽 공업화의 전제였으며, 나아가 때로는 다른 나라의 산업혁명을 규제하거나 촉진하는 역할을 수행하였다. 영국을 모방한 유럽의 공업화는 세계 자본주의의 급속한 팽창을 초래함으로써 선진공업국과 후진국이라는 명확한 구분을 만들어 내기도 하였다. 그러므로 영국의 산업혁명은 거대한 공업력을 앞세운 전 세계적인 산업화와 자본주의 발전의 전제이자 제약요건이 되었다. 영국의 세계패권적 정책은 유럽의 세력판도에 중요한 영향을 미쳤다. 시민혁명 이후 영국은 모든 해외 정책을 경제적 목적에 종속시켰다. 영국이 해외에서 벌인 전쟁의 주요 목적은 상업의 진흥이었고, 이를 위해 해상패권을 장악하는 것이었다. 영국 정부는 매뉴팩처와 그 생산물의 판매를 위해서 전쟁과 식민지화를 적극적으로 추진하였다.

제 **2** 절

프랑스의 산업혁명

영국보다 뒤늦게 공업화를 시작한 프랑스나 독일에서는 농촌공업을 기반으로 자생적으로 형성된 독립매뉴팩처와는 달리 수출용 상품을 생산하기 위해 국왕이 여러 가지 특권을 주어 육성한 특권매뉴팩처가 존재했다. 프랑스의 산업혁명이 본격화된 것은 역시 대혁명 이후이다. 프랑스는 1789년의 대혁명 이후 나폴레옹의 유럽제패, 왕정복고, 1930년의 7월혁명, 1948년의 2월혁명 등으로 혁명사상의 진원지로서 격렬한 정치·경제적 변동을 겪으면서 다른 유럽 국가에 커다란 영향을 미쳤다. 프랑스는 이러한 변화의 와중에 유럽대륙에서는 처음으로 산업혁명을 추진해 갔다.

프랑스의 산업혁명도 영국과 마찬가지로 면공업 부문에서 최초로 공장제도가 발달하였다. 이유는 면공업이 새로운 산업으로서의 직물 등 다른 공업에 비하여 여러 가지 제약을 받는 일이 적었다는 것과 프랑스에 앞서 발달한 영국 면공업의 영향이 있었기 때문이다. 영국의 산업혁명에 충격을 받은 프랑스는 영국이 자생적인 산업혁명 과정을 밟았던 것과 달리 기계기술과 공장제도 등에서 영국이 달성한 산업혁명의 성과를 적극적으로 도입하면서 공업화를 추진하였다.

대혁명 이후의 혼란을 수습하고 정권을 장악한 나폴레옹에 의해서 프랑스는 산업 발전을 위한 체제를 강화하였다. 먼저 법률 면에서 『나폴레옹법전』(1804~10)은 로마법의 전통을 도입해서 종래의 혼란한 법률체계를 정비했는데, 사유재산권을 보장하고 산업자본가와 지주의 권리를 보장하였다. 또 나폴레옹은 금융제도를 정비하였는데, 1800년에 중앙은행인 프랑스은행을 창설하였으며, 1803년에는 주식회사 형태의 지방은행을 설립하고 인플레이션을 수습하였다. 이러한 금융제도의 정비는 산업 혁명기에 자본동원을 위한 수단으로서 중요한 역할을 수행하였다. 그 외에도 파리를 기점으로 하는 전국의 도로망을 정비하였다. 이것은 군사적 목적으로 이루어진 것이었지만 후에 국민경제의 통합과 산업발전에 크게 기여하였다.

프랑스의 산업혁명은 나폴레옹 3세의 제2제정에서 전면적으로 발전하였다. 역직기

프랑스혁명

1789년 7월 14일부터 1794년 7월 28일에 걸쳐 일어난 프랑스의 시민혁명. 프랑스혁명은 근대 시민혁명의 전형이다. 여기서 시민혁명이란 특정 계급으로서의 부르주아혁명만을 의미하는 것이 아니라 전 국민이 자유로운 개인으로서 자기를 확립하고 평등한 권리를 보유하기 위하여 일어선 혁명이라는 보다 넓은 의미를 포함하고 있다. 프랑스 왕권은 루이 14세가 완성한 절대주의 체제에 의해서 여전히 국왕친정과 신권이론을 받들고 국가와 인민 위에 군림을 계속하였다. 소수의 귀족·성직자들만이 별도의 특권신분을 구성하고, 국민의 대다수를 차지한 평민층의 근로와 납세에 기생하면서 우아하고 무위한 생활을 보내고 있었다. 그러한 과정에서 루이 16세 (Louis XVI, 1754-1793, 재위 1774-92) 정부는 미국의 독립혁명을 지원한 군사비 때문에 재정궁핍에 빠졌다. 1789년 5월 5일 베르사유궁전에서 개최된 삼부회는 특권신분의 300명에 대하여 평민대표도 동수였다. 혁신을 갈망하는 자유주의 귀족이나 평민의원들은 그들만으로 삼부회를 영국식 의회로 개조하는 결의를 하고 국민의회를 결성하였다. 국민의회는 7월 초에 헌법제정의회로 명칭을 바꾸고, 마침내 국민이 바라던 헌법과 의회정치 개설에 착수하였다. 그때 왕권이 군대를 국경지대에서 불러들여 베르사유 주변에 집결시켰으므로 파리 시민에게 극도의 불안과 분노, 그리고 공포를 야기하게 되었다. 시민들은 자위를 위해 성문을 굳게 닫고 거리에 바리케이드를 구축하였다. 7월 14일 시민 약 1만 명이 시 동부요새이자 정치범을 수용하는 바스티유감옥을 습격하였다. 바스티유감옥 습격사건은 순식간에 지방으로 전해져 각지에 격렬한 민중반란을 유발하였다. 사태 확산을 우려한 제헌회의는 1789년 8월 4일 회의에서 봉건적 신분제와 영주제의 폐지를 단행하였다. 프랑스에는 비로소 법 앞에 평등한 조건이 실현되어 전 국민이 대등한 권리와 의무를 보증받는 형태가 되었다. 8월 26일 의회는 라파예트(Marquis de Lafayette, 1757-1834) 등이 기초한 〈인권선언〉을 가결하고, 인간의 자유·평등, 국민주권, 법 앞의 평등, 사상의 자유, 과세의 평등, 소유권의 신성 등 신질서의 기본적인 원칙들을 명시하여 혁명의 정의를 내외에 선양하였다.

가 도입되어 노르망디 지방의 섬유공업은 급속히 기계화되었고, 제철업이나 철도업에서도 커다란 발전이 이루어졌다. 특히 나폴레옹 3세는 산업자본가를 보호하기 위해서 노력하는 동시에 토목사업을 일으키고, 통신기관의 개선, 철도망 확장, 운하·항만·도로의 정비, 은행 설립 등을 추진하였다. 제2제정기의 산업육성정책은 미국 캘리포니아의 '골드러시'에서 시작된 세계적 호경기에 힘입어 프랑스의 상공업을 성장시키고 자본가에게 많은 이윤을 주었다.

나폴레옹 3세는 프랑스 자본주의의 발전을 보호하기 위해 식민지 경영에도 주력하여 프랑스를 영국 다음가는 제국으로 만들었다. 그는 1860년 보호체제를 폐기하고 영불통상조약을 체결하여 영국 제품에 대한 수입제한조치를 철폐하고 관세를 인하하였다. 이는 부르주아지의 자유무역 요구에 부응한 정책으로서 프랑스 산업기술의 발전에 크게 기여하였다. 영국의 값싼 제품으로 몰락한 중소상공업자는 정부에 대해 불만을 품었지만, 이는 프랑스 경제가 영국 제품과 어느 정도 경쟁이 가능할 정도로 성장했음을 전제로 한 정책으로 산업혁명이 마무리 단계에 접어들었음을 보여주었다.

프랑스가 영국보다 늦기는 했지만 대륙에서 가장 먼저 산업혁명에 진입하게 된 배경으로는 첫째, 강력한 절대주의 왕권에 의하여 중상주의 정책이 일찍부터 채용되었으며, 비록 영국에 비해 열세이긴 했지만 해외무역이 발달하여 상업자본을 축적한 상인이 다수 존재했다는 점, 둘째, 산업혁명이 시작되기 이전에 이미 선대제의 형태이기는 했으나 직물공업을 중심으로 공업이 어느 정도 육성되어 있었다는 점, 셋째, 1789년에 일어난 혁명에 의해 영주제, 길드적 규제, 그리고 내국관세가 폐지되는 등 중세의 봉건적인 속박으로부터의 해방이 다른 유럽 국가들에 비해 빨랐다는 점, 넷째, 유럽 최대의 인구를 가지고 있었다는 점 등을 들 수 있다.

그러나 프랑스의 산업혁명은 영국은 물론 독일보다도 대단히 완만하게 진행되었다. 이 때문에 프랑스의 산업혁명은 기계화 및 공장제의 도입이 영국에 비하여 소규모로 진행되었으므로 산업혁명이 없었다고 하는 극단론까지 나오게 되었다. 이처럼 프랑스에서 산업혁명의 진행속도가 완만했던 원인은 크게 두 가지로 요약될 수 있다. 첫째, 해외시장에서 영국보다 불리한 위치에 있었다는 점이다. 18세기 말 영국에서 산업혁명이 시작될 때까지 영국과 해외시장을 두고 마지막까지 패권경쟁을 겨루었던 것은 프랑스였지만, 국내 생산력을 기반으로 중요한 해외시장을 거의 독점한 것은 영국이었다. 영국의 해외시장 독점은 산업혁명 이후 더욱 강화되었다. 둘째, 프랑스에서는 소농민을 비롯하여 소경영이 지배적 형태였기 때문에 국내시장의 형성과 자본축적이 활발하지 못했다는 점이다.

프랑스 산업혁명의 또 한 가지 특징은 영국에 비하여 국가가 수행한 역할이 매우 컸다는 사실이다. 국가에 의한 산업육성은 절대주의하에서도 이미 시행되고 있었고,

나폴레옹은 영국과의 경쟁에서 승리하기 위해 더 강력한 국가정책을 실시하였다. 이러한 보호정책은 부르봉왕정 복고시대에서도 계속 채용되었다. 수입품 중에는 가공품의 비중이 적었던 데 비하여 수출품 중에는 천연산물보다 가공품이 훨씬 많았다는 사실에서 강력한 보호정책의 일면을 볼 수 있다. 이 보호정책은 선진국이었던 영국, 신흥공업국가인 독일, 그리고 벨기에 등의 공업에 대비하기 위한 것이었지만 여기에서 프랑스 산업혁명의 한계를 볼 수 있기도 하다.

제 **3** 절

독일의 산업혁명

독일의 산업혁명은 영국이나 프랑스에 비해 조금 늦게 시작되었다. 그 이유는 무엇보다도 봉건적 질서가 견고하게 지속되고 있었기 때문이다. 첫째, 독일은 19세기 초에도 여전히 35개의 군주국과 4개의 자유시로 분열되어 제각기 독자적인 관세제도를 두는 등 국내시장이 통일되어 있지 않았을 뿐만 아니라 중세적 상공업체제가 여전히 강력한 힘을 발휘하고 있었다. 둘째, 정치적으로도 봉건영주의 지배가 계속되고 있었고, 많은 지역에서 농노의 예속적 노동이 생산활동에서 중요한 위치를 차지하고 있었다. 셋째, 국가가 정치경제적으로 분열되어 있었기 때문에 중상주의 시대에 해외무역 및 식민지활동을 통해 상업자본을 축적할 기회를 가지지 못하였다.

그러나 독일도 1834년의 관세동맹을 계기로 1840년대부터는 본격적으로 산업혁명을 시작하였다. 산업혁명의 추진을 위해서는 지금까지 강하게 남아 있던 봉건적 잔재를 정책적으로 정리하지 않으면 안 되었다. 따라서 독일의 근대화는 국가권력의 주도로 '위로부터' 수행되는 특징을 지니게 되었고, 이것이 산업화 이후 오랫동안 독일의 경제사회구조를 결정짓는 중요한 요소로서 자리 잡게 되었다. 독일에서의 개혁정책들은 불철저하게 진행되었다. 농장영주들은 농민해방과정에서 신흥토지귀족인 융커Junker로 전환되었다. 이들은 농노해방에서 제외된 부역농민과 해방된 이후 몰락했던 예농을 고용하여 점차 경영을 확대하였다. 몰락한 많은 농민들은 다시 융커의 예속하에 놓이게 되면서 임금노동자로 전화하였다. 융커는 사실상의 근대적인 지주와 농업자본가로서의 성격을 동시에 지니게 되었다. 반면 토지개혁이 불철저했기 때문에 자유농은 전면적으로 형성되지 못하였다.

독일의 산업혁명을 수행하는 데 중요한 기반이 된 것은 국내외적인 관세개혁이다. 관세개혁은 국내시장을 통합함으로써 경제발전을 자극하고 정치적 통일을 달성하는 데 크게 기여하였다. 독일은 18세기까지만 해도 300여 개의 영지로 나뉘어 있었고 빈 회의를 통해 약 40개의 영방Staaten으로 통합되었지만, 영방 내에서도 각지에 관세가 적용되는 등 여전히 지역마다 독자적인 관세를 유지하고 있었다. 이렇게 국내시장이 작은 단위로 분할된 데다가 영국으로부터 값싼 공업제품이 수입되어 독일의 공업은 커다란 타격을 입고 있었다. 이러한 상황에 대해 당시 경제학자 프리드리히 리스트를 중심으로 독일의 상공업자들은 1819년 모든 역내관세의 철폐와 대외적으로 통일관세의 시행을 주장하였다.

독일의 산업혁명도 면공업에서 시작되었다. 당시 독일에는 여전히 산업발전을 위한 장애가 많이 남아 있었다. 봉건적인 춘프트 규제는 19세기 후반을 통해 점차 폐지되어 갔으나, 그 세력은 여전히 강하게 남아 있었다. 그러나 면공업은 신흥산업이어서 구속을 적게 받았고, 다른 산업에 비해 먼저 기계제 공장공업이 도입되었다. 독일의 산업혁명은 영국 산업혁명의 성과물인 기계와 기술을 도입하면서 진행되었는데, 기술의 도입이 가장 용이했던 것은 대자본을 필요로 하지 않는 면공업 등의 경공업 부문이었다. 또한 이 부문은 선진국 영국에서도 제일 먼저 확립되었고 기계와 기술이 가장 발달되어 있던 부문이므로 영국으로부터의 기계수입도 용이했다. 이와 같이 섬유공업은 독일의 산업혁명이 가장 먼저 시작된 분야였지만, 동력에서 증기력과 수력·마력·인력 등이 병존하고 생산방식에서도 기계식 공장과 매뉴팩처·선대제·가내공업 등의 수공업적 단계가 병행하는 등 기계화의 진전은 대체로 완만하였다.

섬유공업에서 기계화가 점진적으로 진행된 것과는 대조적으로 중공업 중심의 공업화가 매우 빠른 속도로 진행되었다. 독일 산업혁명의 특징은 이 부문에서 현저하게 드러나게 된다. 철도의 건설은 산업발전을 크게 자극하였다. 1835년 뉘른베르크와

퓌르트 사이에 독일 최초의 철도가 부설되고 난 후 1840년대 이후부터는 철도산업이 빠르게 발전하였다. 증기기관의 사용과 철도의 보급이 진행되면서 석탄에 대한 수요를 증가시키자 광산업도 근대화되어 갔다.

이처럼 독일의 산업혁명은 1840년대 이후에 시작되어 급속히 발전해 나갔다. 독일 산업혁명의 특징은 다음과 같이 요약할 수 있다. 첫째, 독일은 봉건적 질서가 오랫동안 유지되었기 때문에 공업화 이전에는 자본축적이 재대로 이루어져 있지 않았고 매뉴팩처 자본가도 충분히 형성되어 있지 못했다. 따라서 위로부터의 개혁을 달성해 나가는 과정에서 이미 발달된 영국의 기계와 기술이 이식되고 값싼 영국 상품이 유입되어 중소상공업자가 근대적 기업가로 전화한 예는 드물고, 은행가·대상인과 귀족 등 대토지소유자나 대자본가가 기업가로 성장하였다. 이런 점에서 독일은 후진 자본주의의 유형에 속하는 전형적인 예이다. 자본부족을 보충하기 위하여 독일 기업들은 정부의 적극적 지원하에 은행과 주식회사를 설립하여 소규모의 유휴자본까지도 흡수하면서 단기간에 대기업을 설립하였다. 카르텔이나 콘체른과 같은 다양한 기업연합들도 이 시기에 독일에서 처음 출현하였다.

둘째, 위로부터의 개혁으로 산업발전의 토대를 마련했지만, 국내시장이 협소하였기 때문에 중공업 특히 군수공업이 발달하였다. 독일은 국내적으로 통일을 달성하고 대외적으로는 통일을 방해하는 외국과의 전쟁을 수차례 치러야 했는데, 이 때문에 국가권력의 개입에 의한 식산흥업과 이를 뒷받침하기 위한 부국강병의 방향으로 나가지 않을 수 없었다. 국내시장이 협소했기 때문에 해외에서 시장수요를 찾으려는 식민지 확장에 대한 욕구가 다른 나라보다 강하게 나타날 수밖에 없었다.

셋째, 정부는 철저하게 산업발전을 위한 시책을 계획하고 주도하였다. 과거부터 독일에서는 국가권력이 나서서 농노해방, 춘프트의 폐지, 관세제도의 개혁과 관세동맹의 결성 등 산업혁명을 위한 제도적 기반을 마련하였지만, 이것만으로 근대적 기업이 자생적으로 성장하기에는 부족하였다. 따라서 프로이센을 비롯한 영방정부는 외국기술자 초빙을 통한 신기술의 도입, 공업연구소의 설립 등을 통한 기술개발, 철도·제철·탄광 및 군수공업 등 기간산업에 대한 직접경영을 추진하였다. 또 정부는 금융기관을 직접 설립하여 금융자원을 조달·배분하고, 지불보증을 서는 등 기업활동을 적극적으로 지원하였다.

독일의 산업혁명은 1840년대에 시작되어 1870년대 전반에 일단 종료되었다. 선진국들의 기술적 성과가 도입·이식되는 과정에서 기계제 대공업이 급속히 발전했지만, 나머지 전통산업 부문은 전근대적 생산체계가 그대로 유지되어 경제의 이중구조가 드러나는 등 산업구조의 왜곡현상이 뚜렷하였다. 위로부터 이루어진 개혁의 불철저함으로 나타난 정치·경제 면에서의 봉건적 유제는 제2차 세계대전 이후에야 완전히 제거되었다. 그러나 다른 한편 중공업을 중심으로 대규모 생산이 일찍부터 발달했기 때문에 1873년의 대불황을 맞이하자 겨우 산업혁명을 거친 후발 자본주의 국가인 독일이 독점의 중심지로 등장하게 되었다.

제 **4** 절

미국의 산업혁명

영국의 식민지일 때 미국에서는 지역 간에 산업구조의 차이가 있기는 했으나 농업의 발전과 더불어 어업·해운업의 발달, 영국 및 서인도 무역의 신장, 북부의 자연환경 등의 조건과 더불어 가내공업의 확대, 매뉴팩처의 형성을 볼 수 있었다. 목조선·제철·철공·제분·목제·용기 등의 제조공업과 제당·럼주·양조·제염 등의 수입원재료 가공업 등도 식민지시대에 이미 어느 정도 발달하고 있었다. 북부와 중부 식민지에서는 일찍부터 대서양 연안무역, 영국 및 서인도와의 무역이 발달하여 상업자본이 축적되고 있었다. 북부 식민지는 농업에 적합하지 않은 지리적 조건으로 어업·무역·해운 등이 발달하였다. 북부를 중심으로 이루어진 무역은 주로 삼각무역이었으며, 노예무역은 북부상인에게 거액의 상업이윤을 주었다. 영국은 중상주의 식민지정책하에 식민지의 무역활동을 제한했으나, '유익한 태만' 정책에 따라 엄중히 실시된 것이 아니었기 때문에 밀무역의 여지가 상당히 남아 있었다. 북부상인에 의한 밀무역도 역시 그들의 자본축적의 유력한 원천이 되었다.

이렇게 축적된 상업자본은 유럽의 전기적 상업자본과는 본질적으로 달랐다. 북부 식민지의 상업자본가들은 산업자본의 주역인 중산적 생산자층에 계급적 연계를 가지고 있었다. 타도해야 할 봉건적 규제가 없었기 때문에 자본은 그만큼 용이하게 산업혁명의 기초를 형성할 수 있었다. 미국 식민지에 축적된 상업자본은 산업자본으로 전화할 가능성이 충분하였다. 이처럼 미국의 산업혁명은 식민지시대에 이미 어느 정도 기반을 구축하였다. 구체적으로 살펴보면, 첫째, 자영농민, 가내 공업자, 매뉴팩처 경영자 등 중소상공업자층이 광범하게 형성되고 있었다는 사실이다. 영국의 북미 식민지에서는 근대화를 가로막는 봉건체제가 존재하지 않았기 때문에 자유로운 토지소유제도가 일찍이 발달할 수 있었다. 또 광대한 미점유지가 존재하여 북부와 중부 대서양 연안의 식민지에서는 일찍부터 독립자영의 중산적 농민층이 형성되고 있었다. 이 같은 자작농제도는 후에 미국의 민주적 사회제도의 기반이 되었다. 이에 비해 남부에서는 비옥한 토지와 열대적 기후조건에 기반하여 처음부터 수출에 적합한 상업적 농업이 발달하였다. 이 지역에서는 담배·면화 등이 주요 작물로서 재배되었는데, 점차 아프리카의 노예노동을 이용하는 대규모 플랜테이션으로 발달하였다.

북부 및 중부 지역에서는 자가수요를 위한 가내수공업의 존재를 기반으로 꾸준히 공업이 발전하고 있었다. 반면 남부에서는 모노컬처 상업농을 기반으로 열대작물을 영국에 독점적으로 수출하고 공업제품을 수입하였다. 따라서 남부지역은 영국의 중상주의체제에 편입되어 공업의 자립적 발전은 그만큼 저해되었다. 이러한 산업구조상의 차이는 나중에 남북전쟁의 원인이 되는 등 미국경제의 전개에 커다란 영향을 미쳤다.

미국이 산업혁명을 달성하게 된 직접적 계기는 영국으로부터의 독립이다. 미국에서는 1775년에 시작된 영국과의 무력충돌에 이어서 다음 해인 1776년 〈독립선언문〉이 공포되었고, 다음 해에는 독립선언에 서명한 13개 주가 합중국으로 출발하였다. 독립전쟁의 원인은 기본적으로 식민지 본국인 영국과 식민지인 북미 간 경제적 이해관계가 대립한 데 있었다. 영국의 중상주의적 식민지정책이 북미 식민지의 산업발전을

미국 독립전쟁(1776~83) 영국 본국의 가혹한 지배와 중상주의 정책에 반항하여 미국의 13개 주 식민지가 협력하여 독립을 달성한 전쟁과 식민지 내부의 사회개혁을 포함한 혁명. 본국으로부터 독립하는 것이 주요 목적이며 사회개혁은 그에 따라 행해졌다는 점에서 이후의 프랑스혁명과 차이가 있다. 그러나 보수적인 정치 형태를 타도하고 보다 민주적인 정치 형태를 수립하고자 한 점에서는 동일하다. 따라서 이 전쟁은 식민지의 본국에 대한 반란인 동시에 같은 영국인 사이의 내란으로 볼 수도 있다.

왜곡하고 저해했기 때문이다. 특히 7년전쟁(1756~63) 이후 1760년대 중반부터 영국의 식민지정책이 더욱 강화되면서 두 지역 사이에는 갈등이 심화되었다. 미국은 독립전쟁에서 승리하여 정치적 독립을 얻었을 뿐 아니라, 중상주의적 식민지정책을 배제하게 되어 경제잉여의 국외유출을 막고 국내산업의 자유로운 발전과 근대화를 이룩하는 계기를 만들었다.

미국 산업혁명의 주도부문은 역시 면공업이었다. 미국의 면공업을 비롯한 섬유공업의 발전 계기가 된 것도 독립전쟁이었다. 전쟁은 영국으로부터의 공업제품 공급을 중단시켜 고율의 보호관세 역할을 했다. 독립전쟁은 미국 산업에 자극을 주었고, 전쟁을 계기로 제철·모직물·면직물·피혁 등의 공업이 급속히 발전할 수 있는 발판이 마련되었다. 미국 산업혁명의 서막은 사실 독립전쟁에 의하여 열렸다고 할 수 있다.

이처럼 독립전쟁에 의해서 미국은 남부에 노예제를 잔존시키면서도 정치적 독립을 달성하여 산업혁명을 수행할 기반을 확립하였다. 그 후 미국의 산업혁명은 남북전쟁(1861~65)을 거쳐 완성되었다. 미국의 북부와 남부는 식민지건설 때부터 종교와 경제를 달리하였다. 북부는 서유럽과 북유럽의 이민을 받아들였으나, 남부는 여전히 보수적이고 영국의 전통을 고수하고 있었다. 식민지시대에 도입된 노예제도는, 독립전쟁 이후 펜실베이니아 이북의 여러 주에서는 폐지되었으나 메릴랜드 이남의 여러 주에서는 여전히 존속하였다. 1808년 이후 노예의 수입이 금지되었으나 남부에서는 여전히 노예매매가 성행하여 북부의 인도주의자로부터 강력한 비난을 받았다. 특히 영국에서 산업혁명이 완성되면서 목화 수요가 급증하였고, 이에 따라 면화는 남부에서 가장 이익이 큰 농산물이 되었으며, 노예제도는 남부경제에 불가결한 요소가 되었다.

남북전쟁 이후 미국의 빠른 성장에 중요한 요인은 서점운동과 그것을 가능하게 한 철도의 건설이다. 철도는 미국의 경제발전에 커다란 영향을 미쳤다. 무엇보다도 철도는 광대한 영토의 국내시장을 통일하고 서점운동을 촉진하였다. 철도건

서점운동(Westward Movement) 북아메리카대륙의 동해안지방에 한정되어 있던 아메리카 식민지에서 늘어나는 이주민들의 미개척지역, 즉 서부로의 정주지 확대와 인구이동. 식민지시대에 애팔래치아 산맥까지 진출했던 서부의 개척은 독립전쟁. 루이지애나 매수, 텍사스 병합 등에 의한 영토확장, 개척지의 불하. 교통·운송수단의 발달 등에 힘입어 19세기 전반에 급속도로 진행되었다. 먼저 사냥꾼과 모피상인, 그다음 개척농민과 목축업자가 들어와 토지를 개간하였고, 그 후 농민과 상인이 정착하여 새로운 사회를 만드는 형태가 일반적이었다. 골드러시 이후는 광산업자를 선두로 태평양 연안에서 동쪽으로 이주하였다. 19세기 말에는 로키산맥 지대를 최후로 거의 전 국토에 이주가 끝났으며, 프런티어 라인, 즉 미개척영역의 소멸과 더불어 한 시대의 흐름으로서의 서점운동도 종결되었다.

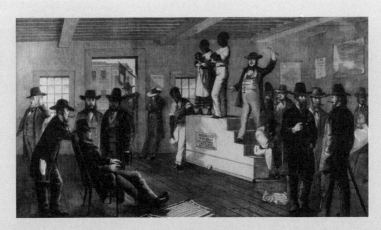

노예제도를 인정하느냐, 안 하느냐를 결정하는 권한은 원래 대통령이나 연방의회에 있는 것이 아니라 주 (州)의 권한이었다. 북부는 더 이상 노예주가 증가하는 것을 저지하려 하였으나 남부에서는 새로 만들어지는 서부의 주에도 노예제도를 확장하려 하였다. 노예반대론자들은 공화당을 조직하여 남부와 대항하였으며, 링컨 대통령도 공화당에 가입하였다. 그러나 링컨의 입장은 인도주의적 견지에서 궁극적으로는 노예제도에 반대한다는 것이었으며, 그 본질은 「연방헌법」을 유지하는 데 있었다. 남부에서는 주가 국가보다 먼저 이루어졌고 「연방헌법」은 주와 주 사이의 계약에 불과하므로 합중국의 어떤 주든지 불만이 있으면 합중국에서 탈퇴할 수 있다고 주장하였다. 그러나 링컨을 비롯한 북부의 공화당은 「연방헌법」 전문에 "우리들 합중국의 인민은… 이 헌법을 제정하고 확립한다"고 되어 있으므로 헌법은 인민 상호 간의 계약이며 주가 탈퇴하는 것은 위법이라는 해석을 내렸다. 남북전쟁은 이러한 의미에서 근원적으로는 서로 헌법상의 해석을 달리함으로써 비롯된 내전이었다. 전쟁이 북부, 즉 합중국 정부 측의 승리로 끝남에 따라 「수정헌법」 제13조에 의한 노예해방(1865), 제14조에 의한 시민권 보장(1867), 제15조에 의한 투표권 부여(1870) 등이 이루어졌고, 모든 노예는 법적으로 노예 신분에서 해방되었다.

설의 활발한 진행과 더불어 농업기계의 수요증가도 기계공업의 발달을 촉진하였다. 원래 기계공업은 노동력 부족이라는 현상을 극복하기 위하여 도입되기 시작했는데, 1800년대부터 대량생산체제로 발전하였다.

미국의 산업혁명은 영국에 비하여 반세기 이상이나 뒤늦게 출발했다. 이처럼 뒤늦은 출발에도 불구하고 산업화의 속도는 매우 빨라 1850년대에는 근대 산업자본의 전반적인 형성을 보게 되었다. 이것이 미국 산업혁명의 첫 번째 특징이다. 미국이 산업화를 급속히 달성할 수 있었던 이유는 첫째, 봉건적 유산이 없었으므로 옛 질서와 새로운 질서 간의 대립과 갈등을 겪지 않아도 되었고, 둘째, 영국 중상주의적 식민지정책에 대한 반발이 근대화에 대한 의욕을 촉진시켰으며, 셋째, 비옥하고 광활한 토지와 풍부한 자원을 보유하고 있었기 때문이다.

미국 산업혁명의 두 번째 특징은 산업혁명의 전개, 즉 근대 산업자본의 형성이 상업자본가에 의하여 추진되었다는 점이다. 그 이유는 첫째, 상업자본가의 사회적 계보가 근대적인 합리주의에 입각한 중산적 생산자층에 연결되고 있었고, 둘째, 영국의 중상주의적 정책이 후퇴하면서 전기적 상업자본의 영역이 없어지게 됨에 따라 산업자본으로의 전화가 용이하게 이루어질 수 있었다는 점이다.

세 번째 특징은 산업자본의 성립과 발전을 위한 기반이 거의 전적으로 국내시장에 의존했다는 점이다. 이는 독립전쟁과 나폴레옹전쟁 등에 의해 무역이 중단됨으로써 해외상품의 유입이 없었고 또 보호관세정책이 실시되어 넓은 국내시장이 침식되지 않고 국내산업의 발달을 위한 좋은 조건이 되어 주었기 때문이다.

미국 산업혁명의 네 번째 특징은 산업혁명의 사회적 영향이 경미했다는 점이다. 그 이유는 첫째, 미국의 공업은 식민지시대를 통해 자생적인 발전에 제약을 받았기 때문에 단순상품생산의 성격을 크게 벗어나지 못하고 있었다. 따라서 산업혁명이 기성산업에 준 영향이 한정될 수밖에 없었다. 둘째, 광대한 미점유지 덕분에 자영농민으로 진출할 가능성이 있었기 때문에 노동력 부족이라는 문제가 항상 뒤따랐다. 기계에 의한 노동력의 대체로도 부족은 해소되지 않았고, 따라서 노동조건의 악화가 거의 나타나지 않았다. 산업혁명의 결과 임금노동자에게 미친 영향이 거의 없었던 것이다.

독점자본주의와
제국주의

자본주의 경제의 발전과 경기순환

영국에서부터 시작된 산업화가 확산되면서 19세기의 유럽대륙은 산업혁명의 시대로서 자본주의적 생산이 급속히 확장되었다. 그러나 이렇게 급팽창하던 유럽과 미국의 자본주의는 1873년을 고비로 **경제공황**에 빠지게 되었다. 이를 계기로 세계경제는 산업자본주의 시대를 마감하고 독점자본주의 시대로 전환하였다. 19세기 후반 20여 년 동안 진행된 '대불황'은 자본주의 경제를 두 단계로 나누는 분수령이었다.

대불황은 그 이전에 일어난 여러 번의 공황이나 불황과는 다른 특징을 나타냈다. 첫째, 공황의 진원지가 영국으로부터 독일과 미국으로 이동하였을 뿐만 아니라 공황이 발생한 주요 산업도 면공업에서 중공업과 철도산업 등으로 바뀌었다. 둘째, 공황기간이 대단히 오랫동안 지속되었다. 물론 대불황기에 경기가 단기간의 호황을 경험한 적은 있었지만, 전체적으로 보면 불황과 회복 기간이 상대적으로 오래 계속된 반면 호황기간은 매우 짧았다. 셋째, 큰 폭의 물가하락이 세계적 규모로 나타났다. 이는 자본주의 생산체제의 확장으로 전 세계에 단일한 시장권이 형성되고 있음을 보여주는 것이었다. 넷째, 장기간에 걸친 농업불황이 동반되었다. 농업불황은 영국을 비롯한 주요 국가들이 모두 심각하게 경험할 정도로 대불황기의 장기정체를 대표한 부문이었다.

자본주의는 이윤을 추구하는 개별 자본 간의 경쟁을 통해서 거대한 생산력을 실현하면서 발전한다. 그러나 그러한 발전이 언제나 순조로이 달성되어 온 것은 아니다. 자본주의는 경기변동, 즉 호황과 불황이라는 현상을 반복적으로 겪으면서 발전해 왔다. 경기변동과정에서 호황에서 불황으로의 전환이 매우 갑작스럽고 급속하게 이루어질 때 흔히 그것을 공황이라고 부른다. 공황은 한마디로 자본주의적 생산에 내재하는 근본적 모순의 순간적이고 폭력적으로 폭발하는 현상이다.

대불황이 나타난 원인에 대해서는 은행의 발달에도 불구하고 화폐의 공급이 부족했기 때문이라는 주장과, 반대로 화폐 투자과잉에 의한 과잉생산 때문이라는 등 여러 가지 학설이 있다. 그러나 일반적으로 인정되는 요인으로는 다음과 같은 사실들을 지적할 수 있다. 첫째, 주요한 자본주의 국가들에서 생산능력의 과잉으로 수요와 공급의 불균형이 구조적으로 만성화되고, 그 결과 투자기회의 부분적 포화상태가 점차 심화되면서 이윤의 저하가 장기화되었다는 점이다. 대불

대불황(Great Depression)

1873년대부터 1890년대까지 장기에 걸쳐 유럽 여러 나라와 미국을 휩쓴 심각한 불경기. 불황의 시기와 정도는 나라에 따라 다르며, 각국의 자본주의 경제에 커다란 구조적 변화, 즉 독점자본의 형성을 가져온 사실에서 다른 불황과 구별하여 특히 '대불황'으로 불린다. 이 불황은 1896년까지 계속되었는데, 그 회복이 매우 늦어진 것은 선진국인 영국과 프랑스는 물론 후발국인 독일과 미국에서도 자본주의의 발달이 성숙되어 세계적인 과잉생산 상태에 있었기 때문이다. 불황에서 벗어나기 위해서는 무엇보다도 생산을 합리화하고 새 시장을 획득하는 일이 필요하였다. 그로 인해 대불황기에 사정이 악화된 기업을 정리하고 대자본 밑으로 통합하는 움직임이 싹트게 되었다. 영국에서의 기업합동운동이나 독일을 중심으로 한 카르텔, 콘체른 등의 형성은 그 전형적인 형태였다. 주식회사제도와 은행의 합동·합병은 독점대기업 형성의 계기가 되었다. 또한 각국은 새 시장 개척을 목적으로 아프리카나 아시아 등 미개발국의 식민지화에 적극적인 자세를 취하게 되었다. 따라서 대불황기가 끝나는 무렵부터 자본주의 체제의 모든 국가는 독점과 제국주의 국가로 전환해 갔다.

황기를 특징짓는 물가의 대폭적인 하락은 바로 이와 같이 시장수요를 훨씬 상회하는 생산능력의 과잉, 즉 과잉생산에 따른 것이었다.

해외투자시장에서의 실패는 대불황의 두 번째 원인으로서 이를 더욱 악화시키는 역할을 하였다. 영국은 당시에 가장 주요한 해외투자국으로서의 위치를 차지하고 있었다. 이 시기의 해외투자는 대체로 국공채매입의 형태로 이루어졌는데, 1867~73년 사이에 거액의 철도공채와 더불어 이집트·러시아·헝가리·페루·칠레·브라질 등에 대한 자금이 대부되었다. 같은 기간에 모집된 미국 철도자본의 대부분은 영국자본가가 응모하였다. 그러나 에스파냐의 파산과 남아메리카 및 러시아에서의 재정위기는 해외대부시장을 갑자기 마비시킴으로써 국내시장에의 투자를 자극하여 과잉생산을 심화시키는 방향으로 작용하였다.

대불황의 폭과 깊이를 심화시킨 다른 요인으로는 장기간에 걸친 농업불황을 들 수 있다. 농업공황은 1차 산품 생산국인 캐나다·중남미·인도·극동 및 중근동·오스트레일리아와 미국 등이 세계시장에 본격적으로 편입되면서 야기되었다. 농산물은 수송수단이 발달하지 못했던 시대에는 부피만 크고 값이 쌌기 때문에 국제적 교역상품으로 부적당했다. 그러나 유럽과 미국에서 공업화가 진전되어 운송수단이 속도와 적재능력에서 혁신적으로 개선되고, 1차 산품 생산지역에서도 철도·기선·운하·항만·통신 시설 등이 보급되는 등 운송비용이 크게 하락하자 농산물도 국제교역상품으로 등장하게 되었다. 이처럼 농업불황은 교통혁명에 의하여 전 세계가 하나의 국제분업체계로 연결되는 과정에서 일어난 현상이다. 신대륙의 광대하고 비옥한 토지의 개발과 농업에서 대량생산기술의 발달로 공급능력이 세계적 규모로 증산된 농산물이 교통수단의 개선을 계기로 본격적으로 유럽으로 유입된 것이다. 서유럽은 1870년대 후반의 곡물 수입, 1880년대 중엽 이후 축산물의 수입증대로 만성적 불황에 빠졌으며, 심지어 미국의 농업도 장기적인 불황으로 내몰렸다. 농업불황은 지대를 하락시켰을 뿐만 아니라 농업이윤과 임금도 대폭 하락시킴으로써 국내시장을 한층 더 위축시켜 불황을 더욱 심각하게 만들었다.

대불황으로 유럽대륙의 무역정책은 다시 보호무역주의로 바뀌었다. 현실적으로 불황에 시달리고 있던 산업계나 그 타개를 위해 애쓰던 정치인들 앞에서는 자유무역주의자의 주장이 설득력을 가지지 못했다. 식민지와 아시아·신대륙 등으로부터 수입되는 저가의 농산물이 농업불황을 초래함으로써 주요한 사회적 불만으로 등장했기 때문에 대부분의 나라는 농업보호에 고심하였다. 프랑스는 1885년부터 1897년에 걸쳐 밀의 수입관세를 인상하여 농민을 보호하고 농산물의 자급자족을 도모했다. 러시아와 미국의 농산물에 의해 경쟁에 휩쓸린 독일의 경우는 영국의 공업에 대항하기 위해 보호정책을 요구한 산업자본가의 이해와 독일제국 건설을 위한 재원 조달의 과제를 안고 있던 정부의 의도가 결합하여 비스마르크에 의한 농업보호관세가 실시되었다.

미국이나 유럽대륙 국가들과는 대조적으로 영국은 제1차 세계대전까지 자유무역 기조를 그대로 유지하였다. 19세기 후반에도 세계경제에 대한 영국의 영향력은 지배적이었다.

비스마르크(Otto Eduard Leopold von Bismarck, 1815-1898) 독일의 정치가. 프로이센과 통일 이후 독일제국의 총리. 1862년 당시의 프로이센 국왕 빌헬름 1세(1797-1888, 재위 1861-88)가 군비확장 문제로 의회와 충돌하였을 때 총리로 임명되어 '철혈정책'으로 불리는 강력한 부국강병정책과 대외강경정책을 추진하여 독일을 통일하는 데 주요한 역할을 하였다. 경제정책에서 보면 강력한 보호관세정책으로 독일의 자본주의 발전을 도왔으나 정치 면에서는 융커와 군부에 의한 전제적 제도를 그대로 남겨 놓았다. 통일 후 외교 면에서 유럽의 평화유지에 진력하였으며, 독일-오스트리아 동맹을 비롯한 여러 동맹과 협상관계를 체결하여, 숙적이었던 프랑스의 고립화를 꾀하고 독일의 지위를 튼튼하게 함으로써 국력을 충실히 하려 하였다.

영국의 군대와 행정기관은 세계 도처에서 힘을 발휘하였고, 영국 화폐 스털링은 국제통화이며 런던은 세계금융의 중심지였다. 영국의 자본주의적 식민지지배는 세계의 다섯 대륙에 뻗어 있었고 영국은 엄청난 수입을 획득하였다. 그러나 산업혁명 이래 공업화의 세계적 선도자였던 영국은 대불황기 말에 그 지위를 미국과 독일에 양도하지 않을 수 없게 되었다. 대불황은 영국 자본주의의 세계지배를 동요시킨 첫 번째 계기였다. 영국의 공업력이 상대적으로 저하한 것은 기간산업이었던 철강업에서 더욱 두드러졌다. 섬유공업도 후진국의 공업화에 의하여 점차 그 지위를 잃었다.

세계경제발전에서 차지하는 주요 산업국가들의 역할을 비교해 보면, 영국과 프랑스에 비해서 신흥국가인 미국과 독일이 빠른 성장을 달성하였다. 대불황기부터 제1차 세계대전이 일어나기 직전까지 독일의 성장률은 프랑스의 2배, 미국의 성장률은 영국보다 2배나 빨랐다. 세계의 공업생산에서 영국이 차지하는 비중은 1870년 32%에서 1913년에는 14%로 떨어졌다. 반면 미국의 비중은 같은 기간에 23%에서 38%로 성장하였다. 이처럼 영국은 산업혁명을 선구적으로 달성했기 때문에 후발 자본주의 국가들에 비하여 여러 가지 이점을 누리기도 했지만, 그 이점이 영구적으로 보장되는 것은 아니었다. 미국과 독일이 이 시기에 철도·석탄·철강·해상건설 등의 중공업에서 확실한 기반을 마련한 반면, 절정기에 달한 완전히 성숙한 영국의 자본주의는 점차 쇠퇴하기 시작하였다. 세계의 공장으로 군림해 온 영국은 여러 선진공업국 가운데 한 나라에 지나지 않게 되었다.

제 2 절
독점자본주의와 경제적 제국주의

경제적 민족주의와 영국 공업패권의 상실은 19세기 후반에 일어난 공황의 결과였다. 그런데 대불황이 초래한 더 중요한 결과는 자본주의의 구조와 성격을 변화시켰다는 데 있다. 대불황의 원인과 결과를 이해하고자 하는 주요한 이유도 바로 대불황으로 인해 독점자본주의와 제국주의가 탄생하였기 때문이다. 대불황이 자본주의를 두 단계로 나누는 분수령이었다고 강조되는 것도 이러한 이유에서이다.

산업자본주의는 시간이 경과함에 따라 소규모 생산은 대량생산으로, 자유경쟁은 독점으로 변화하였다. 대기업에 의한 대량생산시대에 들어가기 이전의 산업자본주의에서는 시장의 확대가 생산능력을 웃돌았다. 공급은 이러한 시장압력의 자극에 의해 증가하였다. 그러나 거대한 고정자본을 투하하여 대량생산체제를 갖춘 대기업이 출현하게 되면서 생산량이 시장의 성장을 상회하게 되고, 치열한 가격경쟁을 부르게 된다. 대량생산으로 인한 격심한 경쟁이 가격과 이윤율을 저하시켜 기업의 존립 자체를 위협하게 되면, 기업과 생산의 집중현상이 빠른 속도로 진행된다. 1870년대 이후 주요 자본주의 국가에서 독점화가 나타나게 된 것은 자유경쟁의 필연적인 결과였다.

독점자본주의의 성립에는 은행자본이 크게 기여하였다. 자본과 생산의 집중을 통한 독점자본의 형성에는 거대은행이 개입하여 이를 촉진하였다. 생산자본의 집적·집중이 이루어지자 은행업에서도 자본의 집적·집중이 고도화되고, 중소은행을 흡수·합병한 거대독점은행이 성립하게 되었다. 이 거대독점은행은 생산기업체에 자금을 대부하면서 기업들의 결합을 촉진시켰다. 은행은 단순히 유휴자본을 매개하는 기관으로부터 벗어나 스스로 산업에 투자하여 기능자본으로 전화시키는 역할을 하게 되었다. 이처럼 형성된 금융기관과 산업독점자본의 긴밀한 결합체를 **금융자본**이라고 부른다.

대불황기에 독점적 재생산기구의 형성은 바로 주식회사의 광범한 성립을 배경으로 이루어졌다. 독점의 성립에 대한 경쟁의 제한은 주식회사제도의 보급과 기술혁신에 의해서 비로소 가능하게 되었다. 대량생산은 대규모 시장을 전제로 한다. 교통혁명이 세계시장을 창출한 중요한 요인이 되었던 것처럼 1870년 이후 강철의 저렴화와 공업기술 진보에 의한 수

독점자본주의(Monopoly Caopitalism) 소수의 거대한 독점기업이 지배적인 힘을 확립하는 자본주의의 독점적 단계. 자본주의는 자본의 집적·집중에 따라 자유경쟁이 지배하는 산업자본주의의 단계에서 거대한 소수의 독점기업이 지배적인 힘을 가지는 단계로 이행한다. 역사적으로 보아 세계 자본주의가 이 단계로 이행한 것은 19세기 말에서 20세기에 걸쳐서이다. 독점자본주의 단계가 되면 산업자본주의 단계의 경우와는 달리 거대한 소수 기업이 경제적인 지배력을 가질 뿐만 아니라 정치·사회·문화 등 모든 분야에 있어서 강한 영향력을 행사하게 된다.

금융자본(Finanz Kapital) 오스트리아의 사회주의 경제학자 힐퍼딩(Rudolf Hilferding, 1877-1941)이 1910년 『금융자본』이라는 저서에서 처음 주장한 개념이다. 당시에는 주로 은행의 산업지배를 가리키는 용어였다. 힐퍼딩은 산업자본주의 이후의 자본주의 발전단계로서 금융자본주의를 규정하였다. 그러나 레닌은 그의 이론을 비판하면서 독점이 금융자본의 본질적 요소라고 규정했다. 미국의 마르크스주의자 폴 스위지(Paul Marlor Sweezy, 1910-2004)도 힐퍼딩을 비판하여, 금융자본을 경쟁적 자본주의에서 독점자본주의로 옮아가는 일시적 단계에 지나지 않는 것으로 보고 용어상 독점자본이라고 해야 옳다고 주장하였다.

송의 개선은 운송비용을 다시 인하시켜 세계시장의 확대에 공헌하였다. 시장의 확대에 대응하는 대량생산·대량판매의 경향은 기업의 규모를 대형화하였다. 초과이윤을 둘러싼 개별 자본의 자유로운 경쟁은 자본의 집적·집중을 초래하면서 생산력을 급격히 발전시켰다. 19세기 후반에 개발된 산업기술은 방대한 고정자본을 필요로 하는 산업부문이었다. 따라서 주식회사의 도입은 막대한 자금조달을 위한 새롭고도 효율적인 방법으로서 중화학공업의 발전에 필수적인 요소였다.

선진강대국이 약소후진국을 정치적으로 지배한다는 의미에서의 제국주의는 인류 역사의 모든 단계에서 볼 수 있는 현상이다. 제국주의를 제3세계의 저개발 국가들의 입장에서 자본주의에 내재하는 본질로 파악한다면, 유럽과 미국에서 산업자본주의가 확립되는 자유무역시대에까지 소급해서 적용할 수도 있다. 그러나 오늘날 사용되는 '**제국주의**'라는 용어는 1880년 이후 영국이 추진한 팽창주의와 식민주의에서 시작되었으며, 그 후 프랑스와 독일과 같은 유럽 공업국들이 참가함으로써 19세기에서 20세기로 전환하는 시기에 나타난 열강의 대외적 확장정책을 의미하게 되었다. 1870년부터 1900년에 이르는 불과 30년간 유럽 각국은 면적으로 1,000만 제곱마일 이상, 인구로는 거의 1억 5,000만 명에 달하는 규모의 식민지를 건설하였다. 이는 세계 면적의 약 5분의 1, 당시 세계 인구의 약 10분의 1에 해당하는 규모였다.

식민지개척은 값싼 자원과 판매시장을 확보하기 위한 것이었다. 물론 제국주의가 등장한 배경은 경제적 이유가 전부는 아니었다. 개개의 사례를 보면 정치적·군사적인 의도와 미개민족의 문명화라는 미화된 사명감 등 여러 가지 동기가 작용하였다. 그러나 이 폭발적인 제국적 확장운동 전체를 하나의 운동으로서 파악해 본다면 그 근저에 깔려 있는 경제적 요인의 강력한 작용을 인정하지 않을 수 없다. 제국주의의 확장에 중요한 계기는 1870년대의 대불황이다. 영국을 비롯한 유럽의 열강들은 다투어 제국적 확장에 광분하기 시작하였다. 유럽 각국은 공업화와 기술혁신을 통하여 거대한 산

제국주의(Imperialism) 일국의 정치적·경제적 지배권을 다른 민족과 국가의 영토로 확대시키려는 국가의 충동이나 정책. 일반적으로는 1870년부터 20세기 초에 걸쳐 나타난 독점자본주의에 대응하는 정치적·경제적 구조를 총칭하는 말로 쓰인다. 침략에 의하여 영토를 확장한다는 점에서 팽창주의 또는 식민주의와 거의 동일한 의미로도 사용되지만, 반드시 제국주의적 자본주의적 제국주의에만 국한된 개념은 아니다. 영국의 총리 디즈레일리는 1877년 러시아가 콘스탄티노플을 점령하려고 하자 이에 대해 무력행사도 불사한다는 대외강경책을 구사하였는데, 이때부터 제국주의는 열광적인 전쟁 추구 혹은 배타적 대외강경책을 의미하였다. 1880~90년대 영국은 제국주의를 영국의 번영과 진보를 상징하는 표상으로 여기는 경향이 생겨 그것을 오히려 찬양하는 것이 일반적 경향이었다. 그러나 1870년경부터 제국주의라는 말은 자본주의 국가들 간의 팽창주의적 경쟁과 대외침략, 식민지지배를 가리키는 부정적인 의미로 확립되었다.

업생산력을 구비하였으나, 공황이 닥치자 생산능력에 대한 공포감에 빠지게 되었다. 수출시장의 부진과 정체는 당연히 해외투자를 위한 특권 세력권에 대한 관심을 불러일으켰으며, 1880년대에 이르자 식민지의 가치를 새롭게 인식하도록 하였다. 불황에 빠진 유럽의 열강들은 불황기에 계속 진행되는 공업화와 유휴자본의 압박을 받게 됨으로써 식민지지배에 매력을 느끼지 않을 수 없게 되었다.

제국주의의 주요한 경제적 특징은 러시아혁명의 지도자 레닌이 그의 저서 『제국주의』에서 '제국주의의 다섯 가지 지표'라고 부른 다음 다섯 가지 특징으로 요약된다. 첫째, 생산·자본집적의 고도화와 독점체의 성립이 이루어진다. 둘째, 은행자본의 집적과 금융자본의 확립, 즉 독점자본주의가 성립된다. 셋째, 자본수출 및 이와 더불어 금융자본의 지배망이 전 세계로 확산된다. 넷째, 국제독점체에 의한 세계경제의 분할이 나타난다. 다섯째, 자본수출을 계기로 세계의 영토분할이 완료되고 재분할이 과제가 된다.

산업자본주의 단계에서는 상품수출이 주류를 이루었지만, 독점자본주의 단계에서는 자본수출이 경제적 제국주의의 가장 중요한 특징이 된다. 자본주의가 고도로 발달한 지역에서 과잉생산과 그로 인한 이윤율 저하 등 투자 면에서 불리한 조건이 나타난다. 자본은 보다 높은 이윤을 확보하기 위해 해외, 특히 식민지로 진출하게 된다. 후진지역과 식민지는 일반적으로 자원 및 토지와 노동력이 풍부하고 자본의 유기적 구성도가 낮기 때문에 높은 이윤을 보장하기 때문이다.

자본수출이 진행됨에 따라 국제적 수준에서 거대독점체들 간에 결합이 이루어지거나 세계시장을 보다 안정적으로 확보하기 위하여 국제적 협정이 맺어지게 된다. 제국주의 국가들은 안전하고 유리한 자본수출시장과 판매시장의 확보를 위하여 후진지역을 자국의 정치적 세력권에 포섭하려 할 뿐만 아니라 다른 국가가 이미 점령한 식민지에도 진출하고자 시도하게 된다. 이러한 영토의 재분할 움직임은 산업의 불균등 발전에 따른 경제적 힘이 역전되는 과정에서 제국주의 열강들 간의 투쟁을 강화시키고 세계전쟁을 일으키게 된다. 이러한 역사의 동향이 결국 제1차 세계대전과 나아가 제2차 세계대전을 초래하였다.

전간기의 세계경제

세르비아에서 일어난 한 청년의 오스트리아 황태자의 암살사건이 계기가 되어 1914년부터 1918년까지 영국·프랑스·러시아 등의 연합국과 독일·오스트리아 등의 동맹국 사이에 벌어진 **제1차 세계대전**은 역사상 최초의 세계 규모의 전쟁이었다. 전선의 병사에 국한되지 않고 후방의 국민까지 전쟁에 동원된, 제1차 대전은 국가들이 지니고 있는 힘을 모두 동원한 최초의 총력전이었다.

제1차 대전은 여러 선진국 경제의 질서에 커다란 변화를 가져왔다. 영국은 제1차 대전에서 승리했지만 다른 나라에 비해 더 심각한 불황을 경험하였다. 영국의 실업률은 약 10%로 실업이 만성화되었다. 불황의 원인은 높은 임금수준, 섬유산업을 비롯한 수출산업에서 후발국들의 추월, 중공업에서 독점체제의 미숙으로 인한 경쟁력의 약화 등이다. 특히 전후에 영국정부가 추진한 금본위제로의 복귀는 영국경제를 더욱 어려운 처지로 몰아넣었다. 미국의 금보유고가 1913년 7억 달러에서 1921년 25억 달러로 증가한 데 비하여 영국은 2억 달러에서 8억 달러로 증가하는 데 그쳤다. 대외투자에서도 미국이 제1차 대전 동안 급속히 증가한 것과는 대조적으로 영국은 1913년 183억 달러에서 1919년 157억 달러로 축소되었다. 달러에 대한 파운드화의 가치는 1914년 4.78달러에서 1921년 1월 3.78달러로 떨어졌다. 그럼에도 영국은 달

제1차 세계대전 1914~18년 영국·프랑스·러시아 등의 연합국과 독일·오스트리아 등의 동맹국 간에 벌어진 세계 규모의 제국주의적 전쟁. 1918년 11월 파리에서 영국·프랑스 등의 연합국 측과 독일이 휴전조약을 맺으면서 막을 내렸다. 파리에서 1919년 1월부터 6월까지 열린 강화회의에는 미국의 윌슨 대통령도 참석하였다. 독일에 대한 보복과 자국의 안전보장을 강력히 요구하는 프랑스에 의해 독일에 가혹한 베르사유조약이 만들어지고, 독일 대표단은 파리 교외의 베르사유궁전에 호출되어 일체의 항변도 하지 못한 채 조인하게 되었다. 전승국 쪽이 패전국인 독일에게 전쟁의 책임을 일방적으로 전가시킨 데 대한 독일 국민들의 불만은 후에 히틀러의 나치스를 키우는 계기가 되었다. 또한 이탈리아는 전승국의 일원이었으나 거의 모든 전투에서 패하여 연합국의 승리에 기여하지 못해 참전 대가를 약속대로 차지할 수 없었고 이탈리아 국민의 강한 불만은 그 뒤 무솔리니가 파시즘운동을 전개하는 데 직접적인 동기가 되었다.

러화에 대응하고 국제통화로서 파운드의 위신을 되찾기 위해서 전쟁 전의 파운드화에 대한 평가를 회복하고 금본위제로 돌아가기 위하여 모든 노력을 기울였다. 그러나 영국의 공업생산성이 경쟁국들보다 크게 높지 않았기 때문에 이러한 시도는 오히려 국제시장에서 영국 수출품의 가격경쟁력을 하락시킬 뿐이었다.

프랑스는 영국과 마찬가지로 공업설비들과 은행 및 금융망을 보유하고 있었다. 그러나 프랑스는 제1차 대전의 주요한 전장으로서 최대의 피해를 입었을 뿐만 아니라, 1917년 러시아혁명으로 러시아에 투자했던 자산을 상실하고 약 25억 달러의 빚을 졌다. 전후 프랑스는 경제적으로 곤궁상태를 벗어나지 못하였다. 프랑스는 주로 독일에게서 받은 배상금과 공채발행으로 경제를 운영하였으나, 높은 수준의 인플레이션이 야기되고 대규모 파업이 빈발하였다. 그래도 프랑스는 프랑화의 평가절하에 힘입어 수출에서 이익을 올릴 수 있었고, 1920년대 후반에는 경기도 상당히 안정되고 국가재정도 건전해졌다. 그 결과 프랑스의 프랑화는 1928년에 공식적으로 태환성을 회복하였다. 다만 그 가치는 프랑스혁명 이래 화폐 가치 수준의 5분의 1에 불과했다.

패전에도 불구하고 가장 역동적으로 전후복구를 단행하고 호황을 극적으로 이끌어낸 것은 독일이었다. 독일은 패전으로 주요국들 가운데 가장 가혹한 시련을 받아야 했다. 먼저 정치적으로는 노동운동과 사회민주당을 억압했던 제2제정이 무너지고 공화제와 의회민주주의가 채용되면서 **바이마르공화국**이 성립하였다. 1919년 6월 파리 강화회의에 의해 맺어진 베르사유조약은 패전국 독일에 대한 처우문제를 다룬 조약으로 독일의 미래를 결정한 가장 중요한 사건이었다. 독일은 모든 해외투자와 식민지 및 선박을 상실했으며, 영토의 8분의 1이 잘려 나가는 바람에 석탄·철강 생산량의 3분의 1과 중요한 광물자원 등을 잃고 경제적 파국에 직면하였다.

베르사유조약 가운데 독일경제에 가장 중요한 영향을 미친 것은 배상금조항이었다. 전쟁이 끝나자 프랑스와 영국은 독일에 막대한 배상을 요구하고 나섰다. 프랑스는 1871년 프로이센-프랑스전쟁에서 패배했을 때 독일에게 50억 프랑이

바이마르공화국 제1차 세계대전 후인 1918년에 일어난 독일혁명으로 1919년에 성립하였다가, 1933년 히틀러의 나치스정권 수립으로 소멸된 독일공화국의 통칭. 바이마르에서 소집된 국민의회에서 그 골격을 규정한 「바이마르헌법」이 채택되었기 때문에 이 이름이 붙었다. 1919년 총선거에서 민주공화파(사회민주당·민주당·중앙당)가 대승을 거두어 에베르트가 대통령이 되고, 이어 샤이데만이 초대 총리가 된 민주공화파 3당의 연립내각이 성립되어 8월 11일에 「바이마르헌법」, 즉 독일민주공화국 헌법이 반포됨에 따라 바이마르공화국이 출범하였다.

라는 엄청난 배상금을 물었기 때문에 복수심에 불타는 프랑스의 요구는 더욱 강렬할 수밖에 없었다. 독일이 베르사유조약의 과도한 부담과 보복, 그 이후 회담 내용의 강압적 방식에 계속해서 반발했기 때문에 1921년 3월에는 연합국이 조약불이행을 구실로 라인강 동쪽의 뒤셀도르프·뒤스부르크·루르오르트 등의 지역을 점령하였고, 4월 27일 연합국배상위원회는 1,320억 마르크라는 천문학적 배상액을 강요하였다. 영국은 독일경제의 파멸과 공산화를 우려하여 지불유예를 주장하였으나, 루르 지방을 탐낸 프랑스가 벨기에군과 합동으로 1923년 이 지역을 점령하자 영국과 프랑스 사이에 심각한 긴장관계가 드러나기도 하였다. 그러나 이를 계기로 독일의 배상금은 독일의 배상능력을 중시하는 새로운 방식으로 개선되었으며, 1929년과 1932년에 애당초 요구되었던 배상액의 4분의 1 이하로 삭감되었다.

한편 독일은 과도한 배상금과 전시공채의 상환을 위한 차입과 통화증발의 결과 1922~23년 사이 엄청난 인플레이션이 발생하였다. 마르크화의 가치는 전쟁 전에 비하여 1조 분의 1까지 하락했다. 그러나 인플레이션은 한편으로는 공채 및 기업의 채무부담을 없앰으로써 경제재건을 위한 계기를 제공한 측면도 있다. 당시의 인플레이션은 재정긴축과 금융동결로 환율을 안정시키면서 1조 마르크를 1렌텐마르크와 교환함으로써 통화안정에 성공하여 1924년에는 금본위제로 복귀하였다. 미국 자본이 독일에 대거 유입된 덕분에 공업잠재력을 갖추고 있던 독일경제는 급속도로 재건되었다. 영국과는 대조적으로 독일은 1923년에는 1913년 수출량 수준을 회복하였으며, 이후로 5년 동안 착실하게 배상금을 지불할 수 있게 되었고 1925년 이후 제1차 대전의 영웅이었던 힌덴부르크 대통령 치하에서도 경제는 번영을 지속하였다. 독일은 배상요구를 충족시키기 위해서도 석탄·강철·제철 및 기계제품의 수출증대를 달성해야 했는데, 이를 위해서 또 기업경영의 합리화와 기술혁신, 독점강화를 통한 국제경쟁력 강화 등이 추진되었다.

그러나 1920년대 후반의 급속한 재건에도 불구하고 독일경제는 매우 취약한 기반 위에 서 있었다. 독일은 전쟁 전부터 해외로부터 다량의 원자재를 수입해야 했기 때문에 무역의존도가 높았는데, 패전으로 더욱 불리한 입장에 처하여 수입초과가 지속되었다. 여기에 배상과 채무변제가 더해지면서 경상수지도 적자를 면치 못하였고,

이를 보충하기 위해 거액의 자금을 도입하지 않으면 안 되었다. 경제재건과 대외부채의 지불을 위한 자금도입이라는 악순환을 되풀이하는 구조적 취약성을 지니고 있었던 것이다.

제1차 세계대전으로 가장 큰 이익을 본 나라는 미국이다. 제1차 대전으로 유럽의 교전국들은 막대한 피해를 입었으나 미국은 그렇지 않았으며, 오히려 상대적인 면에서는 국력이 더욱 강화되었다. 전쟁경비로 영국이 국부의 32%, 프랑스 30%, 독일 22%를 지출했으나 미국은 9%를 지출했을 뿐이다. 미국은 전쟁이 끝나자 농업은 물론 가장 강한 공업력과 금융력을 지닌 경제대국으로 부상하였다. 제1차 대전 직전까지 채무국이었던 미국은 참전 이후 연합국에 대한 대부로 채권국으로 전환하였다. 미국이 연합군에 공급했던 물자의 가격과 이자의 합계는 117억 달러에 달했다. 이 가운데 영국에 대한 채권은 46억 달러, 프랑스에 대한 채권은 40억 달러나 되었다.

공업에서도 1913년의 공업생산지수를 기준으로 한 1920년의 생산 수준에서 미국이 141이었던 데 비하여 영국은 100, 프랑스는 62, 독일은 61에 지나지 않았다. 이는 미국의 공업력이 세계를 제패하게 되었음을 의미한다. 미국의 금보유고는 전쟁기간 4배 이상이나 증가하였으며, 전 세계 금보유고의 약 40%를 차지하였다. 이러한 경제력을 배경으로 미국은 일찍이 1919년에 금본위제로 복귀하였다. 대부분의 선진국들이 전후의 불황에 시달리고 있던 1922년에 이미 미국경제는 회복단계에 접어들었으며, 1929년까지 '영원의 번영'을 구가하였다.

그러나 역사상 최고의 번영을 구가하던 시절에 이미 미국경제의 이면에는 어두운 그림자가 드리우고 있었다. 미국경제의 위기는 다음과 같은 현상들에서 나타났다. 첫째, 1920년대에는 생산과 자본의 집중이 급속하게 진행되어 독점이 심화되었다. 독점 그 자체는 기업 생산의 합리화와 더불어 고임금을 지불할 수 있는 기반으로서 번영국면을 창출하는 기반이었지만, 독점대기업에 의한 생산지배와 생산의 확대는 점차 소비수요의 규모와 시장수요의 확대를 제약함으로써 불황을 초래하는 주요한 요인으로 작용하기 시작하였다. 독점적 지배력의 강화는 실질임금 상승률을 둔화시키고 소득분배의 불평등을 심화시킴으로써 시장수요의 증대를 억제하기 시작하였다.

둘째, 임금인상폭의 둔화는 1920년대 노동조직의 약화에도 기인하였다. 1913~19년 사이에 미국 노동자의 실질임금은 오히려 하락하였으며 치명적인 산업재해가 빈발하였다. 미국에서는 1863년 전국노동협회가 8시간 노동제의 요구를 결의한 데 이어, 1867~70년 코네티컷 등 4개 주가 8시간 노동제를 채용하였다. 오늘날 전 세계적으로 기념되는 국제노동자의 날도 1886년 결성된 미국노동총연맹의 주도하에 같은 해 5월 1일 일어난 8시간 노동제를 위한 총파업을 기념한 것이다. 이처럼 8시간 노동제는 미국을 시초로 부분적으로 실시되기는 하였으나 아직 보편화되지는 못했고, 노동시간이 감소한 곳에서도 그 대신 노동강도가 강화되었다.

셋째, 국내시장을 제약한 요소로는 농업불황이 있다. 1920년대의 농업불황은 전후 세계불황의 일환으로서 미국을 비롯한 농업국이 제1차 대전 동안 유럽에 대한 수출을 위하여 확대했던 생산을 쉽게 축소시킬 수 없었던 데다가 전후 유럽 각국이 농업경영의 안정과 국제수지 개선을 위하여 농업관세를 인상하는 등 농업보호정책을 채택한 것 등이 그 원인이었다.

1920년대 유럽경제의 상대적 호황과 부흥을 지탱한 것은 미국 자본이다. 전쟁이 끝나자 미국에서는 곧바로 대외투자가 재개되어 1922년까지 순조로운 신장세를 보였다. 1923년 프랑스에 의한 루르 점령 등의 불안요인 때문에 약간 주춤하기는 했으나 같은 해 독일의 '렌텐마르크의 기적'이라고 하는 통화의 안정, 1924년 도스안의 성립과 통화제도의 재건, 그리고 1925년 영국의 금본위제도로의 복귀 등에 의한 국제적 신용관계의 회복이 미국의 대외투자에 유리한 조건을 부여하였다.

독일에 대한 미국의 투자는 독일의 경제적 부흥을 가능하게 했을 뿐만 아니라 유럽경제를 지탱시키는 중요한 기반이기도 하였다. 독일의 마르크화는 1922~23년의 붕괴 이후 영국의 신용공여로 재건되었지만, 최대의 자금제공국가는 미국이었다. 1924~30년에 독일이 받은 외국의 신용공여는 독일이 지불한 배상금의 2배가 넘었다. 이를 통해서 독일은 국

도스안(Dawes Plan) 제1차 세계대전 이후 1924년부터 실시된 독일의 배상문제에 관한 재건계획안. 이 안을 제출한 배상문제전문가위원회 위원장인 미국의 도스(Charles Gates Dawes, 1865-1951)의 이름을 붙여 그렇게 불렀다. 1923년 전쟁책임에 대한 독일의 배상금지급에 불만을 품은 프랑스가 루르 지방을 강제 점령함으로써 독일의 정치·경제·사회는 대혼란에 빠졌다. 그 해결책으로 입안된 것이 도스안으로, 배상의 총액과 지불 기간은 언급하지 않고 향후 5년간의 지불액만을 정하였다. 이 계획안의 실시를 위하여 독일은 8억 달러의 미국 자본을 도입하고, 독일의 철도·공업 등을 담보로 금화 16억 마르크를 대부받아 산업합리화를 꾀하면서 경제도 회복단계에 들어갔다. 그 후 배상지불이 원활하게 진행되어 독일과 프랑스 간의 대립도 사라졌으며, 독일에 대한 엄격한 통제도 해제되었다.

내경제를 재건하고 금과 외화보유고를 보충하면서 대외투자를 재개할 수 있었다. 독일은 연합국들에 배상금을 지불할 수 있게 되었고 연합국들은 배상금을 다시 미국에 대한 전채상환에 충당했다. 그 결과 미국은 투자여력을 다시 강화하게 되었다. 다액의 배상금을 받은 프랑스나 영국은 국제수지의 압박을 완화시킬 수 있었다. 뿐만 아니라 프랑스는 단기자본의 투자를 계속할 수 있었고, 영국은 프랑스나 미국으로부터의 단기자본에 의존하면서 대영제국의 연방국들에게 장기대부를 계속할 수 있었다. 유럽의 부흥과 안정, 특히 영국이나 독일에게 1차 산품의 수요증대는 세계무역의 확대를 촉진한 주요 요인이 되었다.

제 4 절

세계 대공황

자본주의의 역사에서 가장 심각한 위기를 기록한 1929년의 대공황은 먼저 미국에서 발생하여 유럽으로, 이어서 전 세계로 파급되었다. 1920년을 분기점으로 미국의 설비투자는 점차 하락하였고, 포드자동차가 T형 차에서 A형 차로 전환한 시기인 1926년 이후에는 내구소비재에 대한 지출도 둔화되었다. 1929년 포드자동차의 의뢰로 실시된 조사에 따르면 노동자 100가구당 98가구가 전기다리미를, 76가구가 재봉틀을, 51가구가 진공청소기를 가지고 있었고 자동차는 100명당 평균 19대였다. 이는 대중소비사회의 한가운데서 소비수요가 포화상태에 이르고 있음을 뜻한다. 전반적인 소비수요의 감퇴와 함께 1928년 여름에는 주택건축도 격감했고, 1929년 6월에는 자동차와 철강산업도 후퇴하기 시작했다. 이에 따라 관련산업에서도 재고의 증대와 생산의 축소 현상이 일어났다.

　1929년 10월 주식시장의 붕괴를 계기로 미국이 유럽에 대부했던 자금을 회수하기 시작하자 공황은 일시에 유럽으로 파급되었다. 미국 자본수출의 감소에 가장 큰 타격을 입은 나라는 독일이었다. 당시의 독일은 배상금지불은 물론 식량을 비롯한 많은 물품의 수입마저도 자본수입으로 충당하고 있었다. 영국이 금본위제를 이탈하자 영국과 관계 깊은 25개국도 금본위제를 포기하였다.

루스벨트(Franklin Delano Roosevelt, 1882-1945, 재임 1933-1945) 미국의 제32대 대통령으로 강력한 내각을 조직하고 경제공황을 극복하기 위하여 뉴딜정책을 추진하였다. 외교 면에서는 선린 외교정책을 추진하였으며, 제2차 세계대전 중에는 연합국회의에서 지도적 역할을 다하여 전쟁종결에 많은 노력을 기울였다. 1932년 민주당 대통령 후보로 지명되자 지명수락연설에서 '뉴딜정책'을 선언하였다. 1936년 대통령에 재선되었고, 1940년 3선되었다. 1935년 유럽의 정세가 악화됨에 따라 영국과 프랑스를 원조하였으며, 1941년 일본의 진주만 공격을 계기로 참전하였다. 1944년 대통령에 4선되고 국제합의구상을 구체화하는 데 노력하였으나, 1945년 4월 세계대전의 종결을 보지 못하고 뇌출혈로 사망하였다.

영국이 금본위제를 포기한 1931년은 1920년대 중반에 간신히 재건된 국제금본위제 붕괴의 결정적 시점이 되었다. 미국이 금본위제를 정지한 것은 1933년이다. 공황의 진행으로 은행도산의 우려와 달러의 평가절하가 예상되는 가운데 1933년 2월에는 대규모의 금융공황이 미국경제를 강타했다. 1933년 4월 **루스벨트** 대통령은 취임 직후 은행휴업조치를 취하고 태환정지와 금 수출금지를 단행하여 금본위제를 정지시켰다. 달러화의 가치는 이후에도 계속 하락하여 1935년 1월에는 다시 대폭적인 평가절하가 단행되었다. 프랑스·벨기에·스위스 등은 금본위제를 유지하고자 애썼지만 이들도 1936년까지 차례로 이탈하여 국제금본위제는 붕괴되었다. 이로써 금본위제는 완전히 모습을 감추고 각국에서는 정부가 통화공급을 조절하는 관리통화제도가 실시되었다.

1929년에 시작된 세계 대공황은 미국경제가 이룩한 1920년대의 번영과 제1차 대전 이후의 세계경제가 이룩한 급속한 생산력의 팽창으로 인한 과잉생산과 불안정한 세계경제구조가 가져온 결과였다. 전간기의 세계경제가 다면적인 분열 요인을 내포하면서도 안정될 수 있었던 것은 미국의 자본수출을 축으로 하여 세계경제가 통일적으로 편성되고 있었기 때문이다. 제1차 대전으로 유럽은 생산력과 자본력을 소모한 반면 미국은 최대의 경제대국으로 성장함으로써 전후의 부흥과정에서 유럽뿐 아니라 중남미와 캐나다 등에 대해서도 결정적인 역할을 수행했다. 미국의 자본수출이야말로 1920년대 세계경제의 안전판이었다.

그러나 당시에는 국가들 간의 복잡한 채무관계와 생산·무역·금융을 통제할 국제기구가 없었다. 미국은 최대의 공업국이자 금융대국이었지만 은행과 미국 정부는 달러를 기축통화로서 운용할 만한 의지나 경험과 수행능력을 아직 갖추고 있지 못했다. 국제금융의 리더십 회복에 관심을 가진 런던은 국제금융을 제어할 만한 능력을 가지고 있지 못했다. 미국은 국제금융 운용상의 경험부족에 더하여 농업과 원료, 공업생산이라는 면에서 대단히 자립적인 산업구조를 유지하고 있었을 뿐 아니라 넓은 국내시장을 가지고 있었기 때문에 무역의존도가 대단히 낮았다. 미국의 대외경제정책 자체가 고립주의로 국내시장을 보호하기 위한 조치를 실시하고 있었다. 국제협력의 필요성을 그다지 느끼지 못했기 때문에 미국은 자국중심적인 금융정책을 견지하였고, 런던을 대신하는 국제금융의 주축 역할을 수행할 수 없었다.

대공황이 세계경제에 미친 영향 중 가장 중요한 것은 바로 수정자본주의라는 새로운 형태의 자본주의와 포드주의라는 새로운 생산방식의 도입이었다. 전 세계적인 공황에 여러 선진국들은 나름의 방식으로 이 위기를 극복하고자 하였다. 그 중에서도 가장 대비되는 것은 바로 미국과 독일의 대응이었다. 1933년 3월 금융공황의 와중에 대통령으로 취임한 루스벨트가 시행했던 일련의 공황대책이 바로 **뉴딜정책**이다.

미국경제가 지속적인 경기회복과 호황상태에 진입한 것은 군수생산이 확대되면서부터이다. 1939년 유럽에서 전쟁이 발발하여 전시체제와 함께 군비생산에 돌입하게 되었고, 이에 따라 뉴딜의 공공지출을 훨씬 상회하는 군사비가 지출되면서 경기회복과 완전고용을 달성할 수 있게 되었다. 뉴딜은 경기회복 목표를 충분히 달성하지 못한 채 전시체제로 접어들게 됨에 따라 자연히 종료되었다. 그런 점에서 뉴딜이 반드시 성공했다고는 할 수 없으나 이 정책이 실시되는 동안에 자본주의 자체가 현저한 변모를 이룩하였고, 국가에 의한 경제개입이 불가결의 요소가 되었다는 점에서 그 의미는 매우 크다.

제 **5** 절

포드주의 생산방식

대공황을 계기로 미국의 전 산업에 확산된 포드주의 생산방식은 원래 미국 포드자동차회사의 생산시스템에서 나온 말로, 컨베이어 자동조립설비를 이용한 대규모 분업생산방식을 기초로 한 것이다. 대량생산방식의 장점, 즉 생산량을 늘림에 따라 비용이 줄어드는 효과가 큰 '규모의 경제'는 자동차산업과 같은 설비산업인 중화학공업에서 가장 잘 발현되었고 따라서 포드주의에 의해 중화학공업의 발전이 촉진되었다.

20세기에 접어들자 선진공업국가들의 생산조직은 대량생산체제를 갖추게 되었다. 대량생산체제가 발전하고 또 유지되기 위해서는 대량으로 생산된 상품에 대한 대량판매와 대량소비를 가능하게 하는 대중사회가 존재해야 한다. 이는 과거에는 소수의 상류계층만이 누릴 수 있었던 물질적 소비생활을 일반대중들도 누릴 수 있게 되었다는 것, 즉 생활양식의 근대화와 평준화를 의미한다. 이러한 사회는 1920년대 미국에서 최초로 등장했는데, 당시에는 자동차·재봉틀·자전거와 다리미·라디오·세탁기·청소기 등 각종 가정용 전기 기구 등이 널리 보급되어 대중생활에 커다란 영향을 가져왔다.

포드주의 시스템은 공장 내의 노동조직을 합리적으로 편성하고 컨베이어 벨트로 생산공정을 연결시키는 연속적 작업으로서 대량생산체제를 구축하였다. 흐름 작업공정의 도입과 더불어 기업규모의 거대화가 진행됨으로써 생산성은 증가하고 생산비는 큰 폭으로 절감되었다. 1927년까지 생산된 포드의 T형 자동차의 생산단가는 1,950달러에서 290달러까지 하락하였다. 반면 노동자들의 하루 임금은 1914년 이전 2~3달러에서 1919년 6달러, 1929년에는 7달러로 인상되었다. 이같이 미국에서는 흐름공정을 도입한 독점적 대기업의 발전과 고임금을 기반으로 거대한 국내시장이 형성되었다. 1920년대 미국경제의 번영은 대량생산과 대중소비, 이를 뒷받침한 일부 노동자집단에 대한 고임금정책 및 합리적 노동조직에 바탕을 둔 것이었다.

제 6 절

나치스와 동원 경제

1924년 이후 기적이라고 부를 정도로 번영을 누리던 독일경제는 미국의 대공황으로 가장 큰 타격을 받았다. 독일의 호황을 지탱한 미국 자본 특히 단기자본의 회수는 후진성을 탈피하기 위한 여러 가지 무리한 정책적 기반 위에 구축되었던 취약한 독일경제를 일거에 혼란에 빠뜨렸다. 이로 인한 연쇄반응은 사회경제적으로 심각한 사태를 몰고 왔기 때문에 그 극복책은 조급하고 또 강권적 방법을 동원하지 않을 수 없었다.

히틀러가 정권을 획득한 1933년의 등록실업자는 600만이었고, 미등록실업자는 100만 명에 달했다. '일과 빵'은 히틀러의 공약이었으며, 이 공약은 '4개년계획'으로 발표되었다. 나치스가 공약했던 두 가지 계획은 실업자를 없애고 농민을 구제하여 경제번영을 회복한다는 것과 베르사유조약의 속박에서 독일을 해방시키고 국위를 선양한다는 것이었다. 이러한 목적을 추구하기 위한 가장 쉬운 길은 이탈리아의 경우와 같이 침략주의로의 전환이었다.

나치스의 실업대책은 이전 정부가 착수했던 긴급계획에 의한 종합적 공공투자의 대폭적인 확장으로 전개되었다. 이러한 정책의 실시는 가격기구에 대한 전면적인 통제에 의한 것이었기 때문에 생산, 분배 및 소비의 모든 부문에 걸친 정부의 통제가 불가피하였고, 마침내는 노동자들의 직장 선택의 자유마저도 통제를 받게 되었다. 히틀러가 대중지배의 수단으로서 추구했던 '일과 빵'의 확보정책은 군비확충을 중심으로 이루어졌기 때문에 임금과 생활수준은 극도로 억압되었다. 소비재 부문에서는 생산의 회복도 늦었을 뿐 아니라 생산재 부문의 현저한 신장이 비생산적인 군수산업에서 이루어졌으므로 재생산 규모의 확대도 그만큼 제한되었다. 투자배분은 정부의 강력한 통제 하에 두어지고, 자금은 군수산업을 비롯하여 국내자원의 개발이나 대체원료생산에 중점적으로 투입되었다.

그러나 정부의 이렇게 강력한 직접 통제에도 불구하고 무

나치스(Nazis) 히틀러를 당수로 하여 1933~45년 정권을 장악한 독일의 파시즘 정당. 정식 명칭은 국가사회주의독일노동자당이다. 유럽사회에 일반적으로 공통되어 있던 반(反)유대주의·백색인종지상주의·국가주의·제국주의 및 반(反)사회주의와 반(反)민주주의 사상을 기초로 1919년 결성되었다. 세계대공황의 혼란기에 제1당이 되었다.

히틀러(Adolf Hitler, 1889-1945)

독일의 정치가, 제3제국의 독재자이며 나치스의 지도자. 오스트리아 출신으로 제1차 세계대전이 발발하자 독일군에 지원병으로 입대하고 무공을 세워 철십자 훈장을 받았다. 1919년 독일노동자당(후에 국가사회주의독일노동자당, 즉 나치스가 됨)에 가입하였으며, 웅변에 능하여 당의 선동가로서 인정받았다. 이를 바탕으로 당의 지도자가 되어 군부·보수파와 손잡고 민족공동체 건설, 강대한 독일의 재건, 사회정책의 대대적인 확장, 베르사유조약의 타파, 민주공화제의 타도와 독재정치의 강행, 유대인 배척 등을 역설하였다. 1923년 11월 뮌헨에서 봉기를 획책했으나 실패하여 란츠베르크 육군형무소에 투옥되었는데, 옥중에서 『나의 투쟁』을 출판하였다. 출옥 후 1930년 9월 총선거에서 사회민주당에 이어 제2당이 되었으나 연립내각에 입각하기를 거절하고 나치스의 독재지배를 요구하였다. 1933년 1월 총리가 된 이후 보수파와 군부의 협력을 얻어 반대파를 탄압하고 일당독재체제를 확립하였다. 군비를 확장하여 독일을 유럽에서 최강국으로 발전시켰기 때문에 국민의 열광적인 지지를 받게 되었고, 독일민족에 의한 유럽제패를 실현하기 위해 제2차 세계대전을 일으켰다. 그러나 스탈린그라드전투에서 패배 이후 패전을 거듭하였고, 1945년 4월 30일 베를린이 함락되기 직전에 자살하였다.

역의 축소, 물가의 급등, 수출경쟁력 저하 등의 현상은 더욱 격화되었고 대외균형의 파탄은 확대되었다. 이렇게 되자 히틀러정권은 생활권의 확보를 위해 무력을 사용하게 되었다. 1938년에는 오스트리아와 수데텐 지방을 무력으로 병합하였고, 1939년 9월에는 폴란드에 군대를 진주시켰는데 이것이 제2차 세계대전의 직접적인 계기가 되었다.

정부에 의한 경제통제 또는 경제개입이 이루어졌다는 점에서 뉴딜과 나치스는 다를 바가 없다. 그러나 독일의 나치스 정책은 미국의 뉴딜에 비하여 여러 가지 면에서 대립되는 측면을 가지고 있었다. 첫째, 뉴딜정책이 시장기구의 작동을 전제로 실시된 반면 나치스의 경제정책은 국가경제를 철저하게 통제하여 가격기구의 작동이 중지되었다. 군수생산의 확대를 통하여 1937년에는 거의 완전고용을 달성하였던 점에서 1937년에 다시 심한 공황상태에 빠진 미국보다도 공황극복에 더 효과적이었다고 할 수 있다. 그러나 군비확장을 위해 생산원료와 자금은 철저하게 통제되었으며, 군수생산의 확대는 외화획득을 가져오지 못하고 수입물자를 급증시킴으로써 독일경제의 모순은 더욱 심화되었다. 독일이 1936년부터 4개년계획을 실시한 것도 군수생산을 중심으로 하는 주요 공업원료의 국내자급도를 향상하기 위한 것이었다. 따라서 이 계획은 노골적인 전쟁준비계획의 일환이었으며, 전시경제체제에서 가격기구의 기능은 완전히 정지되었다.

둘째, 히틀러는 국민에게 일과 빵을 준다고 약속했지만 노동운동을 철저하게 탄압하고 독점대기업과 유착하였다. 히틀러의 나치스는 '국가사회주의노동자당'이라는 의미지만, 실제로는 집권 1년이 되기도 전에 노동자조직을 철저하게 탄압하여 노동에 대한 자본의 전면적인 지배체제를 확립하였다. 독일정부는 공산당과 사회민주당을 금지시키고 독일노동전선을 창설하여 모든 노동조합을 편입시켰으며, 노동조합의 단체교섭권을 박탈하고 노사관계를 지배-복종의 관계로 바꾸었다. 이를 기반으로 독일정부는 중요하다고 판단되는 생산부문에 노동력을 확보하여 집중적으로 배치하였다.

반면에 루스벨트의 뉴딜에서는 단결권·단체교섭권·파업권의 노동삼권이 법적으로 확립되었다. 루스벨트는 나치스와 달리 노동조합원·농민·실업자·흑인·소수인종 등의 소외받는 사람들에게 호의적인 정책을 실시하였다. 뉴딜정책은 대규모 실업구제정책의 성격을 띠었는데, 「사업촉진법」이 그 대표적인 예이다. 또 「전국산업부흥법」에서는 아동노동의 금지, 노동시간의 제한, 최저임금의 설정, 단결권 등이 달성되었다. 1936년의 「사회보장법」에서는 실업연금과 퇴직금제도가 도입되었고, 직업소개소가 창설되었다. 또 산업별 노동조합체제가 발전하여 산업별노동조합회의는 기존의 전국적 노동조합조직이던 미국노동총연맹보다 훨씬 많은 400만 명의 회원을 가지게 되었다. 이처럼 미국에서는 노동자·농민 등 국가정책의 기본적인 대상에서 제외되어 있던 계층이 뉴딜정책에 의해서 비로소 국가정책의 기반이 되었다. 뉴딜정책은 나치스와 대조적으로 국민각층의 요구를 나름대로 수용하면서 미국형 복지국가의 원형을 형성하였다.

사회주의 경제의 성립

제1차 세계대전이 남긴 중요한 결과 가운데 하나는 러시아 혁명이다. 러시아의 근대화가 시작된 시기는 대체로 1890~1913년경이다. 그러나 1913년에도 전 인구의 4분의 3 이상이 농업에 종사하고 있었고, 공업인구는 10% 미만에 지나지 않았다. 1906년의 완전한 농노해방이 있기까지 러시아에서는 사실상 본격적인 근대적 임금노동자계급이 출현하지 않았다고 할 수 있다. 생산조직도 후진적이어서 18세기에 표트르 대제와 예카테리나 여제에 의해 정책적으로 설립된 각종 왕립매뉴팩처와 특권매뉴팩처를 제외하면 선대제 가내공업과 농노를 고용한 매뉴팩처만 존재하였다.

러시아의 근대화를 제약한 가장 큰 요인은 장기간에 걸친 가혹한 재판농노제이다. 크리미아전쟁에 패배한 제정 러시아는 위로부터의 농노해방을 추진하여, 1861년 「농노해방령」을 공포했는데, 이 법에 의하여 약 200만 명의 농노가 신분적으로 해방되었다. 그러나 이 개혁은 매우 불철저한 것이었다. 그 이유는 첫째, 토지는 완전한 사유지로서 농노에게 분배된 것이 아니라 농민 공동체인 미르Mir에 공동지로서 일괄양도되었다. 둘째, 배상금이 과중했다. 토지대금과 더불어 인격적인 소유로부터 해방된 데 대한 배상까지 요구했으며, 따라서 그 배상요구액은 실질적인 지가보다 2~3배나 높았다. 셋째, 토지이양절차에 필요한 경비의 5분의 1을 농노가 부담하지 않으면 분배지 면적을 절반으로, 경비를 전혀 지불하지 않으면 4분의 1로 감소하도록 규정했기 때문이다. 따라서 농민들에게 분여된 토지의 면적은 얼마 되지 않았으며, 농노의 해방도 불철저한 것이 되고 말았다. 특히 토지가 비옥한 흑토지대에서는 그 분여된 면적이 평균 14에이커로서 제일 작았고 또 지주농노, 국유지농노, 황실직할지농노 가운데 가장 비중이 큰 지주농노에 대한 해방조건이 제일 나빴다. 그 결과 '고역제', 즉 부역노동이라는 봉건적 노동지대제도가 그대로 잔재하였다.

러시아에서 실질적이고 최종적인 농노해방은 러일전쟁에 패배한 이후인 1906년 스톨리핀Pyotr Arkad'evich Stolypin, 1862-1911이 헌정개혁의 일환으로서 추진한 농업개혁에 의해서 이루어졌다. 스톨리핀 개혁의 주요 내용은 첫째, 재래의 미르제도를 해체하고 토지공유를 사유로 전환한다는 것, 둘째, 일부 지역에서 여전히 존재하고 있던 인두세를 폐지한다는 것 등이었다. 이로써 장기에 걸쳐 러시아 사회에 어두운 공기를 주었던 농노제도는 20세기에 들어와서 겨우 폐지되었다. 그러나 그처럼 장기간에 걸쳐 농노제가 지속되었다는 점과 농노해방의 불철저 등은 그 후 러시아의 경제발전을 제약하는 기본적인 요인이 되었다.

제1차 세계대전은 후진적인 러시아 자본주의 체제의 모순을 폭로하였다. 봉건제적 농업구조하의 저임금노동력과 저곡가의 유지, 그리고 곡물의 기아수출로 인하여 농민의 불만은 누적되고 있었으며, 철도 건설 및 중공업, 금융 등에서는 외국자본에 크게 의존하고 있었다. 그런데 전쟁이 발발하여 러시아도 여기에 휘말리게 되자 러시아 경제는 곧 그 취약성을 드러내었고 국민 대중의 불만은 더욱 높아지게 되었다. 러시아는 기계공업과 운송부문의 기반이 약했기 때문에 전쟁으로 대외교역이 중단되자 전쟁 발발 후 2년 만에 전쟁수행능력은 거의 마비되었고, 일부 중공업과 군수공업을 제외한 나머지 부문의 생산은 극도의 부진을 면치 못하였다.

1916~17년 겨울 도시를 엄습한 식량난은 일반대중의 불만을 폭발시킴으로써 1917년 2월혁명이 발생하였다. 그러나 새로 구성된 임시정부는 전혀 국민의 혁명적 의사를 대표하는 기관이 되지 못했고 경제혼란이 가중되었다. 노동자들은 공장위원회를 구성하여 자주관리를 시작하였고, 농민들은 지주제의 철폐와 토지개혁을 요구하였다. 민중들이 요구한 토지개혁과 독일과의 강화를 거부한 케렌스키Aleksandr Fyodorovich Kerenskii, 1881-1970 정부는 단명으로 끝나고 1917년 10월 레닌과 트로츠키Leon Trotsky, 1879-1940가 주도한 볼셰비키혁명이 성공하였다. 볼셰비키정부의 주도하에 소비에트 러시아는 모든 생산을 노동자의 관리하에 두는 사회주의혁명을 달성해 갔다. 혁명정부는 1917년 농민의 자주적인 토지분배를 승인하고 은행을 국유화했으며, 다음 해에는 수상운송,

2월혁명 1917년 3월(러시아 구력으로는 2월) 제정러시아에서 일어난 러시아혁명의 첫 단계. 1914년 러시아의 제1차 세계대전 참전은 러시아의 군사력과 경제력의 한계를 노출시켰다. 농업의 황폐화, 생필품의 감산. 도시의 식량·연료 사정의 악화는 대도시 민중의 생활을 압박하기 시작하였다. 1916년에는 사태가 더욱 악화되어 치안당국마저 혁명의 절박성을 인정하지 않을 수 없게 되었다. 그러나 니콜라이 2세는 여전히 전제를 고집하고 개혁을 추진하려 하지 않았다. 1917년 3월 영하 20도의 추위에 식량배급을 받기 위해 기다리다 식량이 더 이상 없다는 말을 들은 시민들은 빵을 요구하며 시위에 들어갔다. 니콜라이 2세는 강제진압을 명령했으나 거부당했으며, 오히려 군부까지 반란을 일으켜 시위대에 가담하였다. 이러한 사태에 대처하기 위해 의회 지도자들은 임시위원회를 구성하여 니콜라이 2세의 퇴위와 새로운 내각의 구성을 결정하였다.

상업, 중요 기업과 시설, 외국무역에 대한 국가 독점 등 모든 경제분야에 대한 국유화를 진행하고 모든 외채계약을 파기하였다.

그러나 사회주의 경제체제의 확립이 쉽게 달성된 것은 아니었다. 새로운 체제가 들어서는 과정에서 러시아는 극심한 사회경제적 혼란을 겪게 되었다. 특히 소비에트정권이 외국자본을 국유화하고 모든 외채계약을 무효화한 데 대한 반발로 러시아에 자본을 투자했던 미국·영국·프랑스·일본 등 제국주의 열강은 대소간섭전쟁을 일으켰다. 여기에 열강들 특히 영국과 프랑스의 지지를 받았던 귀족과 부르주아계급이 반혁명군을 조직하여 정권을 공격함으로써 대규모의 내전으로 확대되었다. 소비에트정권은 이 난국을 타개하기 위하여 전시공산주의체제라는 비상수단을 취하여 중소기업의 국유화, 농민으로부터의 강제적 곡물매입, 식량의 배급제도 등을 실시하였다.

그러나 소비에트정부의 노력에도 불구하고 경제혼란은 더욱 심각해졌다. 철도체계는 붕괴 직전까지 갔고 농민은 생산의욕을 상실하여 파종면적을 축소하였다. 물자부족으로 암시장이 횡행하였으며 인플레이션은 심화되고, 식량징발은 한층 강화되었고 영세기업까지 국유화하지 않을 수 없었다. 곡물수확은 반감되었고 공업생산량은 전전 수준의 30%로 감소하였다. 농민폭동과 노동자의 파업이 빈발하였고 1921년에는 크론시타트요새에서 군대의 반란이 일어나기도 하였다. 결국 소비에트정부는 전시공산주의제도를 종결하고 신경제정책New Economic Plan을 실시하였다.

신경제정책에 의해 농업부문의 할당징발제는 폐지되었고 그 대신 현물의 식량세가 도입되어 농민은 잉여의 자유처분을 인정받았다. 농민의 생산의욕을 자극하기 위하여 토지이용 형태에 대한 선택의 자유, 일정 범위 내의 차지와 임노동고용의 권리가 보장되었으며, 개인적 상업도 합법화되어 자유시장이 부활되었다. 건전재정을 위해 지폐발행의 자제와 인플레이션의 수습이 시도되었으며, 채산성이 없는 국영기업은 폐쇄되거나 축소되었다. 1924년에는 통화개혁이 완수되었으며, 루블화의 태환가능성도 화폐가치의 안정에 크게 도움을 주었다.

공업조직도 재편성되어 농촌공업과 사영의 소규모 공업에 대해서는 국유화의 원칙이 배제되었을 뿐만 아니라 국가가 소유하고 있던 다수의 중소기업은 협동조합과 개인에게 임대되었다. 국유대기업의 경우에는 경공업부문을 중심으로 수백 개의 트러스트로 통합되어 이윤획득을 목적으로 하는 시장조건에 맞게 개선되었다. 이러한 조치는 모두 생산을 진작하기 위한 조치였다. 그 결과 1925~26년 사이에 대공업과 농업에서 거의 전쟁 전 생산 수준에 도달하였다.

그러나 신경제정책에 따른 생산회복은 원칙적으로 사회주의 경제체제의 입장에서는 과도적일 수밖에 없는 한계를 지닌 것이었다. 경제는 점차 활기를 띠게 되었지만, 동시에 중소기업가와 부농(쿨라크) 세력이 증대하였다. 이들이 노동자와 일용 농민들을 고용함에 따라 자본주의적 생산체제가 확대된 측면도 있었다. 국가예산의 지원을 받지 못하게 된 국영기업은 원료와 설비를 투매하였다. 공업제품과 농산물 간의 가격차는 확대되었고, 생산설비는 노후화되어 고정자본은 계속 감소하였다. 농업에서 지주제는 사라졌으나 토지개혁에 의해 대규모경영은 축소되고 농업생산의 세분화와 생산성 저하가 나타났다.

소련의 사회주의적 개발 방식에 의한 경제건설이 정상궤도에 들어선 것은 스탈린 Joseph Stalin, 1879-1953 치하에서 1928~43년 사이에 3차에 걸친 5개년계획이 실행되면서이다. 1928년 제1차 5개년계획 기간에 스탈린은 '부농절멸선언'을 선포하여 전국에서 농업의 집단화를 진행시켰다. 당초에는 제1차계획이 끝나는 1933년까지 전 농가의 20%를 집단화하기로 예정했으나 실시 도중에 목표가 상향 조정되었다. 농업 집단화를 시작하기 전 소련의 농촌에는 쿨라크라는 부농이 150만~200만 명이 있었으며, 이들에 종속된 영세농민은 500만~800만이었다. 집단화의 결과 농지는 콜호스(집단농장)와 솝호스(국영농장)로 바뀌었으며 여기에 저항한 부농은 자취를 감추었다. 1934년까지는 전 농가의 약 3분의 2가 강제적으로 집단화되었다. 그러나 농업생산은 오히려 현저하게 감소하였다. 1928~32년 사이에 농업수입은 25%나 감소하였고 농사에 필수적인 소는 절반으로 줄어들었다. 이는 집단화에 저항한 농민들이 가축을 도살하고 농기구를 파괴하고 농작물에 방화했기 때문이다. 많은 토지는 방치되었고 떨어진 생산성으로 인해 1932~33년에는 엄청난 기근이 소련의 농촌을 휩쓸었다. 트랙터가 공급되었으나 도축된 가축의 견인력을 보충하는 데에도 부족하였다.

5개년계획에서는 농업집단화와 병행하여 개인 상인의 배제, 모든 공업생산의 계획화 등이 이루어져 공산주의 경제체제의 기반을 강화하였다. 공업생산 계획에서는 석탄의 증산과 기술향상에 중점을 두었다. 소련은 농업국이었으므로 국가자금을 중점적으로 중공업에 투자하고 군수산업과 중화학공업을 우선적으로 육성했다. 기계공업의 발전과 더불어 농업에서도 기계화가 진행되었다. 기술향상을 위해서는 외국으로부터 기계류의 수입이 불가피했는데, 그 대가로서 수출될 수 있는 것은 곡물밖에 없었다. 따라서 어떻게 보다 많은 곡물을 조달할 것인가 하는 것이 정부의 최대 과제였다. 실제로 소련은 기계류의 수입이 세계대공황이라는 불리한 교역조건하에서 급증하여 국제수지는 대규모 적자를 기록하였다. 집단농장제도는 공산주의체제의 강화와 함께 이 문제를 해결하기 위한 유력한 수단으로 등장하였다.

제1차 5개년계획이 끝난 1933년에는 농업과 공업의 사회주의화가 달성되어 러시아는 공업국으로 전환되고 사회주의 경제도 확립되었다. 1934년 제2차 5개년계획의 개정안이 채택된 이후 계획경제의 생산관리와 통제가 강화되면서 통제기능도 전문화·효율화되었다. 1934년 이래 공업생산물의 원가는 점차 하락하였고, 공업생산의 양적·질적 발전이 이루어진 결과 기계와 설비의 수입이 현저히 감소하여 생산재의 대외의존도가 크게 개선되고 국제수지도 흑자로 개선되어 1936년에는 대외채무가 거의 변제되었다.

이처럼 소련은 중앙집권적 계획경제에 따라 5개년계획을 거듭하면서 경제력과 정치력 및 군사력을 강화하게 되어 제2차 세계대전 이후에는 미국에 버금가는 초강대국으로 등장하였다. 소련은 제2차 대전 이후에도 계획경제를 기반으로 생산재와 군수자재의 생산에 역점을 두었다. 그 결과 중공업의 생산은 높이 성장하였지만 소비재의 생산이 현저히 뒤떨어지게 되었다. 그러나 사회주의 경제체제의 이러한 문제점들이 공개적으로 드러난 것은 한참 뒤의 일이다.

현대경제의
새로운 전개

세계경제질서의 재편과 팍스 아메리카나

1939년 9월 1일 독일의 폴란드 침공에서부터 시작되어 1945년 5월 7일 독일이, 그리고 같은 해 8월 15일 일본이 항복할 때까지 6년에 걸친 제2차 세계대전은 인류 역사상 규모와 피해가 가장 컸던 전쟁이다. 전 세계 인구의 5분의 4가 직간접적으로 참여하였으며, 직접 동원된 병력만도 1억 명이 넘었다. 인명 피해는 5,000만 명에 달했으며, 직접적인 전쟁비용은 1조 달러, 파괴된 자산을 포함하면 3조 달러 이상의 총비용이 소요되었다.

제2차 대전 후의 세계경제를 이해하려면 그 전제가 되는 제2차 대전의 결과·및 성격에 대해서 먼저 알아볼 필요가 있다. 왜냐하면 전후의 세계경제와 자본주의의 발전은 불가피하게 전쟁의 결과에 따른 영향을 받을 수밖에 없었기 때문이다. 제2차 대전은 세계시장에서의 지배적 지위와 식민지의 재분할을 둘러싼 제국주의 열강들 간의 이해대립에서 비롯된 제국주의전쟁이었다는 점에서는 그에 앞선 제1차 세계대전과 동일한 성격을 지니고 있었다. 그러나 엄밀하게 말한다면 세계전쟁이라기보다는 유럽전쟁에 불과했던 제1차 세계대전이 순수한 제국주의전쟁이었을 뿐이라면, 제2차 세계대전은 기본적으로는 그러한 제국주의전쟁의 성격을 가지면서도 동시에 제1차 세계대전과는 확연히 구별되는 몇 가지 성격을 가지고 있다.

제2차 세계대전은 식민지 재분할을 둘러싼 서유럽 열강들 간의 제국주의전쟁이었던 동시에, 사회주의 진영을 포함한 진보적 민주주의진영 대 파시즘진영 간의 전쟁이었으며, 다른 한편 식민지·반식민지·종속국의 피압박민족들에 의한 민족해방전쟁으로서의 성격 역시 지니고 있었다. 따라서 전후의 세계 자본주의 경제는 제2차 세계대전이 가진 이러한 복합적인 성격에 따라 기본적으로 다음과 같은 세 가지 방향으로 재편되어 나가지 않을 수 없었다.

첫째, 서유럽 자본주의 중심부 경제의 철저한 재편, 특히 미국의 절대적 지위에 의한 세계경제질서의 재편이다. 전후의 유럽경제는 패전국인 독일과 이탈리아는 물론이고 승전국인 영국이나 프랑스 등도 전쟁의 직접적인 피해로 인해 극도의 생산력 저하를 겪지 않을 수 없었다. 반면에 유일하게 직접적인 전장화의 피해를 입지 않았던 미국은 세계 자본주의 경제에서 절대적 지위를 확립할 수 있게 되었다. 예를 들어 1948년 당시 미국은 세계 공업생산의 53.4%, 수출의 22%를 차지하였다. 물론 미국의 경제적 우위 그 자체는 사실상 전쟁 전에 이미 준비되어 있기도 했지만, 아무튼 이러한 미국경제력의 절대적 우위에 기초하여 전후 세계 자본주의 경제의 재편방향은 미국을 패권국으로 한 이른바 팍스 아메리카나^{Pax Americana}로 요약되게 되었다.

둘째, 사회주의 경제권의 확대·강화와 그로 인한 양 체제 간 체제대립의 심화이다. 1917년 러시아혁명 이후 제2차 세계대전까지 사회주의 국가는 소련 하나뿐이었다. 그러나 제2차 대전의 결과 소련의 직접적인 영향력 아래 놓이게 된 동유럽 국가들은 물론 중국 등 기타 지역의 여러 국가들에서도 사회주의 또는 인민민주주의 정권이 들어섬으로써 비로소 진정한 의미에서의 사회주의 경제권이 성립될 수 있었던 것이다. 제2차 세계대전에서의 진보적 민주주의 진영의 승리와 소련이 바로 그 진보적 민주주의 진영의 일원이었다는 사실은 전후의 세계질서 속에서 소련의 지위를 매우 강화시켜 주었다. 진보적 민주주의 진영의 승리에 따른 제국주의 국가들 내에서의 사회주의적·진보적 세력의 강화와 제3세계 국가들의 민족해방 역시 소련의 국제적 지위강화와 사회주의 경제권의 확대에 커다란 몫을 하였다. 그 결과 전후 세계는 두 체제 간의 경쟁과 대립을 주축으로 하는 이른바 냉전시대라는 새로운 질서 아래에 놓이게 되었다.

셋째, 식민지체제의 붕괴와 옛 식민지 국가들의 독립에 의한 새로운 경제권의 형성이다. 즉 제2차 세계대전의 결과로 제국주의 열강들에 의한 식민지 지배체제가 붕괴되고 수많은 신생독립국들이 탄생함으로써 또 하나의 새로운 경제권이 형성될 수 있었다. 신생독립국들의 다수는 오랜 민족해방운동의 경험을 지니고 있었으며, 따라서 반反제국주의·반反자본주의적인 성격이 매우 강하였다. 이른바 제3세계 혹은 세계 자본주의 경제의 주변부라 불리는 이 새로운 경제권의 성립, 특히 그들의 반자본주의적 성격은 전후 자본주의 세계경제의 구조에는 물론이거니와 사회주의 경제권의 확대에도 커다란 역할을 하였다.

마셜 플랜

제2차 대전 직후 미국은 1945년 당시 전 세계 석탄 생산의 2분의 1, 석유의 3분의 2, 전력의 2분의 1 등 에너지 자원의 절반 이상을 생산하고, 강철 9,500만 톤, 알루미늄 100만 톤, 합성고무 120만 톤의 생산능력을 지녔다. 또한 세계 금보유고의 80%에 달하는 약 242억 달러의 금을 보유하고 있었다. 세계 최대의 채권국이자 세계 공업생산량의 거의 절반을 생산하는 공업대국이기도 하였다.

이처럼 종전 직후의 상황에서 서유럽 자본주의 국가들 사이에서 미국의 경제적 우위가 얼마나 압도적이었는가를 보여 주는 자료는 충분히 많다. 그러나 정작 중요한 문제는 미국의 압도적 지위 그 자체가 아니라 미국이 그 압도적인 힘을 어떠한 방향으로 사용하느냐 하는 데 있었다. 다른 자본주의 국가들이 전쟁으로 인한 파괴로부터 급속히 회복하느냐 못하느냐, 또 이 국가들이 전후회복과 재건을 위하여 자신의 모든 능력을 사용할 수 있느냐 없느냐 하는 문제는 전적으로 미국이 추진하는 정책의 방향에 달려 있었기 때문이다. 제2차 대전이 종전된 직후의 상황을 보면 전승국이든 패전국이든 간에 미국을 제외한 거의 모든 자본주의 국가들이 국내적으로는 생산시설의 파괴와 사회질서의 파괴, 국제적으로는 사회주의권의 위협과 옛 식민지의 저항이라는 위기에 직면하고 있었다.

객관적 수치로만 본다면 전쟁으로 인한 직접적인 피해는 흔히 생각하는 것만큼 심각하지 않았다. 패전국이자 생산시설의 파괴가 가장 심했던 일본의 경우에도 직접적인 손실은 공장 건물의 4분의 1, 생산 설비와 장비의 3분의 1이 파괴된 정도였다. 독일과 이탈리아의 손실 규모는 이보다 훨씬 작아 제2차 대전 이전 자본스톡의 약 17%와 8%에 불과했다. 전승국인 프랑스의 산업손실은 자본스톡의 약 10%였으며 영국의 피해 규모는 무시해도 좋을 정도였다. 인명피해에서도 전쟁으로 약 800만 명이 목숨을 잃었으나 그것이 경제위기를 가져올 만큼 심각한 노동력의 손실을 의미하는 것은 아니었다. 독일 270만 명, 프랑스 170만 명, 러시아 170만 명, 오스트리아-헝가리 150만 명, 영국 93만 명, 미국 15만 명이 사망했다. 이것은 독일과 프랑스에서는 경제활동인구의 10%, 영국은 5%가 줄어들었음을 의미했다. 그러나 종전 이후 동유럽의 사회주의화로 인해 인구의 유입이 있었을 뿐만 아니라 전쟁기간 동안 노동력의 구성이 변화하였고 노동생산성이 현저히 증가하였다. 여성의 사회적 참여가 크게 늘었고, 포드주의 생산방식이 일반화되면서 노동생산성도 크게 강화되었다.

종전 직후 대부분의 유럽 국가들에서는 산업시설보다 오히려 철도와 기관차, 도로, 교량, 선박 등 수송 및 교통 시설의 피해가 더 중요한 문제였다. 전쟁으로 인한 수송시설의 파괴는 생산능력 전반에 심각한 병목현상을 초래하고 있었다. 그러나 이러한 병목현상들 역시 충분한 권위를 가진 주체에 의해 가용자원들이 동원되기만 한다면 충분히 제거될 수 있었다. 따라서 이 또한 종전 직후 선진 자본주의 국가들이 직면한 위기의 핵심적인 내용이라고는 할 수 없었다.

위기의 진정한 심각성은 자본주의적 사회관계와 질서 그 자체를 동요시키고 있었다는 점이다. 패전국들에서 자본가계급은 전쟁에 대한 책임 때문에 불신받을 수밖에 없었다. 지배계급이 불신당하기는 승전국들에서도 마찬가지였다. 반면에 이들 나라에서 노동자계급의 정치적·사회적·경제적 힘은 크게 성장하였다. 유럽에서 노동자계급의 성장은 두 가지 조건으로부터 나왔는데, 첫째는 전쟁기간 동안 그들이 전선에서 싸웠다는 것이며, 둘째는 전쟁기간 동안 창출된 완전고용이었다. 자본가계급에 대한 불신과 노동자계급의 성장은 자본가계급이 예전과 같은 방식으로 노동자계급을 지배하는 것을 거의 불가능하게 만들었다. 이는 곧 자본주의 체제가 하나의 사회체제로서 효과적으로 작동하는 데 대한 위협을 의미하였다. 물론 서유럽 국가들이 직면한 내부로부터의 사회주의화의 위협은 동유럽에서의 소련의 세력확장에 의해 더욱 현실로 다가왔다.

선진 자본주의 국가들에서 공통적으로 나타난 이러한 위기는 동시에 미국 자본주의의 위기이기도 하였다. 왜냐하면 서유럽과 일본에서 안정적이고 효과적인 자본주의 체제가 복구되지 못하면 자본주의 경제 전체의 동요와 위기가 나타날 수밖에 없고, 이는 곧 직접적으로는 미국의 상품과 자본을 수출할 시장의 소멸로, 잠재적으로는 미국 자본주의의 존재 그 자체에 대한 위협으로 나타날 수밖에 없었기 때문이다.

사회주의의 도전으로부터 자본주의의 우월성을 보호할 최선의 방법은 유럽과 일본의 경제를 가장 신속히 회복시키는 것이었다. 미국의 외교정책고문이었던 조지 캐넌은 1946년 초 마셜 당시 미국 국무장관에게 제출한 설명서에서 이렇게 주장하였다. "공산주의자들은 유럽의 위기를 활용하고 있다. 미국의 원조는 공산주의와 싸우는 것을 목표로 할 것이 아니라 경제적 불균형과 싸우는 것을 목표로 해야 한다. 왜냐하면 이러한 경제적 불균형으로 말미암아 유럽사회가 전체주의에 취약해지고 있으며, 이는 소련 공산주의가 이 경제적 불균형을 활용하고 있기 때문이다." 이러한 목적에 따라 미국은 일국적으로는 물론 국제관계에 있어서도 안정적이고 효율적인 자본주의적 질서의 복구에 사용되어야 한다는 조건으로 서유럽의 경제부흥을 지원하게 되었는데, 이른바 유럽부흥계획, 즉 '마셜 플랜Marshall Plan'이 바로 그것이다.

마셜 플랜의 주요 내용은 유럽 16개국으로 구성된 유럽경제협력기구OEEC를 원조 수입기관으로 설립하여, 1948년부터 4년간 총 120억 달러 규모의 복구자금을 지원한다는 것이다. 그러나 실제로는 1948~51년 사이 총 112억 달러의 원조가 제공되었는데, 원조의 수입국별 구성을 보면 영국이 24.1%로 가장 많고, 그다음으로 프랑스 20.3%, 이탈리아 10.9%, 서독 10.6% 등이다.

마셜 플랜의 세부내용을 보면 몇 가지 중요한 특징이 발견된다. 첫째, 유럽 16개국 가운데서도 영국, 프랑스, 이탈리아, 독일, 네덜란드 등 주요 5개국에 총원조액의 75%가 집중되어 있으며, 둘째, 연합국은 물론 전쟁에서 적대국이었던 독일과 이탈리아에도 상당한 규모의 원조가 제공되었으며, 셋째, 제공된 원조물자의 대부분이 시설복구를 위한 자본재로 이루어졌다는 점이다. 이를 통해서도 알 수 있듯이 마셜 플랜이란 결국 소련과 사회주의권의 위협과 국내에서의 사회주의 세력의 확대, 옛 식민지국가들의 민족해방운동 등 서유럽 자본주의 전체의 체제위기적인 상황에 직면하여 이를 타개하기 위해 미국의 주도하에 전개된 자본주의 세계체제의 재건전략의 일환이었다.

한편 마셜 플랜과 함께 미국은 1947년 '트루먼 독트린'을 발표하여 터키와 그리스에 대해 4억 달러의 군사원조를 개시하였으며, 1948년에는 미주기구헌장으로 반공주의를 모든 남미 국가들이 채택하게 함으로써 남미를 미국의 군사적·경제적 보호하에 묶었다. 소련과 공산주의의 확산을 막고자 했던 미국의 이러한 외교정책은 1949년 4월 반소련 군사동맹인 북대서양조약기구NATO의 결성으로 완성되었다.

미국의 대규모 원조에 힘입어 1947년 이후 유럽의 총생산은 연간 약 7%, 공업생산은 연간 약 10%가 성장하여 1948년에는 전쟁 전의 생산 수준을 초과했다. 다만 독일은 1951년에 와서야 전전의 생산 수준을 회복하였고, 일본은 1951년에도 여전히 회복하지 못하였다. 서유럽 국가들은 전쟁 직전의 생산지수를 기준으로 1951년에는 대체로 약 30~80%의 증가를 달성하였다. 이리하여 세계경제는 1950년대 중반까지 전쟁으로 인한 피해를 완전히 회복하였다. 미국은 빠른 경제재건에도 불구하고 달러 부족에 시달리는 서유럽 국가들을 상대로 원조과정에서 커다란 이익을 취하였다. 미국은 의도대로 국제통화기금IMF의 설립을 관철하고, 이를 기반으로 거액의 달러를 살포하여 달러를 명실상부한 세계통화로 격상시키면서 수출시장을 개척하였다. 미국은 동맹국에 제공한 원조물자 판매대금인 대충자금의 사용도 효과적으로 통제하였다. 대충자금의 사용처는 미국의 동의가 따라야 했고, 대충자금으로 조달되는 재화에 대한 미국 선박의 이용과 미국산 곡물의 구입 등이 강제되었다.

제 3 절

IMF · GATT 체제의 출범

팍스 아메리카나에 기초해 새롭게 재편된 자본주의 세계경제를 국제통화 및 국제무역의 측면에서 보면 곧 IMF · GATT 체제라고 할 수 있다. 두 차례에 걸친 세계대전은 제국주의 체제의 당연한 귀결인 동시에 그것의 결정적인 붕괴를 의미했다. 그것은 두 가지 의미에서 그러한데, 첫째는 과거와 같은 형태의 대립이 제국주의 국가들 모두에게 파멸적 결과를 가져올 뿐이라는 사실이다. 둘째는 설사 그렇지 않다 하더라도 제2차 대전의 종전의 시점에서 보면 전승국이든 패전국이든 간에 미국을 제외한 어느 제국주의 국가도 과거의 체제를 유지할 만한 능력을 가지고 있지 못하다는 사실이다. 따라서 세계경제체제는 새로운 질서로의 이행이 불가피하였다.

두 차례의 제국주의전쟁의 직접적인 원인이 차별적인 블록경제 때문이었다는 인식에 따라 제국주의 국가들 간의 경제적·정치적 대립과 세계의 경제적·정치적 분할을 철폐하는 것이 새로운 질서의 기본 방향이었다. 국제무역과 국제결제의 양면에서 자유로운 거래를 보증하기 위한 국제기구가 설립되어야 하며, 이러한 국제결제기구는 당연히 외환제한의 철폐와 외환가치의 안정화를 목적으로 하여야 했다. 또한 시장의 분할 등으로 인해 수요가 계속 늘지 않으면 전쟁 후 막대한 과잉생산능력으로 공황이 온다는 것이 기본적인 인식이었다.

새롭게 재편되기 시작한 전후 세계 자본주의 체제의 가장 시급하고 중대한 과제는 바로 그와 같은 제국주의 국가들 간의 대립을 지양하고 중재할 수 있는 새로운 세계경제의 수립에 있었다. 그리고 이는 국경을 초월한 자본의 자유로운 이동에 의해서 축적의 위기를 탈피하고자 했던 자본에 있어서 절실한 요구이기도 하였다. IMF·GATT 체제는 바로 이러한 신질서의 구축과 유지를 가장 중요한 목적으로 출범하였다. 새로운 국제경제질서의 구축을 위하여 미국은 1944년 미국 동부의 소도시 브레튼우즈에서 연합국 44개국으로 구성된 회의를 소집하였다. 이 회의는 전후 세계경제의 기본질서를 모색하여 협정을 채택하였는데 이를 '브레튼우즈협정'이라고 한다. IMF와 GATT를 양축으로 한 미국 중심의 전후 세계경제질서를 흔히 브레튼우즈체제라고도 한다. 브레튼우즈체제는 1976년 킹스턴회의에서 IMF가 고정환율제를 포기함에 따라 킹스턴체제로 이행하게 된다.

국제통화기금IMF의 창설은 제2차 대전이 연합국의 승리로 끝날 것이 확실시되던 1944년 7월, 연합국의 대표들이 모여 전후 세계경제의 운영에 대해 논의한 국제통화금융회의에서 이루어진 브레튼우즈협정에 의해서 결정되었다. 그 업무가 정식으로 개시된 것은 1947년부터였다. IMF의 목적은 브레튼우즈협정의 제1조에 규정되어 있는데, 국제무역의 확대와 균형을 달성하고 가맹국의 고용증대, 실질소득의 성장, 생산자원의 개발에 기여하며, 특히 외환거래의 안정과 거래제한의 철폐 및 외화자금의 공여 등을 위해 활동한다는 것이다.

그런데 새로운 국제통화질서의 구축에 관한 논의는 제2차 세계대전에서 연합국이 승리의 단초를 마련하기 시작한 1943년 봄부터 이미 진행되고 있었다. 논의의 초점이 되었던 것은 과거 국제통화질서를 주도한 적이 있고 아직까지도 강대국으로 인정받던 영국과 새로운 강대국으로 부상한 미국의 제안이었다. 1943년 봄 양국은 국제청산동맹안과 안정기금안을 제안하였다. 양국의 제안을 주도한 인물이 영국의 저명한 경제학자인 케인스와 당시 미국의 재무차관이었던 화이트였기 때문에 흔히 전자를 케인스안, 후자를 화이트안이라고 부른다. 근본적인 목적에서 두 안이 지향하는 바는 매우 흡사했는데, 이들 모두 양차 대전 사이에 발생한 국제통화질서의 어려움에 비추어 다자주의적 무역환경과 완전고용이라는 목표에 맞도록 기획되었기 때문이다. 그러나 근본적인 목적에서 거의 동일했음에도 불구하고 두 안은 국제통화질서의 근간이 되는 몇 가지 중요한 사안에 대해서 입장이 달랐다. 그 가운데 특히 국제통화질서의 주도권과 관련하여 가장 중요한 쟁점으로 대두한 것이 새로운 국제통화기구의 기본성격, 즉 발권력에 관한 것이었다.

영국은 대규모의 재원을 가지며 출자국들이 자동적으로 대규모의 당좌대월권을 갖는 새로운 국제금융제도를 원했다. 새로운 국제통화기구는 회원국들의 출자할당액에 상관없이 금과 일정한 등가관계를 가진 국제통화를 발행할 수 있어야 한다는 것이었다. 또한 회원국이 기구로부터 초과인출이 필요한 경우에는 이를 가능하게 함으로써 국제통화기구에 신용창조기능을 부여하고자 하였다. 이에 반해 미국의 안은 국제통화기구의 발권력과 신용창조기능을 인정하지 않는다는 것이었다. 회원국들은 자신의 출자액 범위 내에서 자금지원을 받을 수밖에 없으므로 국제통화기구의 권한은 그만큼 축소될 수밖에 없었다. 이 밖에도 케인스안과 화이트안은 몇 가지 쟁점에서 대립했는데, 케인스안이 변동환율제를 주장한 반면 화이트안은 고정환율제를 주장하였다. 또 케인스안에는 새로운 국제통화의 창설, 채무불이행 문제가 발생했을 때 채권국의 책임분담 등의 내용이 담겨 있었다.

우여곡절 끝에 1945년 12월 국제통화기금협정문이 조인됨으로써 전후 국제통화체제의 공식 출범이 이루어졌다. 협정문은 미국안이 거의 그대로 수용된 형태를 띠고 있었다. 애당초 영국의 제안에 의하면 미국은 230억 달러의 수출품을 출자하고 그 대신 이자를 지불하지 않는 IMF 예금을 가지게 되어 있었다. 그러나 유럽에 대한 이러한 장기원조는 미국이 IMF에 부여하려고 한 기능이 아니었다. 최종협정에 따라 IMF 는 오직 90억 달러의 재원을 가지게 되었으며, 이 재원의 이용은 회원국의 국제수지 불균형의 기간을 단축하고 불균형의 정도를 축소시키는 목적으로만 허용되었다. 따라서 국제유동성과 관련된 권한과 환율의 조정, 그리고 국제수지의 균형을 위한 대출의 권한은 IMF가 아닌 미국이 실질적으로 가지게 되었다. 제2차 대전의 승리를 주도하며 자본주의 세계의 헤게모니 국가로 부상한 초강대국 미국이 주도하는 새로운 국제정치의 역학관계가 국제통화체제에도 그대로 반영된 것이다.

IMF 체제는 금 1온스＝미화 35달러로 평가하여 달러화를 기축통화로서 금과 직접 연결시켜 놓았다는 점에서 '금·달러 본위제' 또는 '금환본위제'의 성격을 가진다. 미국은 언제 어디서든 누구에게나 달러의 금태환을 보장함으로써, 달러화를 이용한 국제거래에서의 신용문제를 막강한 미국의 경제력으로 지지해 주었다. 반면 달러화가 모든 국제거래에서 결제통화로서의 특별한 자격을 부여받게 되었다는 관점에서 보면 미국의 국내통화인 달러를 세계통화로 격상시킨 효력을 가진 IMF 체제의 창설이야말로 전후 세계경제질서를 미국 중심의 체제로 만드는 데 결정적인 역할을 하였다.

관세 및 무역에 관한 일반협정GATT은 1947년에 성립하여 1948년 1월 1일부터 발효하였는데, 당초에는 미국에 의해 UN의 전문기구로서 제안된 국제무역기구ITO의 설립 때까지만 유효한 잠정적인 것이었으나 ITO의 설립이 무산됨으로써 GATT가 그것을 대신하게 되었다. GATT의 목적은 한마디로 세계대전의 원인이 된 보호무역주의와 블록화의 폐해를 반성하고, 자유무역과 무차별의 원칙에 의해 세계무역을 촉진하며, 이를 통해 각국의 고용 및 생활 수준의 향상을 도모한다는 것이다. 미국의 입장에서 보면 전쟁특수가 줄어들고 있는 상황에서 국제무역이 확대되지 않으면 비대해진 미국의 생산능력 때문에 국내경제문제가 심각해질 것이라고 예상했기 때문이다.

· GATT의 기본 원칙은 협상에서 "합의된 낮은 관세율은 회의에 참가한 모든 국가에 적용한다"는 일반협정, 즉 "다수

IMF와 함께 전후 국제금융기구로서 창설된 것이 국제부흥개발은행(IBRD), 즉 세계은행(World Bank)이다. IBRD의 창설은 이미 1944년 브레튼우즈협정에서 결정되어 1946년 6월부터 업무를 시작하였는데, 그 창설 이유는 일시적인 국제수지 적자의 해결 및 외환안정을 위한 자금은 IMF의 기금으로 충당하지만, 전후 각국의 조속한 경제복구와 저개발국의 경제개발을 위한 중·장기 자금수요를 충당하기 위해서는 별도의 국제금융기구를 설치할 필요가 있었기 때문이다.

의 국가들이 한자리에 모여 협의하고 그 결과는 참가국 모두에 적용"하는 다자간협상원칙이 성립되었다. 협상결과 약 5만 개의 공산품에 대해 관세율인하 원칙이 만들어졌다. 이 다자간협상은 무역마찰에 따른 양국간 협상과 함께 오늘날까지 계속되고 있다. GATT는 국제기구가 아니기 때문에 법인구속력을 갖지 못한다는 한계를 가지고 있다. 협상당사국 중 어떤 국가가 일방적으로 그 협상결과를 파기할 수 있는 가능성은 항상 있기 때문이다. 하지만 그럼에도 불구하고 관세율은 지속적으로 인하되었고, 결과적으로 세계시장을 확대시키는 데 기여하였다. GATT 체제는 우루과이라운드UR의 합의에 따라 1995년 세계무역기구WTO 체제가 출범하면서 발전적으로 해체되었다.

제 **4** 절

자본주의의 황금기

전후 경제부흥기가 지나자 1970년대 초까지 장기간에 걸친 고도성장기가 도래하였다. 흔히 이 시기는 전후 자본주의의 대호황 또는 장기호황으로 불리는데, 1825년 최초의 근대적 공황 이후 자본주의가 대략 7~11년의 주기로 대규모의 공황을 겪어 온 데 반해, 전후 세계 자본주의 경제는 1957~58년의 공황 이후 1973~74년의 공황까지 17년 동안 유례없는 장기간의 호황을 누렸기 때문이다.

1948년부터 1971년까지 전 세계의 공업생산은 연평균 5.6%, 국제무역은 연평균 7.3%씩 유례없는 성장을 기록하였다. 전후의 성장률은 자본주의 국가들 대부분이 지금까지 경험한 것 중 가장 높은 것이었다. 성장률은 영국에서는 다소 완만하였고 미국에서는 1940년대 말의 높은 생산 수준을 감안할 때 보통 수준이었다. 이에 반해 프랑스와 서독의 성장률은 현저하였으며 일본은 더 비약적이었다. 일본은 1955년부터 시작하여 1973년 석유파동이 올 때까지 주요 선진국 가운데 가장 높은 9.8%의 성장률을 보였는데, 1960년대에는 무려 11.4%에 달하였다. 이러한 높은 성장률은 노동력의 증가보다는 상대적으로 노동생산성의 증대에 근거한 면이 훨씬 더 컸으며, 노동생산성의 증대는 개별 생산자에게 배치된 생산수단의 증대에 기인하였다.

장기호황기의 세계경제에서 나타나는 가장 주목할 만한 특징은 생산과 무역의 동시적 성장이다. 세계경제는 지금까지 이러한 생산과 무역의 동시적 증대를 경험한 적이 없었다. 특히 무역의 성장이 생산의 성장보다 더 급속히 진행되어 왔다는 사실은 곧 생산의 성장이 국제무역의 성장을 유도한 것 이상으로 무역의 성장이 주요 자본주의 국가에서의 성장을 유도해 왔다는 것을 의미한다. 이러한 세계무역의 확대는 주로 선진국경제의 재건에 따른 해외수요의 확대, 경제성장에 따른 선진국들의 소비재시장의 확대, 그리고 특히 국경을 초월한 경제활동의 중심적인 주체로 대두된 다국적기업의 성장 등에 힘입은 것이었다.

국제관계에서도 IMF·GATT 체제가 실질적인 새로운 세계경제질서로 확립된 것 또한 이 시기이다. 브레튼우즈에서 국제금융제도에 대한 합의가 이루어진 것은 1944년이었으나 브레튼우즈합의의 모든 내용이 즉각적으로 완전히 시행되지는 못했다. 그 이유는 대부분의 유럽통화가 완전한 태환성을 획득한 것이 1950년대 후반에 이르러서 비로소 가능했기 때문이다. 생산과 무역에서의 장기호황은 부분적으로는 이러한 유럽통화의 태환성 회복에 크게 힘입은 것이기도 했다.

세계경제의 장기호황을 가능하게 한 가장 기본적 요인은 미국의 주도에 의한 새로운 세계경제질서의 창출이었다. 전전의 제국주의 체제는 한편으로는 자본의 국제적 활동의 산물이면서 다른 한편으로는 제국주의 블록들 간의 자유로운 자본의 이동에 대한 제약이기도 했다. 이에 반해 새로운 세계경제의 핵심은 전 세계적 범위에서의 자본의 자유로운 국제적 이동을 보장하는 데 있었다. 그런데 이 새로운 세계경제질서에서 계속 확대되고 발전해 온 세계적 범위에서의 경제활동의 가장 중심적인 주체로 나타난 것이 바로 다국적기업MNC 또는 초국적기업TNC으로 불리는 국제독점자본들이다.

물론 역사적으로 살펴보면 다국적기업의 출현은 훨씬 이전 시기까지 소급된다. 그러나 이러한 다국적기업들이 자본주의 세계경제의 중심적인 활동주체로 떠오른 것은 바로 전후 특히 1950~60년대에 걸친 세계경제의 장기적 호황기를 지나오면서였다.

한 연구에 의하면 최소한으로 평가하더라도 세계 총생산의 10~15%와 국제투자의 약 3분의 1이 세계 50대 다국적기업에 의해 이루어지고 있다고 한다. 따라서 가장 핵심적인 측면에서 보면 이 시기의 장기호황은 곧 다국적기업들의 전 세계적 규모에서의 활동 확대로부터 힘입은 것이라고 해도 옳다. 전 세계 다국적기업을 국적별로 보면 전체의 약 절반이 미국계 기업이며, 60억 달러 이상의 매출액을 가진 기업은 104개, 그리고 총매출액 가운데 50% 이상을 해외에서 생산하는 기업이 68개이다. 미국계 기업의 수와 매출액 비중이 압도적인 지위를 차지하고 있다는 것은 전후 세계경제의 재편과정을 볼 때 당연한 현상이다. 그래서 다국적기업이야말로 미국이 세계시장에 자신을 투입시키는 가장 중요한 기제라고 말하기도 한다. 전문가들은 다국적기업이 '국적'을 가지고 있으며, 특히 미국의 다국적기업들은 미국의 문화와 이데올로기의 전파자로서 활동하고 있다고 지적한다.

세계 자본주의의 황금기를 이끈 두 번째 요인은 내구 소비재와 중화학공업 부문에서 달성된 기술혁신이다. 제2차 대전은 그 어느 때의 전쟁보다도 교전당사국의 경제력과 과학기술에 의해 향방이 결정되었다. 전쟁이 진행되는 과정에서 승리를 위한 과학기술의 급속한 발전과 이에 기초한 고가의 대량살상무기가 개발되었다. 신무기의 발명은 현대전의 기술적 기초가 되었다. 특히 이러한 기술은 막대한 연구개발비를 필요로 하기 때문에 전후 강대국들 간의 군비경쟁을 통한 독특한 산업체제의 형성에 크게 영향을 미쳤다.

전쟁기간의 기술혁신은 군수물자의 생산에 멈추지 않고 중화학공업 부문의 기술혁신으로 이어졌다. 라디오·냉장고·에어컨·세탁기 등의 가전기기, 자동차·항공기·유조선 등의 수송기기, 합성섬유·합성수지 등의 석유화학제품, 그리고 최종 소비재 부문 확대에 의해 유발된 철강, 펄프 등의 소재 부문과 에너지 부문에서의 새로운 제조법의 개발 등 기술혁신이 눈부시게 진행되었다. 또한 자본축적이 가속화되어 거대한 생산설비에 의한 대량생산방식이 채택되었고 소득증대에 따라 대량소비체제가 등장하였다.

종전을 계기로 거의 모든 서유럽 자본주의 국가들은 대공황 시기에 미국의 전산업에 확산되었던 포드주의 생산방식을 모방하게 되었다. 포드주의는 대규모 설비투자와 결합되어 있었으므로 생산요소 측면에서는 노동자 1인당 기계설비비율이 높아졌고 대량의 생산혁명, 노동생산성 향상이 나타났다. 제품판매 측면에서는 독과점 대기업이 마음대로 가격을 조정하여 독점가격을 형성함으로써 막대한 이익을 남기면서 노동자들에게도 임금을 올려 주었다. 따라서 강력한 노동조합도 포드주의에 반대하지 않음으로써 노사안정이 이루어졌다. 대기업들은 대량생산을 소비로 연결시키기 위해 소비자 신용제도도 급속히 도입하였다. 노동자들은 점점 더 빠른 생산속도와 집약적인 노동강도에 빠져 들어갔지만, 임금이 오르고 소비자대출이라는 새로운 신용제도가 도입됨으로써 소비를 크게 늘려 나갈 수 있었다. 노동자들의 소비는 특히 독과점 대기업이 생산하는 자동차, TV, 세탁기 등과 같은 내구소비재에 집중되었고 이 제품들을 생산하는 대기업들은 생산과 투자를 확대시켜 나가면서 이윤을 증가시켜 갔다. 이렇게 해서 전후 자본주의는 그 생산력의 최고 단계인 대량생산-대량소비의 사회로 진입하게 된 것이다.

셋째, 경제에 대한 국가개입의 현저한 증대이다. 미국의 경우 제2차 대전과 냉전시대에 산업의 군사화가 이루어지면서 군수산업에 대해 적극적으로 지원하였다. 정부는 국가의 기간산업을 국유화하거나 경제계획을 실시하였으며, 완전고용을 달성하기 위하여 재정·금융 면에서 적극적 입장을 취했다. 금융정책은 주로 금리조정을 통해서 민간투자를 촉진하였다. 재정정책에서는 정부지출을 지속적으로 확대하여 국민소득의 상당 부분을 정부 부문에 의지하게 되었다. 정부지출의 증대는 냉전과 민족해방운동에 따른 군비지출, 사회간접자본의 공급, 복지국가를 실현한 사회보장제도의 확대 등으로 이루어졌다.

미국에서 최초로 등장했던 대중소비사회가 제2차 대전 이후 서유럽의 선진국과 일본에서도 등장한 것 또한 정부의 정책적 개입에 크게 힘입은 현상이었다. 대량생산체제를 유지하기 위해서는 재정·금융적 측면에서 국가정책이 이를 지원해 줄 필요성이 있었고, 그 결과 일반대중들도 소비생활의 혜택을 누리게 되었다. 그것은 할부제도를 비롯하여 소비를 촉진하는 신용제도의 발전과 더불어 사회간접자본에 대한 재정투융자와 이전지출을 포함한 정부지출과 조세정책 등의 광범위한 정책개입에 의해서 유지되었다. 국가는 그 전과 달리 재정금융정책적 수단에 의하여 적극적으로 경제에 개입하게 되었다. 정부는 재정금융정책을 통해서 투자와 자본축적, 성장 및 고용, 물가와 경제안정, 국제수지 등 일련의 경제운용에 결정적인 영향력을 행사할 수 있게 되었다.

마지막으로 저렴하고도 안정적인 1차 산품의 공급이 성장에 크게 기여한 점도 지적되어야 할 것이다. 1950~60년대에 원재료, 연료 등 1차 산품의 가격은 지속적으로 하락하였는데, 이는 신기술 도입, 다국적기업의 개발투자 등으로 공급량이 비약적으로 증가한 반면, 원료절약기술의 발달과 대체원료개발로 수요는 제약되었기 때문이다. 특히 대량생산체제 유지에 필수적인 석유는 메이저 기업에 의해 낮은 가격으로 공급이 가능했었다. 그러나 이러한 1차 산품의 상대적 저렴화는 뒤에 1970년대 세계경제위기를 부른 석유파동의 원인이 되기도 하였다.

제 5 절

소련경제와 냉전체제

전후 세계 자본주의 경제의 성장에 가장 주요한 역할을 해 온 다국적기업들의 성격을 올바로 이해하는 데 빼놓을 수 없는 또 한 가지는 바로 이 거대 다국적기업의 상당수가 이른바 방위산업체 혹은 군수산업체라는 사실이다. 사회주의권과의 체제 경쟁이 격화되고, 옛 식민지에서의 민족해방운동이 고양됨에 따라 선진국들에서는 무기를 비롯한 군수물자의 개발과 구매 등 군사비 지출이 큰 폭으로 증가하였다. 이러한 군사비의 증가는 생산과 무역의 성장을 이끈 수요증대의 중요한 요인이 되었다. 전후 미국의 군사비 지출은 1945년을 예외로 하면, 1950년의 한국전쟁 이후 급증하여 연방정부 세출예산 총액의 50~60%를 넘으며, GNP의 10% 내외를 차지하였다. 그러나 실제의 군사비지출은 훨씬 큰 비중을 차지할 것으로 짐작해 볼 수 있다. 왜냐하면 발행된 자료는 모든 지출을 완전히 반영하고 있지 않은 것이 보통이며, 또한 군사적 목적으로 사용될 수 있는 기술개발이나 물자 및 용역의 구입이 비군사적 지출로 계상되는 경우도 허다하기 때문이다.

이러한 경제의 군사화는 결국 자본주의 세계경제를 유지하기 위한 비용이다. 세계경제에서의 헤게모니를 계속 유지하기 위해 미국은 다른 자본주의 국가들 전체의 몫을 초과하는 막대한 비용을 지불하지 않으면 안 되었다. 1950년대 이후 누적되어 온 미국의 달러 위기 또한 실은 이러한 군사비 부담으로부터 비롯되었다.

미국의 다국적기업이 전 세계로 진출한 1960년대 이후 전 세계에 퍼져 있는 미국 기업을 보호한다는 명분으로 미국의 군수산업은 더욱 확대되었고, 군산복합체의 영향력도 더욱 확산되었다. 다국적기업과 미국 군수산업과의 관련성은 매우 높다. 해외의 미국 기업을 보호하기 위해서만이 아니라 미국의 다국적기업 자체가 직접 군수산업과 관련된 업체들이 많았다. 이렇게 해서 순수하게 미국 군사비로 지출된 항목비만도 1961~70년 사이에 350억 달러에 달했으며, 군수산업과 관련하여 미국 정부가 지출한 돈은 미국 국제수지 악화의 결정적 요인이라고 불릴 정도로 막대했다. 이러한 현상들은 모두 냉전체제라는 배경에서 진행되었다.

제2차 세계대전에서 진보적 민주주의 진영의 승리에 따른 제국주의 국가들 내에서 사회주의적·진보적 세력의 강화와 제3세계 국가들의 민족해방 역시 소련의 국제적 지위 강화와 사회주의 경제권의 확대에 커다란 몫을 하였다. 이와 같이 전후 세계는 양 체제 간의 경쟁과 대립을 주축으로 하는 이른바 냉전시대라는 새로운 질서 아래 놓이게 되었다.

제2차 세계대전이 종결되자 소련은 강대한 군사력과 공업생산력을 갖춘 국가로 등장한다. 소련은 동부전선을 주도했기 때문에 동유럽에서 영향력은 거의 결정적이었다. 소련은 이를 배경으로 영토를 확장하고 동유럽 점령 지역에 자신의 사회체제를 심었다. 전후 처리에서 중요한 위치를 차지한 영토변경 문제에서 소련과 나머지 연합국은 독일을 동서로 분할 점령하여 분단을 초래했으며, 폴란드, 체코슬로바키아, 유고슬라비아, 헝가리, 루마니아, 불가리아에는 사회주의 정부가 수립되었다. 이 과정에서 루마니아와 핀란드의 일부 지역이 소련의 영토로 편입되었다. 소련은 1947년에 코민포름을 설치하여 각국 공산당을 지휘·감독하였으며, 우수한 무기를 갖춘 강력한 군대를 중부유럽에 주둔군으로 파견하였다. 한편 아시아에서는 중국, 북한, 북베트남이 사회주의에 편입되었다.

소련은 제2차 대전으로 인구의 10%를 잃고 많은 생산시설을 파괴당했으나 스탈린의 공업화정책으로 공업생산력이 현저히 강화되어, 종전 무렵 이미 생산 수준은 전전 수준에 도달하고 있었다. 스탈린은 1928년부터 1943년까지 세 차례에 걸친 5개년계획을 실행하여 사회주의 경제건설을 진행시킨 바 있었다. 1946년에 다시 착수된 5개년계획이 1950년에 마무리되었을 때 소련은 미국에 버금가는 공업생산대국으로서 위치를 확고히 하였다. 1950년 공업생산지수는 1940년도에 비해 71%를 상회하였고, 기계 및 장비는 60%, 화학제품은 무려 80%나 증가해 있었다. 또 석탄 생산은 2억 5,000만 톤, 강철은 2,500만 톤에 달하였는데 1928년의 선철 생산량이 350만 톤에 지나지 않던 것에 비하면 비약적인 성장이라 하지 않을 수 없었다.

과학기술 수준도 미국에 뒤지지 않아 1949년에는 핵폭탄 실험을 하였고, 1957년에는 대륙간탄도탄 발사시험에 성공하였으며, 세계 최초로 인공위성 스푸트니크 1호를 쏘아 올렸다. 또한 동유럽 사회주의에 대해 각종 원조를 제공하고 경제협력을 강화하기 위하여 동유럽경제원조상호회의(COMECON)를 창설하였다. 그 결과 전후 서유럽의 자본주의가 미국의 경제력에 절대적으로 의존한 것처럼 동유럽경제는 소련에 크게 의존하게 되었다.

소련과 소련의 영향력하에 들어간 동유럽 국가들은 생산수단의 집단적 소유와 중앙계획당국의 계획경제에 의해 자본주의와는 다른, 국가주도의 공업화를 급속히 진행시켰다. 1928년에 시작되어 1953년까지 지속된 스탈린 통치하에서 소련은 사회주의 경제계획의 기본내용을 실행하였다. 즉 고도의 중앙집권적 계획경제가 수립되어 농업집단화 및 군수 부문을 중심으로 중화학공업에 우선순위를 매긴 정책이 추진되었다. 소련의 경제정책을 모범으로 삼았던 동유럽의 사회주의 국가들도 1950년대까지 유례없는 생산증가를 달성하였다.

소련과 동유럽은 농업의 생산증대에도 많은 관심과 노력을 기울였다. 농민들의 강한 반발을 누르고 진행된 집단화 체제하에서 농업생산은 공업성장에 비하여 더욱 심각한 정체와 감소를 경험하였다. 시장판매를 허용한 극히 일부의 토지에서 생산된 농산물이 전체 생산의 상당 부분을 차지하게 된 사실이야말로 집단생산체제의 한계를 극명하게 보여 준 사례이다. 유럽의 농업대국으로서 전통적인 곡물수출국이었던 소련은 1960년대에 농산물수입국으로 전락하였다.

고도성장을 가져온 중앙집권적 계획경제체제가 역설적으로 발전을 가로막는 장애 요인으로 작용하자 동유럽은 이에 대해 이윤 동기를 부분적으로 허용하는 리베르만방식이나 자주관리제를 도입하였다. 소련의 경제학자 리베르만^{Yvgey G. Liberman, 1897-1983}이 1962년에 발표한 "계획, 이윤, 프리미엄"이라는 논문은 매우 격렬한 논쟁을 거친 끝에 1963~66년 사이 동유럽 국가들의 경제정책에 전면적으로 도입되었다. 새로운 정책을 가장 적극적으로 수용한 나라는 헝가리와 체코슬로바키아였다. 헝가리는 시장기구를 적극 이용하려는 '규제된 시장경제'를 채택하였고 체코슬로바키아는 시장기구와 노동자자주관리를 결합시키고자 하였다. 유고슬라비아는 노동자들이 생산시설을 직접관리하는 노동자자주관리방식과 사회주의적 시장경제체제라는 독특한 체제를 채택하였다. 그러나 이러한 개혁도 부분적인 것에 지나지 않았기 때문에 일시적 성과에 그쳤을 뿐 상황을 크게 바꾸어 놓지는 못했다.

소련과 사회주의 진영의 고도성장을 대표적으로 상징하는 사건은 역시 1957년 10월 4일 발사된 인류 최초의 인공위성 스푸트니크 1호이다. 스푸트니크^{Sputnik}란 러시아어로 '동반자'라는 의미이다. 스푸트니크 계획이 냉전시대의 산물임을 가장 잘 보여 주는 것은 "미국인들은 자기의 자동차, 자기의 냉장고, 자기의 집은 사랑하지만 자기의 조국은 사랑하지 않는다"고 한 소련 과학자의 말이다. 스푸트니크 발사 이후 냉전시대의 주도권을 잡기 위한 경쟁의 일환으로 미국과 소련은 2,000개에 가까운 우주 비행체를 지구 궤도에 진입시켰고, 급기야 1969년 미국은 인간을 최초로 달에 보내는 데 성공했다. 스푸트니크의 영향은 단순히 우주경쟁을 촉발했다는 데 그치지 않는다. 미국인들은 자신들의 교육제도가 혁신될 필요가 있다는 사실을 깨달았다. 우주경쟁과 군비경쟁은 본질적으로 동일한 것이었다. 왜냐하면 인공위성을 쏘아 올리는 데 사용한 로켓은 대부분 대륙간탄도미사일^{ICBM}을 변조한 것이었기 때문이다.

제3세계와 남북 문제

후진국의 경제발전이 세계경제의 주요 과제로 떠오르게 된 것은 유럽과 일본 등 선진국의 경제부흥이 일단락되어 후진국 시장이 관심을 모으게 되고, 스탈린 사망 이후 동서 진영 간의 긴장완화 등 국제 정세의 변화가 크게 작용하면서이다. 제3세계 국가들은 선진 자본주의 국가들에 의한 경제적 침탈이라는 단절과정을 겪었기에 이들이 추구해야 할 경제발전은 기존의 선진국과 같은 단순한 국민소득의 증가라는 공업발전 이상의 다음과 같은 보다 많은 경제발전 목표를 가지게 된다.

첫째, 선진 자본주의 국가 혹은 옛 식민지 본국에 맞게 형성된 산업구조의 왜곡을 조정하고 고도산업단계로 나아가기 위한 산업구조의 고도화를 실현시켜야 한다. 둘째, 선진 자본주의 국가 혹은 옛 식민지 본국에 의존적인 기술 및 자본종속으로부터의 독립이라는 자립적 경제구조의 확립이 이루어져야만 한다. 결국 이러한 발전 목표를 어떠한 전제조건하에서 어떻게, 어느 정도 이루어 나가느냐에 따라 이후 개발도상국들 간의 차이점이 분명히 나타나게 되었다.

그러나 이 새로운 경제권은 서유럽 자본주의 경제권이나 사회주의 경제권처럼 현실에서 구체적인 실체를 이루고 있었던 것은 아니었으며, 내부적으로 그 두 경제권만큼 동질적이지도 않았다. 제국주의 지배로부터 민족해방을 이루었다는 동질성 못지않게 이들 제3세계 신생독립국들 간에는 심각한 이질성도 동시에 존재했는데, 그것은 주로 민족해방운동의 전통과 제국주의로부터의 해방과정의 차이에서 비롯된 것이었다. 전후 제3세계 진영은 대체로 노동자계급 또는 민중세력이 정치권력을 장악한 나라들, 반(反)식민주의를 지지하는 진보 세력들이 연합하여 권력을 장악한 나라들, 민족자본가계급이 권력을 장악한 나라들, 매판세력이 권력을 장악하거나 반(半)식민지 상태를 극복하지 못한 나라들의 네 그룹으로 나뉘게 되었다.

제3세계는 모든 나라가 결집력 강화에 적극적으로 가담한 것은 아니었지만 자본주의와 사회주의 양 진영에 대해서 각종 경제원조와 양보를 당당하게 요구하고 세계

정치 및 경제에 커다란 영향을 미쳤다는 점에서 전후 세계 체제의 한 축으로서 중요한 위치를 차지하였다. 이는 제2차 세계대전 이전에는 생각조차 할 수 없었던 커다란 변화라 할 수 있다. 그러나 후진국의 경제발전을 통해 경제적 격차를 시정하려 한 남북 문제의 제기는 무엇보다도 당사자인 제3세계 자신들의 노력에 의한 것이었다.

제3세계는 자립경제의 확립과 공업화를 통한 경제적 독립을 갈망하였지만 그 달성은 결코 쉬운 일이 아니었다. 무엇보다도 식민지배체제가 남긴 후유증은 기본적 필요의 충족은커녕 단적으로 기아와 질병의 만연으로 처참한 상황을 드러내었다. 경제적으로 취약한 신생독립국들이 개별적으로 선진국과 대등한 위치에 선다는 것은 도저히 불가능한 일이었다. 때문에 후발국들은 더욱더 선진국경제, 즉 선진국의 원조에 의존하지 않을 수 없었고, 선진국과 후진국의 격차 문제, 즉 남북 문제는 오히려 확대되었다.

전후 재건에 성공한 세계무역은 1950년대에 들어 2배로 확대되었다. 이는 분명히 대량생산·대량소비, 그리고 소비자신용의 확대라는 포드주의의 성공을 의미하는 것이었다. 그러나 성장은 겨우 18% 정도의 인구를 가진 선진 자본주의 국가들에만 한정되었다. 제3세계의 노력과 자본주의와 공산주의 양 진영의 이해와 양보로 제3세계의 성장은 진행되었다. 개발도상국들의 연평균 성장률은 6.9%에 이르렀다. 그러나 성장에도 불구하고 제3세계와 선진국가들 간의 격차는 오히려 확대되었다.

경제적 자립을 위한 신생독립국들의 노력은 먼저 자국이 보유하고 있는 경제 자원에 대한 관리로부터 시작된다. 이란은 1951년 원유를 국유화하였고, 이집트는 1956년 수에즈 운하를 국유화하였으며, 인도네시아는 1957~59년 사이 네덜란드 소유의 자산에 대해 국유화조치를 취하였다. 제3세계는 자국 보유자산에 대한 이러한 개별적 노력에 그치지 않고 국제기구의 설립을 통해 문제를 해결하려는 방향으로 나아갔다. 1955년에는 인도네시아 반둥에서 아시아·아프리카의 29개국 대표들이 모여 아시아아프리카회의를 개최하였다. 이 회의는 반식민주의, 민족자결, 평화공존, 아시아·아프리카의 연대 등을 선언하였다. 이와 같이 사태가 진전되면서 제3세계는 냉전을 기반으로 자기 체제의 유지 및 세력확장을 바라는 양측으로부터 어느 정도 지원을 약속받을 수 있었다.

전후 제3세계의 단결과 정치세력화를 주도한 것은 아시아 아프리카회의를 계기로 결성된 비동맹회의이다. 비동맹회의는 제3세계 국가들이 다양한 이질성에도 불구하고 국제사회에서 단결된 정치적 영향력을 발휘할 것을 목표로 하였다. 1961년 제1회 비동맹국 수뇌회담에서는 후진국의 경제적 어려움을 해결하기 위하여 UN에서 회의를 개최할 것을 요청하기로 하였다. 이에 따라 1964년 창설된 **국제연합무역개발회의**UNCTAD는 개발도상국들의 경제개발을 위해 선진국들의 협력과 원조를 지속적으로 요구하였다.

UNCTAD의 선진국에 대한 입장과 요구는 1964년 의장에 선출된 프레비시Raúl Prebisch, 1901-1986의 보고서에 잘 나타난다. 이 보고서는 세 가지로 요약된다. 첫째, 1차 산품에 특화한 후진지역과 기술이 발달한 선진국 사이의 국제분업체계에서는 1차 산품의 교역조건이 악화되고 경제성장에 격차가 나타날 수밖에 없다는 점을 지적하였다. 그는 이 같은 현실이 세계 자본주의가 발전하는 과정에서 나타난 역사적 산물이라고 파악하고 이를 시정하기 위해 1차 산품에 대한 수요와 가격보장을 요구하였다. 둘째, 선진국 또는 중심국가들은 후진국 또는 주변국가들의 공업화를 위한 기술과 자금을 유리한 조건으로 제공해야 한다. 셋째, 제3세계의 수출품에 대한 일반특혜관세제도GSP와 시장 제공이 이루어져야 한다고 주장하였다. 이런 주장은 UNCTAD 3대 요구로서 받아들여져 선진국과의 협상에 적극적으로 이용되었다. 그 결과 제1차 UNCTAD 총회에서는 선진공업국들이 국민소득의 1%를 원조할 것, UNCTAD를 UN의 상설기구로 할 것, 이후 4년마다 총회를 개최하여 주요 의제를 심의할 것 등이 결의되었다.

하지만 선진국들의 선행은 1950년대 말부터 본격화된 개발도상국들의 공동저항에 대해 개발도상국의 자원, 생산요소, 생산물 시장을 유지하려는 미국과 선진국들의 의도에 보다 충실한 것이어서 개발도상국들의 실질적인 경제성장에 도움이 되기에는 한계가 있었다. 이러한 사실은 선진국들의 잘못이라기보다는 너무나 당연한 선택이

국제연합무역개발회의(UNCTAD) 1964년 개발도상국의 산업화와 국제무역을 지원하고 심화된 남북 문제 해결을 목적으로 설치되었다. 제2차 세계대전 이후 저개발국가의 빈약한 경제는 전후 세계경제의 큰 문제로 부상했다. 또한 당시 세계무역을 지배하고 있던 GATT 등 선진국 위주의 경제기구에 대한 반발이 높아지면서 남북 문제의 근본적 개선이 요구되었으며, 그 결과 1964년에 국제연합의 상설기관으로 설치되었다. UNCTAD의 주요 기능은 첫째, 선진국과 개발도상국, 또는 개발도상국 상호 간의 무역증진, 둘째, 국제무역 및 이에 관련한 경제개발 문제에 관한 원칙과 정책의 결정, 셋째, 국제무역 및 관련 분야에서 국제연합 내의 타 기관이 행하는 여러 활동의 조정과 검토, 넷째, 각국 정부 및 유럽경제공동체(EEC) 등의 지역경제집단의 무역정책 및 이와 관련한 개발정책의 조화 등이다. 또한 국제연합개발계획(UNDP)의 실행기관으로 기술협력과 정보교환 등의 업무도 맡고 있다.

고 현실이었다. 개발도상국 역시 그러하듯이 선진국들도 일단 자국의 이익이 우선이었던 것이고, 이 점은 오늘날에도 동일하다.

UNCTAD는 1960년대를 '개발의 10년'으로 규정하였고 제3세계도 경제문제의 해결에 전력하였지만, 대부분의 개발도상국들에게는 좌절의 시기였다. 이에 대한 반성으로 세계은행은 1968년에 개발전략의 전환을 촉구하는 보고서를 작성하였으며, UN에서는 1970년대를 '제2차 개발의 10년'으로 설정하고 이를 위한 국제개발전략을 발표하였다. 1971년 페루 리마에 모인 제3세계의 대표들은 1960년대의 실패를 거울 삼아 새로이 결속을 다짐하면서 선진국에 대한 대립적 자세를 강화하였다.

제3세계의 지위를 급상승시킨 것은 석유파동과 그에 이은 자원민족주의의 대두였다. 석유수출국기구OPEC에 의한 유가인상은 여타 자원을 보유한 나라를 크게 고무시켰다. 거액의 오일머니를 본 자원보유국들은 자원가격을 인상하거나 OPEC와 같은 국제카르텔조직을 강화하고, 국유화, 사업참가 등 자원민족주의에 입각한 각종 정책을 실시하였다. 자원 민족주의가 보유자원에 대한 통제권의 확립을 통해서 선진국의 자원국제주의에 대항하고 남북 문제의 해결을 지향한 것이라면, 신국제경제질서는 자원민족주의를 국제적 수준에서 강화하고자 한 것이다. 석유파동과 자원민족주의의 확산으로 비산유 개발도상국들은 심각한 영향을 받게 되었다. 여기서 신국제질서운동은 자원의 범위를 확대하여 개발도상국을 원재료 생산국이라고 하는 입장에서 통일하여 제3세계의 결속력을 강화하고 세계경제의 새로운 질서를 확립하고자 하였다.

그러나 제3세계의 이러한 노력에도 불구하고 선진국과 후진국 사이의 격차는 1980년대에도 오히려 확대되었다. 세계은행 보고서에 따르면, 개발도상국의 외채잔고는 석유파동 이후 눈덩이처럼 불어나기 시작하여 1983년 말에는 무려 8,100억 달러를 넘었다고 한다. 원유 이외의 자원은 중요성이나 대체 가능성, 지역적 공급조건 등으로 국제카르텔이 그다지 영향력을 발휘하지 못하였다. 뿐만 아니라 새로운 첨단산업의 발전은 원료집약형 산업으로부터 생산자원과 에너지를 크게 절약하는 지식집약적·정보집약적 산업으로 전환해 갔다. 제3세계가 주로 1차 산품의 수요확보와 가격안정에 관심을 기울여 생산효율을 획기적으로 증대시키는 데 실패하는 동안, 선진공업국들은 새로운 기술패러다임을 창출함으로써 새로운 변화와 발전의 단계로 들어섰다.

제3세계의 대선진국 교섭력이 저하한 또 다른 이유는 1970년대 이후 개발도상국들의 경제발전과정에서 나타난 불균형이었다. 개발도상국들 사이에서 경제력의 지역적 격차와 불평등의 심화, 즉 이른바 남남 문제의 발생은 국제무대에서의 입장 차이를 노출하여 제3세계를 분열시켰다. 경제적 격차에 따른 분열은 첫째, OPEC와 나머지 국가들 간에 나타났다. 제1차 석유파동을 계기로 원유의 가격결정권을 획득한 OPEC는 막대한 오일머니를 보유하게 된 반면, 비산유 개발도상국들은 국제수지가 악화되었다. 여기에 세계적인 불황으로 1차 산품의 수출이 감소함으로써 비산유국의 국제수지는 더욱 악화되었다.

둘째, 1970년대 후반 형성된 신흥공업국들과 다른 개발도상국들 간의 불균등발전이 나타났다. 유럽의 스페인, 포르투갈, 그리스, 유고슬라비아, 중남미의 멕시코, 브라질, 동아시아의 한국, 대만, 홍콩, 싱가포르 등 선발 신흥공업국가들은 대체로 1960년대 이후 수출지향적 공업화를 통한 고도성장을 달성하였다. 1980년대에 들어오면서 새로운 과학기술혁명을 주도해 나가는 선진국과의 기술적·경제적 격차가 확대되고, 동서화해(데탕트)가 추진되는 등 탈이데올로기 시대가 도래함에 따라 제3세계는 해체의 길을 갈 수밖에 없게 되었다.

제 7 절

달러 위기

전후 자본주의의 이례적 번영은 극히 일부의 개발도상국을 제외하면 모두 선진국들에 국한된 것이었을 뿐 아니라 영원한 것도 아님이 곧 드러났다. 1970년대에 들어 구체화된 세계경제위기의 징후는 이미 1960년대부터 나타나기 시작하였다. 위기는 번영을 가져온 토대에서부터 시작되었다. 장기간에 걸친 안정으로 인한 자본주의 세계경제의 전 부문에 걸친 과잉축적으로 인해 자본의 수익성이 크게 저하하였고, 임금인상으로 인한 이윤압박의 심화, 단순하고 단편적인 노동의 반복에 대한 노동자들의 저항, 그리고 대호황을 이끌었던 소비재 상품에 대한 수요가 포화상태에 이름으로써 새로이 창출된 가치의 실현이 극히 곤란해진 점 등이 그것이다. 이러한 원인들 가운데 어느 것이 가장 근본적인 것인가에 대해서는 논란이 있지만 이 위기의 직접적인 계기가 된 사건은 국제통화위기(달러 위기)와 두 차례의 석유파동에서 기인한 공급위기이다.

전후 자본주의의 호황기 동안 미국은 외환시장에서의 통화공급권의 장악과 압도적인 경쟁력을 바탕으로 자국중심의 세계시장을 형성하였다. 그러나 세계경제의 장기호황 동안 미국 이외의 주요 자본주의 국가들의 국제경쟁력과 경제력 또한 급속히 개선되어 갔다. 세계경제 및 미국에 대한 이 국가들의 상대적 중요성은 점차 증대한 반면, 미국경제의 비중은 감소하였다. 1960년대 자본주의의 황금기에 유럽 및 일본의 성장률은 대체로 미국을 앞서고 있었다.

미국이 생산에서 차지하는 비중은 1950년 70%에서 1960년대 초에는 66% 이하로, 1970년대 초에는 50% 이하로 하락하였다. 같은 시기 무역에서 점하는 비율도 절반 수준에서 3분의 1 또는 4분의 1로 떨어졌다. 반면 유럽과 일본은 민수산업 부문에서의 기술 개선과 경쟁력 제고를 바탕으로 미국 시장을 집중적으로 공략하여 국제수지를 개선하고 통화가치를 증대시켜 나갔다. 이 이례적인 번영기에 특히 일본과 독일의 경제성장과 수출증가는 괄목할 만한 수준이었다. 그 결과 미국의 무역흑자는 1960년대 말부터 점차 축소되어 전후 최초로 1971년 27억 달러, 1972년 69억 달러의 적자를 나타냈다.

달러는 경제 이외의 군사 부문에서도 계속 유출되었다. 미국은 치열한 이념대립과 냉전구도 속에서 자유민주주의 가치관의 수호자로서 세계 각국에 군대를 파견하고 군사적 원조를 지속하였으며, 이를 통해 정치경제적 영향력을 확대하고자 하였다. 이는 전후 미국의 산업구조가 군수산업과 밀접하게 맞물려 있었음을 보여 준다. 또한 이는 미국의 정치군사적 보호하에 민수부문을 중심으로 대미 시장지향적 경제성장을 추구한 당시의 자본주의 세계경제의 특수한 구조와도 연관된다.

미국의 방대한 군비지출과 베트남을 비롯한 반공국가들에 대한 대외원조의 확대는 최첨단 기술 부문인 군수산업을 중심으로 미국경제에 활력을 불어넣었고, 이에 따라 미국은 소비재시장을 주요 국가들에게 개방함으로써 고도성장을 창출하였다. 그러나 이는 미국의 국제수지 적자를 누적시키면서 경쟁상대국들에게 금과 달러 보유의 대외준비를 크게 증가시키는 결과를 초래하였다. 미국으로부터 달러를 벌어들인 국가들은 이를 태환함으로써 금 보유를 증가시켰다. 하지만 이러한 사정에도 불구하고 미국의 대외지출은 계속되었기 때문에 금은 계속적으로 유출되었으며 궁극적으로 미국의 대외부채인 외국의 달러 보유고는 지속적으로 증가하였다. 물론 미국에서 유출된 달러가 모두 외국의 통화당국으로 흘러들어 간 것은 아니었고, 미국 정부도 달러화의 가치를 방어하기 위하여 공식적으로는 민간보유 달러에 대해서 금태환의 의무를 지고 있지 않았다. 그러나 미국의 금 보유는 계속 감소해 나갔다.

각국의 민간 달러 보유자들이 달러 가치에 불안을 느끼고 국제 금 시장에서 달러로 금을 매입하자 금 가격은 크게 인상되었다. 이에 대해 각국 정부는 1온스=35달러의 공정가격을 유지하기 위하여 금을 방출하고 달러를 흡수하였는데, 이는 각국 정부의 달러 보유를 증가시킴으로써 궁극적으로 각국 정부는 미국에 대한 금의 태환을 지속할 수 있었다. 이러한 사정은 결국 1971년 닉슨Richard Nixon, 1913-1994 대통령의 경제긴급조치로 이어지게 되었다. 미국을 제외한 외국의 달러 보유는 1960년 이후 미국 내 금보유고를 크게 웃돌기 시작하였는데, 1968년에는 미국 금 보유의 3배, 1972년에는 8배에 이르렀다. 1971년 말 유로달러는 무려 1,000억 달러에 달한 반면 미국의 금보유고는 1972년 100억 달러 정도에 지나지 않았다. 이처럼 미국의 무역적자 누적과 방대한 경제원조 및 군비지출로 인한 재정적자는 외국의 달러 보유를 급속하게 증대시키고 미국의 금 보유를 감소시킴으로써 달러 보유에 대한 불안을 확산시켰다. 이에 닉슨 대통령은 1971년 8월 15일 달러의 태환정지를 선언하였다. 닉슨이 발표한 '달러방위 긴급조치'의 주요 내용은 첫째, 달러와 금의 태환정지 및 외국통화와의 교환정지, 둘째, 수입품에 대한 10%의 과징금 부과, 셋째, 임금과 물가의 90일간 현상동결, 넷째, 대외원조의 중지 및 삭감, 마지막으로, 감세에 의한 경기활성화 등이다.

닉슨의 긴급조치로 인한 국제통화체제의 혼란을 수습하기 위해 주요 자본주의 국가들은 1971년 스미소니언합의를 이끌어 내는 등의 노력을 기울였으나 큰 실효를 거두지는 못하였다. 닉슨 대통령의 긴급조치로 국제통화체제의 동요와 세계경제에 대한 위기감이 고조되자 1971년 12월 워싱턴 스미소니언박물관에서 선진 10개국 재무장관 및 중앙은행총재 회의가 개최되었는데, 이 회의의 주요 결정사항은 첫째, 고정환율제도를 종전과 같이 유지하되 각국이 미국 달러화에 대한 기준율을 설정하고, 둘째, 미 달러화의 금 평가를 1온스당 35달러에서 38달러로 평가절하하며, 셋째, 환율변동폭을 달러 기준율의 상하 각각 1.0%에서 2.25%로 확대한다는 것 등이었다. 스미소니언합의에 의해 금의 공정가격은 1온스 = 38달러가 되어, 달러는 7.89% 평가절하되고 다른 국가들의 통화가치는 절상되었다. 달러의 평가절하는 37년 만의 일이었다. 영국의 파운드와 프랑스의 프랑은 금에 대한 평가를 그대로 둠으로써 달러에 대해 각각 8.6% 절상되었고, 독일의 마르크는 금에 대해 4.6%, 달러에 대해서는 13.6% 평가절상되었다. 일본의 엔화는 금에 대해 7.6%, 달러에 대해서는 16.88% 평가절상하는 것으로 조정되었다. 여타 114개국의 통화도 달러에 대해서 평가절상되었다.

그러나 각국의 통화가치를 조정함으로써 고정환율제를 일시적으로 유지하고자 했던 스미소니언체제는 단명으로 끝나고 말았다. 주요 선진국들은 스미소니언합의에 따라 국제수지 흑자를 감소시키기 위하여 국내적으로 경기부양책을 폈지만 일본과 독일의 무역흑자는 오히려 증가하였고, 미국도 긴축정책 대신에 국내수요를 확대하는 정책을 실시하였기 때문에 국제수지 적자는 악화되었다. 1973년 초 미국 정부는 다시 달러의 평가절하를 단행하였으나 미국의 적자는 각국의 통화조정만을 통해서 개선될 성질의 문제가 아니었다. 결국 각국은 고정환율제를 포기하고 자국 통화의 환율을 시장에 맡기는 변동환율제를 채택하게 되었다.

닉슨 선언과 계속된 달러의 평가절하는 IMF 출범의 전제인 두 가지 중요한 약속, 즉 달러의 태환과 고정환율제의 폐기를 의미한다. 금과 달러를 기준으로 고정되었던 국제통화체제의 안정성은 깨어지고 각국의 통화가치는 금융시장의 상황에 따라 연동하는 변동환율제로 이행하였던 것이다. 이리하여 제2차 세계대전 이후 GATT의 자유무역체제의 확대를 위해 환율안정을 목표로 했던 브레튼우즈체제는 붕괴되고 말았다.

미국의 강력한 이해관계에 따른 변동환율제의 등장으로 국제통화제도는 금·달러본위의 금환본위제로부터 사실상의 달러본위제로 변화하였다. 이로써 미국은 금 보유에 제약되지 않고 자유롭게 자국 통화를 증발할 수 있게 되었고, 그 결과 1970년대 중반 이후에는 달러의 급속한 증발을 통해서 세계적인 인플레이션이 발생하는 메커니즘이 형성되어 갔다. 브레튼우즈체제의 붕괴가 현실화된 것은 닉슨 선언이 직접적인 계기가 되었지만 그 근본적 한계는 이미 브레튼우즈체제의 출발점에서부터 내재되어 있었다. 현상적으로 보면 브레튼우즈체제의 붕괴는 이와 같은 미국경제와 자본주의 세계경제의 불황으로의 전환, 특히 세계경제에서 미국의 상대적 지위 하락과 헤게모니의 상실과 그로 인한 국제금융체제에 있어서 헤게모니 세력의 부재 등에서 비롯된 것이다. 세계경제에서 미국의 상대적 지위 하락은 IMF에서 미국 지분의 감소로 나타난다. IMF에서 미국 지분의 감소는 한편으로는 세계 자본주의 경제에 있어서 미국 헤게모니의 약화를, 다른 한편으로는 그와 같은 미국 헤게모니의 약화와 세계경제의 동요가 밀접한 상관관계에 있음을 보여 준다.

그러나 보다 근본적인 측면에서 본다면 위기는 오히려 국제금융체제 그 자체에 내재된 모순으로부터 비롯되었다. 어떤 국가의 통화, 예를 들어 달러가 국제통화로 사용되기 위해서는 세계 각국이 항상 상당한 양의 달러를 보유해야 하는데 이를 위해서는 미국의 국제수지가 항상 대폭의 적자를 내지 않으면 안 된다. 그러나 이는 달러의 가치를 떨어뜨려 국제통화의 신용과 안정성을 떨어뜨리지 않을 수 없다. 국제통화체제에 내재한 이러한 근원적 제약이 바로 '국제적 화폐제약'이다. 이러한 모순에 직면하여 국제적 회계청산을 위한 준비통화로 사용되는 국가들, 즉 19세기의 영국이나 제2차 대전 이후의 미국과 같은 국가들은 국가적 자본의 이해를 보호할 것인가 아니면 지구적 규모의 자본의 이해를 보호할 것인가 하는 정책적 딜레마에 빠지게 된다. 특정 국가의 경제가 세계의 상품생산과 무역을 지배한다면 이 딜레마는 묵시적이지만, 국제적 환경이 보다 경쟁적이게 될 경우 이 딜레마는 노골적으로 드러난다. 문제는 세계 자본주의는 어떤 종류의 안정적 준비통화 없이 결코 기능할 수 없다는 데 있다. 이 점이 바로 1970년대 이후 국제통화체제가 봉착한 가장 근본적인 어려움이었다.

제 **8** 절

석유파동과 스태그플레이션

닉슨 대통령의 경제긴급조치에 의한 달러의 평가절하는 원유판매대금을 달러로 축적하던 산유국들의 불안을 현실화하였다. 제3세계 국가들은 제2차 대전의 종결 이후 자국산 원유생산시설에 대한 통제권을 잇달아 강화하였다. 그러나 중동 산유국을 중심으로 한 **석유수출국기구**OPEC가 영향력을 행사하는 데에는 한계에 직면해 있었다. 실제로 제2차 대전 이후 세계의 석유생산 증가율은 연평균 15% 이상으로 매년 석유수요 증가율 7%를 크게 상회하였다. 이리하여 원유가격은 1920년대 1배럴당 13달러에서 1960년대 초에는 1달러 60센트까지 폭락하였다. 이는 명목가격으로 1920년대의 10분의 1로, 달러의 구매력을 기준으로 하면 40분의 1로 떨어진 것이었다. 1970년대 초 산유국의 원유 1배럴로부터의 수입은 1949년 수준의 3분의 2에 지나지 않았다.

석유수출국기구(OPEC) 1960년 원유가격 하락을 방지하기 위해 이라크 정부의 초청으로 개최된 바그다드회의에서 이라크·이란·사우디아라비아·쿠웨이트·베네수엘라의 5대 석유생산·수출국 대표가 모여 결성한 협의체. 결성 당시에는 원유 공시가격의 하락을 저지하고 산유국들 간의 정책협조와 이를 위한 정보 수집 및 교환을 목적으로 하는 가격카르텔 성격의 기구였으나, 1973년 제1차 석유위기를 주도하여 석유가격상승에 성공한 후부터는 원유가의 계속적인 상승을 도모하기 위해 생산량을 조절하는 생산카르텔로 변모하였다.

원유수입의 감소에 따른 불만과 달러가치의 평가절하는 1973년 10월 아랍과 이스라엘 간의 제4차 중동전쟁을 계기로 석유생산시설의 국유화와 유가의 대폭적인 인상으로 연결되었다. 제4차 중동전쟁이 발발하자 같은 달 **아랍석유수출국기구**OAPEC는 원유가격의 인상과 원유공급의 제한 및 아랍에 비우호적인 국가들에 대한 원유수출 금지조치를 결정하였다. 그러나 원유는 이들 국가에게 유일한 보유자원이자 외화획득수단이었기 때문에 얼마 가지 않아 금수조치는 중단되고 가격의 대폭적인 인상으로 전환되었다. 석유파동 당시 원유의 생산과 수출은 중동에 편재되어 있었기 때문에 가격 인상은 쉽게 실현되었다. 원유의 공시가격은 1973년 9월 말 가격인상 직전 1배럴당 3달러 10센트에서 1974년 초에는 11달러 65센트로 올랐으며, 1979년 1월의 제2차 석유파동 때는 13달러 40센트, 1980년 11월에는 32달러, 1981년 10월에는 사상 최고수준인 34달러로 급상승하였다. 이에 따라 산유국들은 막대한 오일머니를 비축할 수 있게 되었다. 당시 석유수출국기구 국가들의 경상수지 흑자는 1974년 한 해 동안만 무려 약 600억 달러에 달하였다.

OPEC의 원유가격인상 조치로 대부분의 비산유국들의 경제는 일시에 혼란상태에 직면하였다. 현대사회에서 원유자원은 일반경제에 대해서뿐만 아니라 군사·정치적인 면에서도 중요한 위치를 차지한다. 원유는 특히 석유화학공업이나 철강 등의 중공업, 비금속공업뿐 아니라 전후 호황을 누린 전자산업의 발달에도 가장 중요한 생산원료 및 에너지자원이다. 이러한 원유의 대폭적 가격인상은 세계경제를 급속한 인플레이션과 기업이윤율의 급락, 경제불황, 산유국과 비산유국 간의 심각한 국제수지 불균형 속으로 빠뜨렸다.

석유파동으로부터 시작된 1974년의 대공황은 전후 자본주의 세계경제의 전환점으로 작용하였다. 이때부터 선진국경제는 전후의 장기호황기를 끝내고 이른바 저성장경제로 전환하게 되었다. 생산이 감소하고 실업이 증가하면서도 인플레이션은 계속 진행되는 **스태그플레이션** 현상이 대부분의 자본주의 국가들에서 일상적으로 나타나게 되는 것도 이때부터이다. 스태그플레이션은 불경기에는 실업이 증가한 반면 물가는 떨어지고, 반면 호황기에는 실업은 줄어들지만 물가가 상승하는 이제까지의 정상적인 경기순환과는 전혀 다른 현상이다. 유가폭등 이후 미국, 일본, 독일 등 주요 선진국은 곧바로 강력한 인플레이션 억제책을 시행하였기 때문에 1976년경에는 OECD 가맹국의 물가상승률은 한 자리 수로 떨어졌다. 그럼에도 1978년의 물가상승률은 8.5%로서 1960년대 평균치의 거의 3배에 달하였다. 한편 1970년대 일본을

아랍석유수출국기구(OAPEC) 1968년 아랍 산유국들의 이익을 지키기 위하여 설립한 기구. 주요 기관으로 매년 4차례 여는 총회와 이사회, 사무국을 두고 있다. 설립목적은 EC와 같은 성격의 기구로서, 아랍 산유국들의 석유와 그 밖의 경제분야에서 모든 종류의 합병사업을 추진하는 것이다.

스태그플레이션 경제불황 속에서 물가상승이 동시에 발생하고 있는 상태. 경기침체인 스태그네이션과 인플레이션을 합성한 신조어로, 정도가 심한 것을 슬럼프플레이션(slumpflation)이라고 부르기도 한다. 스태그플레이션 현상이 그전에도 없었던 것은 아니지만 세계경제의 주요 현상으로 나타나게 된 것은 특히 석유파동 이후부터이다. 스태그플레이션의 주요 원인으로는 원자재가격의 상승, 독점기업에 의한 독점가격 책정. 경기침체기에 군사비나 실업수당 등 소비적인 재정지출의 증가. 노동조합의 압력으로 명목임금의 지속적인 상승. 임금상승분의 가격으로의 전가 등을 들 수 있다.

제외한 선진국의 경제성장률은 2~4% 정도에 지나지 않았고 제2차 석유파동이 지나간 1980년대 초반에는 0.5~1%대로 더욱 악화되었다. 실업자는 1977년 말 OECD 전체적으로 1,600만 명 이상, 제2차 석유파동 직후인 1980년 초에는 2,000만 명을 넘어섰다. 이처럼 두 차례의 석유파동을 계기로 자본주의 경제는 전후의 황금기와 대비되는 이른바 저성장경제로 접어들게 되었다.

제 9 절

신자유주의의 대두

여러 선진국들의 노력에도 불구하고 1970년대의 스태그플레이션은 쉽사리 극복되지 않았다. 석유파동 이후의 저성장경제는 장기호황기 동안 누적되어 온 여러 요인에 의한 이윤율 저하와 선진국들 간의 불균등 성장, 그리고 국제통화체제의 동요와 공급위기 등 일련의 연관된 사건들에 의해 빚어진 결과라는 점에서 고도성장의 필연적인 산물이라고 할 수 있다. 저성장경제로의 전환에 대응해 1980년대 이후 선진 자본주의 국가들은 국영기업을 민영화하고 투자와 생산에 대한 규제를 완화하는 등 자율화·민영화 정책을 확대함으로써 경기침체를 극복하고자 하였으나, 이러한 노력에도 불구하고 선진국경제는 쉽게 장기침체로부터 빠져나올 수 없었다.

이와 같이 세계경제 침체가 장기화하고 구조화하게 된 가장 주요한 원인은 생산성의 저하였다. 제2차 대전 이후 선진국경제가 신속히 전쟁의 피해로부터 생산력을 회복하고 장기호황으로 나아갈 수 있었던 데에는 무엇보다 생산성의 급속한 상승이 있었기 때문이다. 그러나 1970년대의 위기 이후 대부분의 선진국에서는 극심한 생산성 정체와 노동비용의 증가가 나타났다. 그 결과 이윤 전망의 불확실성으로 인해 기업의 투자는 위축되고 성장은 지체되었다. 생산성의 정체는 선진국들이 1970년대의 위기에 보다 신속하게 대응하지 못한 데서 비롯되었다. 다만 예외적으로 일본만은 1980년대에도 생산성의 향상과 단위노동비용의 하락을 지속했는데, 그 이유는 에너지 위기에 특히 취약한 산업구조를 가지고 있던 일본경제로서는 선진국들 가운데 가장 신속하게 새로운 생산방식을 도입하고 산업구조를 조정해 나가지 않을 수 없었기 때문이다.

2차 석유파동 이후에는 미국과 유럽 국가들도 더 이상 산업구조를 회피할 수 없는 상황에 이르게 되었다. 미국의 레이건 행정부나 영국의 대처 정권과 같은 신보수주의 정권의 등장은 1980년대 선진국들의 구조조정을 급속화시키는 계기가 되었다. 이들의 기본적인 정책방향은 국영기업의 민영화와 기업활동에 대한 대폭적인 규제완화, 재정지출과 복지예산의 삭감, 노동조합의 약화 등을 통해 기업의 수익성을 회복시키고 투자를 활성화시킴으로써 경기회복을 도모하는 것이었다. 이러한 노력은 어느 정도의 성과를 거두었다. 미국의 경우 1980년대 중반 이후 서비스산업에 대한 대폭적인 규제 완화와 지원정책에 힘입어 산업의 중심이 급속히 제조업으로부터 금융·증권·부동산 및 지식산업 등으로 옮겨 갔으며, 유럽 또한 유럽연합의 통합이 가시화되면서 상당한 정도의 경기회복이 나타났다.

하지만 그럼에도 불구하고 여전히 자본주의 세계경제는 장기침체를 근본적으로 극복하지는 못했다. 그 이유는 무엇보다도 구조조정에도 불구하고 생산성과 이윤율의 회복이 기대한 만큼 이루어지고 있지 못했기 때문이다. 이러한 사태에 대하여 각국의 정책당국이나 경제학자들은 그때까지 경제학의 주류를 형성해 온 케인스주의의 총수요관리정책으로 스태그플레이션에 대처하고자 했지만, 이는 더 이상 유효한 거시경제정책이 되지 못하였다. 이에 따라 1970년대 후반에는 케인스주의에 대한 비판이 높아졌는데, 새롭게 주목받게 된 경제학의 조류를 대표하는 것은 프리드먼^{Milton} ^{Friedman, 1912-2006}을 비롯한 통화주의이다. 통화주의자들의 주장은 1970년대의 스태그플레이션이 단순한 총수요의 확대나 임금 혹은 원료 가격의 상승에 있는 것이 아니라 전후 20년 이상이나 지속되어 온 인플레이션 정책으로부터 생겨난 인플레이션 기대심리 때문이라는 것이다. 이들은 장기에 걸쳐 지속된 자유재량적 재정금융정책 때문에 인플레이션의 징조가 조금이라도 보일 경우 경제주체인 가계 및 기업과 노동조합 등이 인플레이션을 반영하는 행동을 취함으로써 인플레이션이 가속화되었다고 케인스주의를 비판하였다. 전후 번영의 한 조건이었던 정부의 기능 중에서 가장 중요한 것은 경기조절기능이었다. 호황기에는 경기안정화정책을 사용해 경기를 진정시키고, 불황기에는 반대로 경기부양책을 사용하는 것이다. 그러나 스태그플레이션에서는 물가와 실업이 반비례관계에 있다는 전통적 사고방식이 적용되지 않으므로 이를 기반으로 한 정부정책도 더 이상 유용하지 않다는 것이다.

신자유주의를 말 그대로 풀어 보자면 새로운 자유주의라 할 수 있다. 1970년대의 세계경제위기 이후 태어난 새로운 형태의 현대적 자유주의다. 사실 신자유주의는 어떤 하나의 학파의 이론을 지칭하는 용어가 아니며, 1970년대 이후 경제위기를 극복하는 과정에서 보수 세력들이 채택한 일련의 이데올로기적 경향을 모두 포함해서 부르는 말이다. 따라서 신자유주의 안에는 레이거노믹스^{Reaganomics}, 대처주의^{Thatcherism}, 프리드먼의 통화주의, 공급중시경제학, 공공선택이론 등 다양한 스펙트럼을 가진 사상과 이론이 공존한다.

신자유주의는 "시장의 자유로운 경쟁이 최선의 결과를 낳는다"는 논리를 가진 이데올로기이다. 신자유주의란 사회의 자원배분을 시장의 경쟁원리를 통해 실현하고자 한다. 시장경제가 만들어 내는 문제점과 병폐를 국가 개입을 통해 해소하려는 개량적 자유주의와는 달리, 신자유주의는 사회적 관계의 총체를 시장경제적 관계에 최대한 종속시킴으로써 자본운동의 자유를 극대화하려고 하는 정치적 이념이자 운동이다. 따라서 신자유주의는 자유화, 탈규제화, 민영화, 사유화, 유연화, 개방화 등의 구호로 대변되기도 한다. 이러한 사고에 기초하여 공기업의 민영화, 노동의 유연화, 규제철폐, 통화주의에 의한 인플레이션 대책, 조세인하를 통한 기업의 경쟁력 제고, 복지 부문에 대한 공공예산 삭감 등 다양한 구조조정정책의 시행을 주장한다.

신자유주의가 세계적인 정치경제질서에 커다란 구조조정의 흐름으로 등장한 데에는 1970년대 이후 세계경제의 장기침체와 함께 세계화라는 두 가지 사회변동과 연관되어 있다. 세계경제는 1980년대 이후 몇 가지 세계적 사회변동에 의해 글로벌리제이션^{Globalization}, 즉 세계화가 가속화되기 시작하였다. 우선 제3세계에서 국가주도의 경제발전을 주도했던 권위주의 정권의 퇴조와 민주주의적 정부의 등장과 함께 신자유주의적 발전전략이 도입되었다. 이어서 동유럽 사회주의 국가들의 붕괴는 세계경제를 하나의 자본주의 시장경제로 통합시켰다. 그리고 세계무역질서로서 개방과 경쟁을 강조하는 세계무역기구WTO 체제의 출범으로 세계화는 급속한 진전을 보게 되었다.

세계경제의 세계화 현상은 그동안 국민국가라는 어느 정도 통제된 공간에서 가능했던 국가 개입에 의한 경제성장을 점점 불가능하게 만들고, 개방과 경쟁, 시장논리를 강조하는 신자유주의의 위세를 더욱 강화시켰다. 이렇게 해서 다시 부활한 신자유주의는 시장의 실패가 아닌, 국가의 실패가 더욱 심각한 문제임을 증명하고 결국은 시장의 부활과 확장을 지향하는 세계질서의 지배적인 원칙으로 자리 잡아 가고 있다.